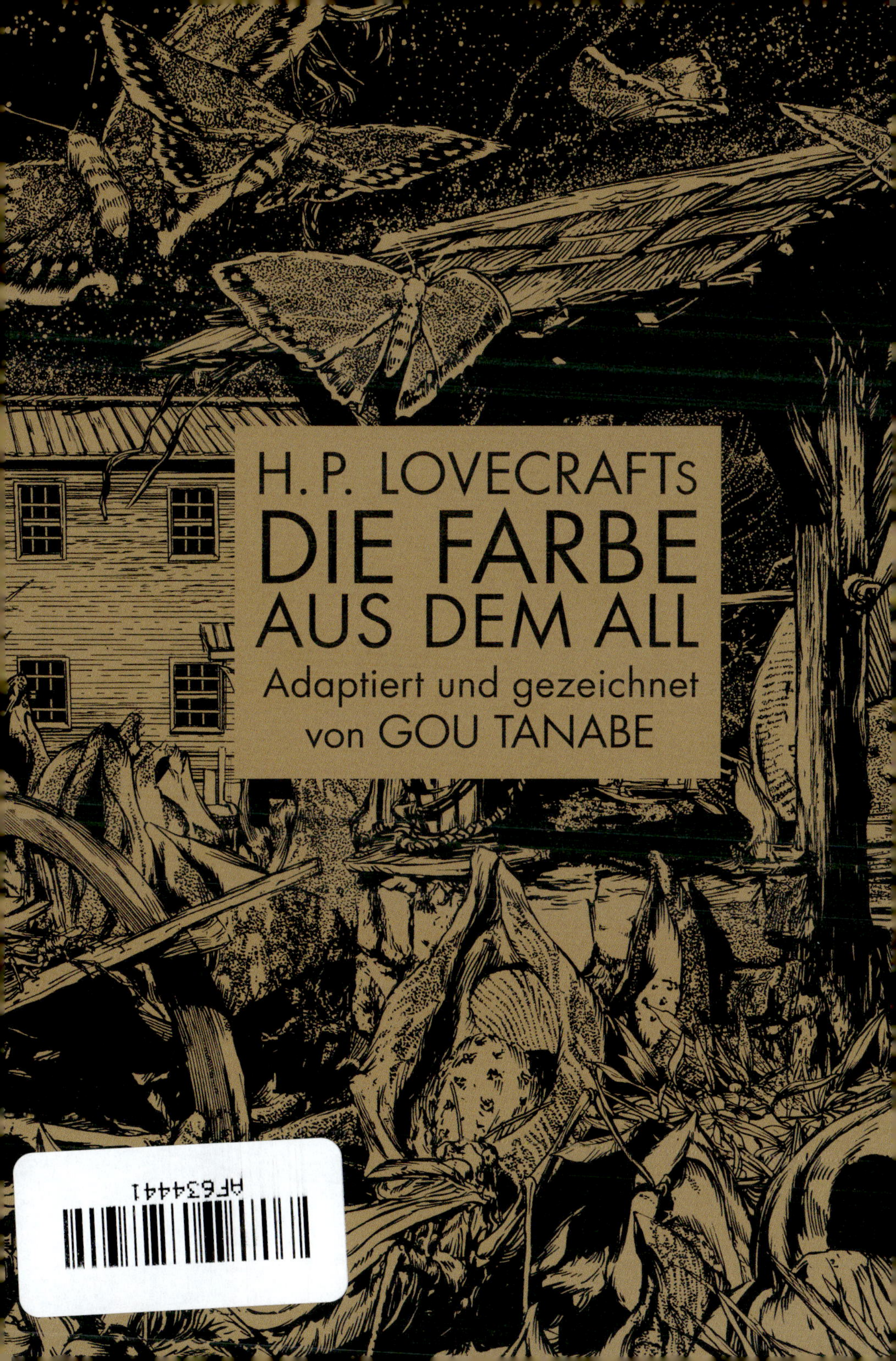

H. P. LOVECRAFTs

DIE FARBE AUS DEM ALL

Adaptiert und gezeichnet von GOU TANABE

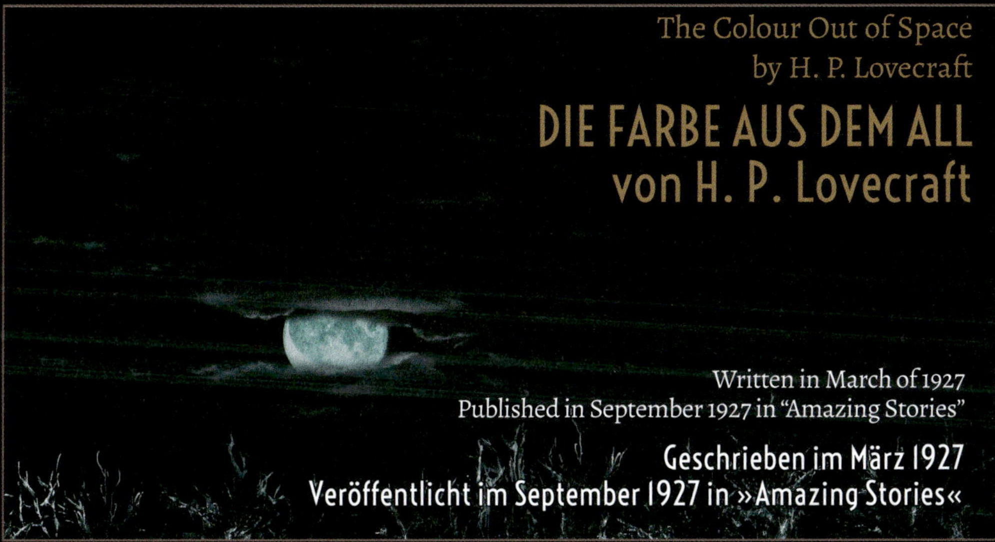
The Colour Out of Space
by H. P. Lovecraft
DIE FARBE AUS DEM ALL
von H. P. Lovecraft
Written in March of 1927
Published in September 1927 in "Amazing Stories"
Geschrieben im März 1927
Veröffentlicht im September 1927 in »Amazing Stories«

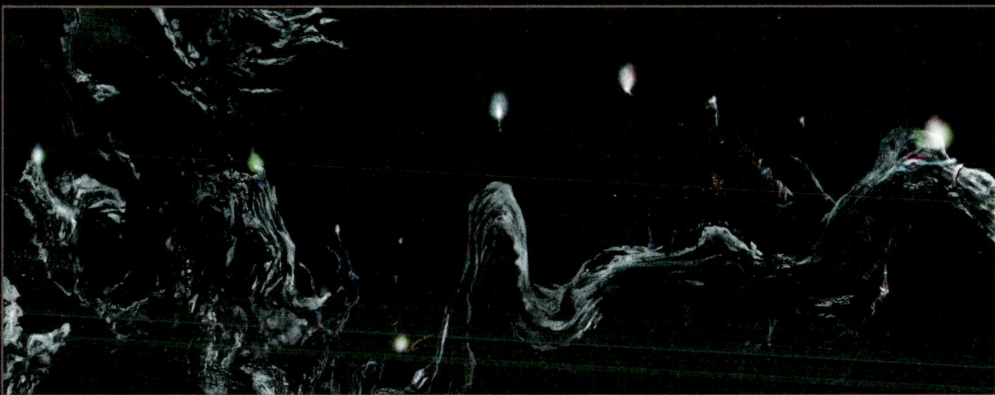

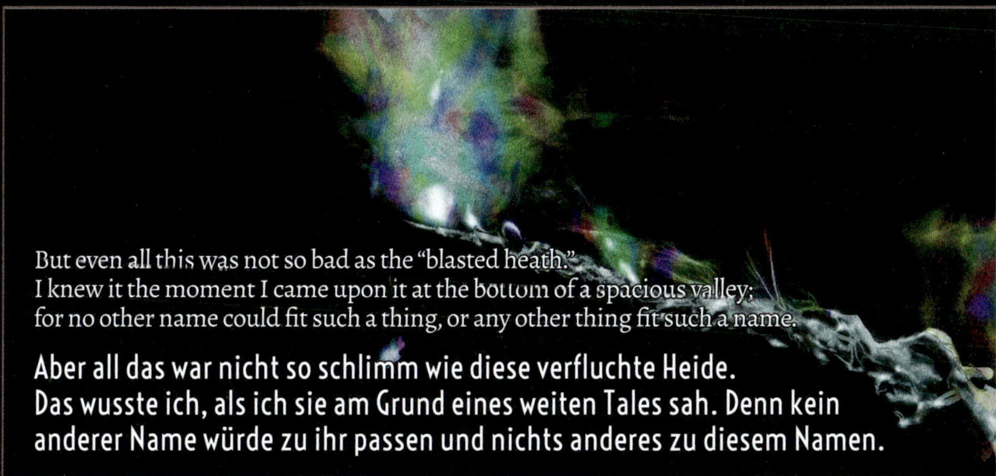
But even all this was not so bad as the "blasted heath."
I knew it the moment I came upon it at the bottom of a spacious valley;
for no other name could fit such a thing, or any other thing fit such a name.
Aber all das war nicht so schlimm wie diese verfluchte Heide.
Das wusste ich, als ich sie am Grund eines weiten Tales sah. Denn kein
anderer Name würde zu ihr passen und nichts anderes zu diesem Namen.

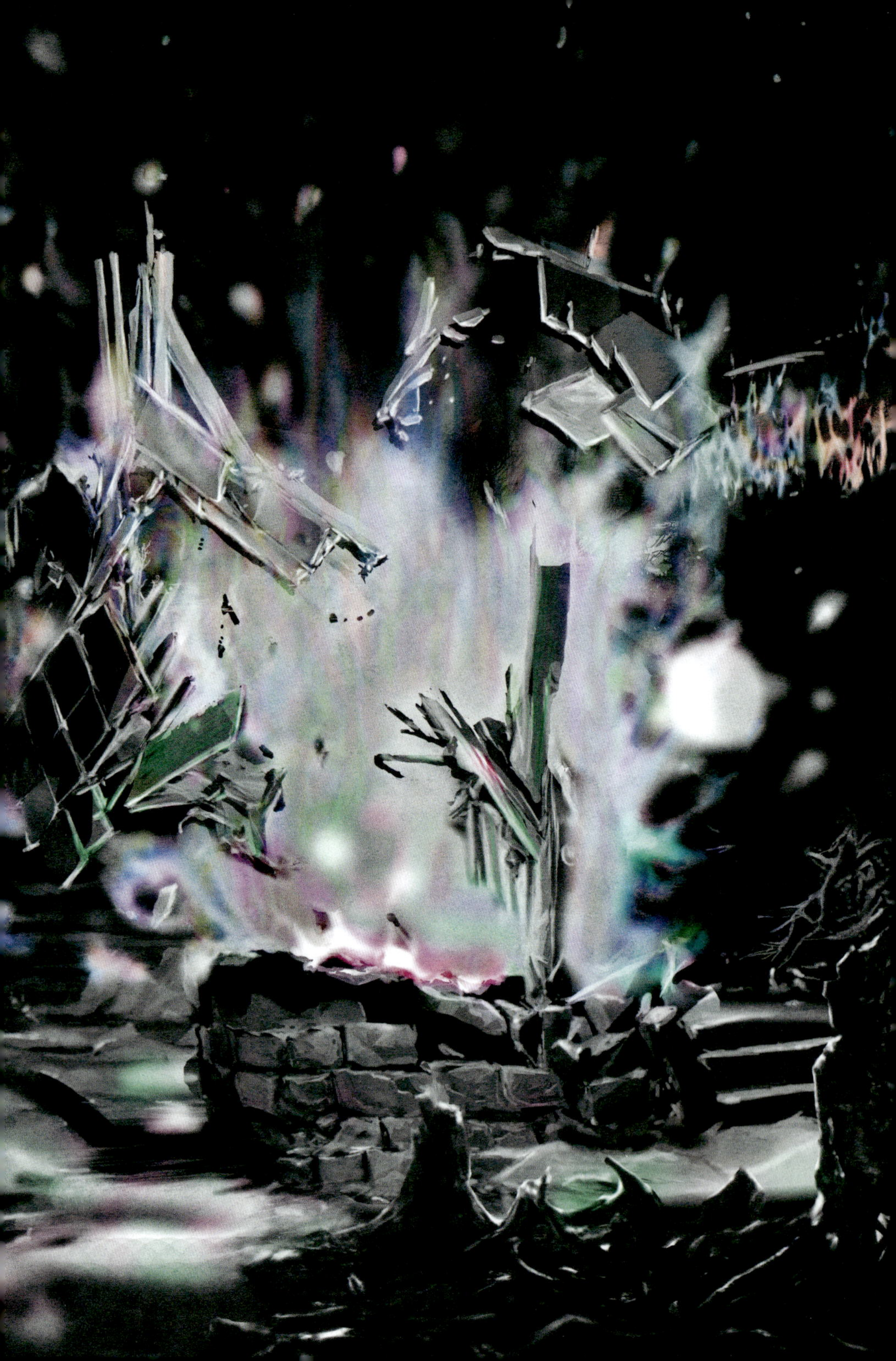

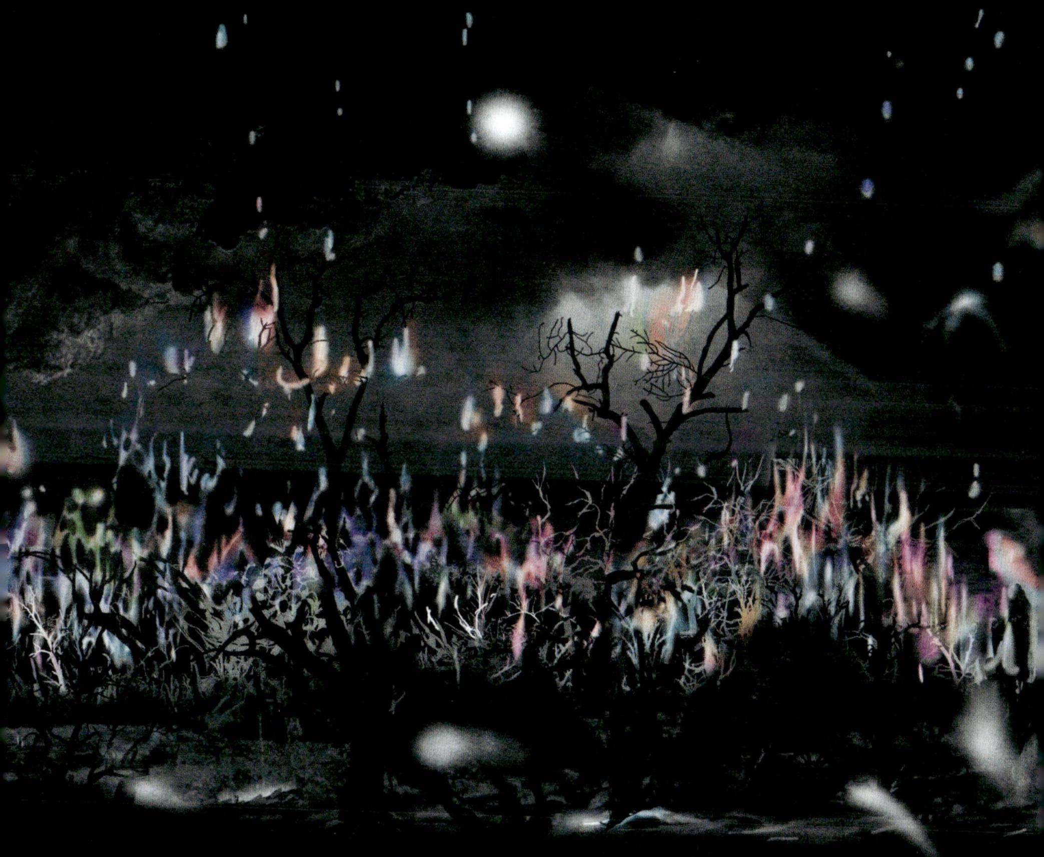

A nd the secrets of the “strange days”ww will be one with the deep‘s secrets;
one with the hidden lore of old ocean,
and all the mystery of primal earth.

Und die Geheimnisse der seltsamen Tage werden eins sein mit den Geheimnissen der Tiefe – eins mit den geheimen Sagen des alten Meeres und all den Rätseln der Urwelt.

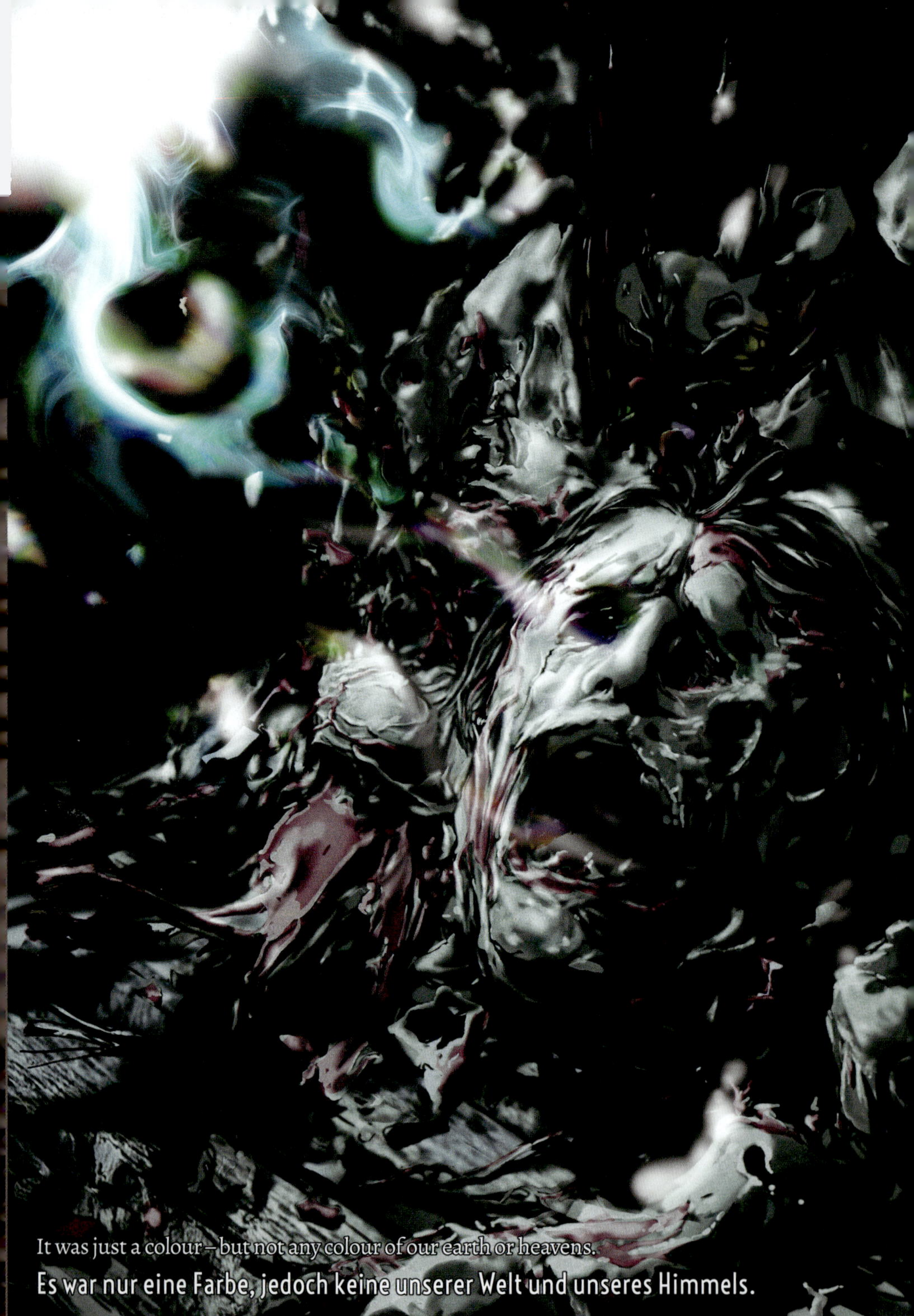

It was just a colour – but not any colour of our earth or heavens.

Es war nur eine Farbe, jedoch keine unserer Welt und unseres Himmels.

DIE FARBE
AUS DEM ALL

Meisterwerke von
H. P. Lovecraft

GOU TANABE

Nach den Geschichten von
Howard Phillips Lovecraft

INHALT

1 DER METEORIT

The Meteorite

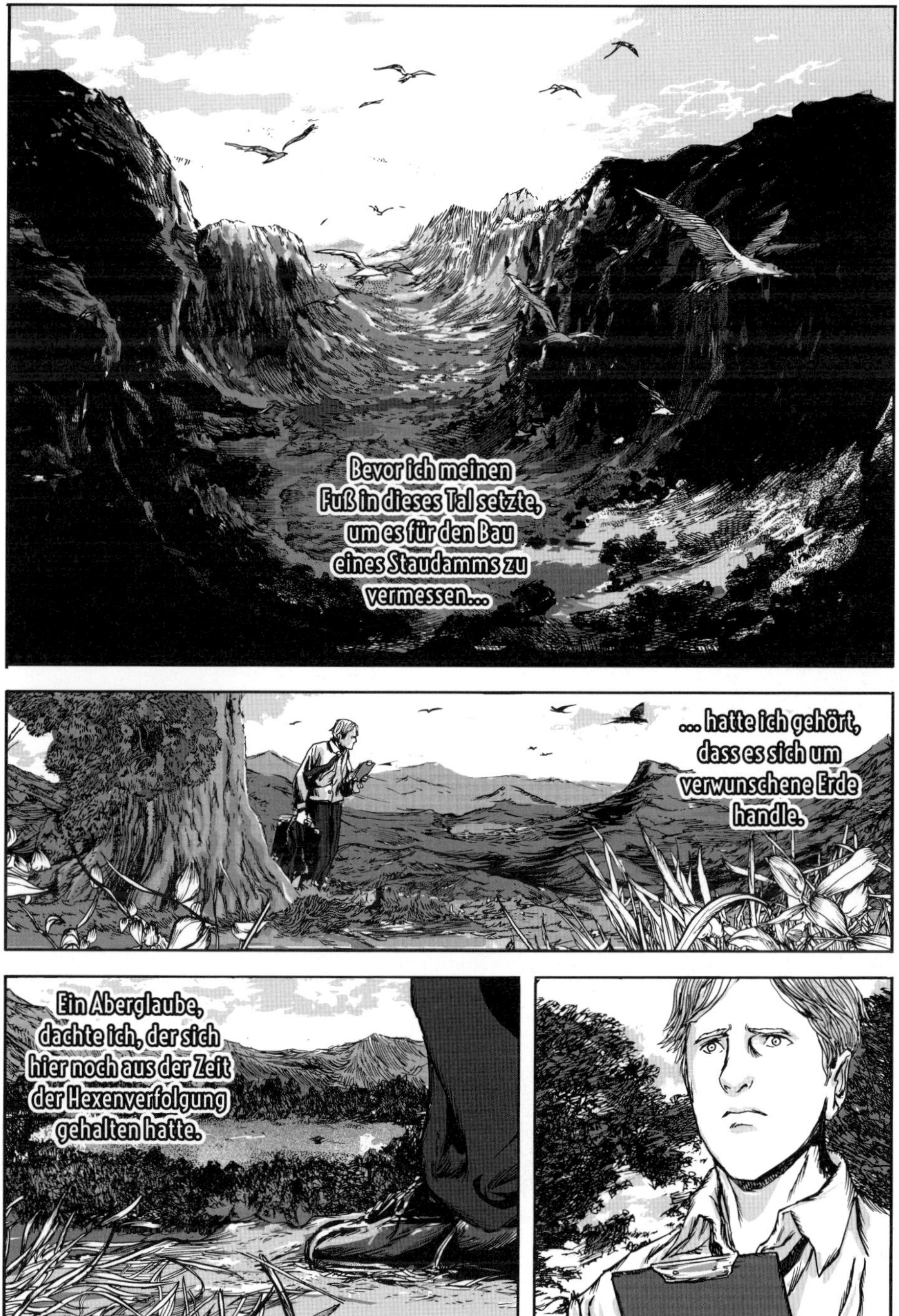

Bevor ich meinen Fuß in dieses Tal setzte, um es für den Bau eines Staudamms zu vermessen...
... hatte ich gehört, dass es sich um verwunschene Erde handle.
Ein Aberglaube, dachte ich, der sich hier noch aus der Zeit der Hexenverfolgung gehalten hatte.

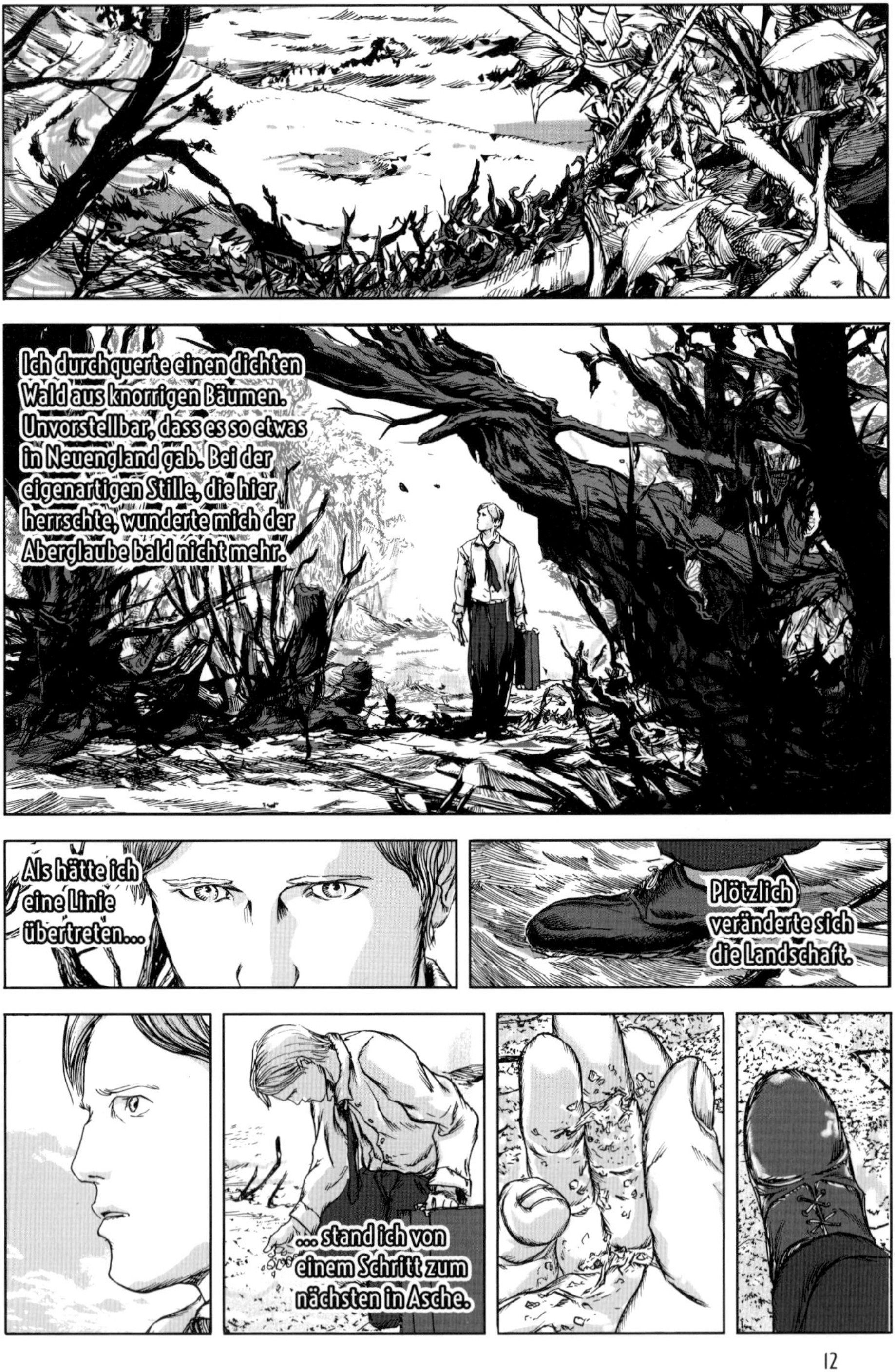
Ich durchquerte einen dichten Wald aus knorrigen Bäumen. Unvorstellbar, dass es so etwas in Neuengland gab. Bei der eigenartigen Stille, die hier herrschte, wunderte mich der Aberglaube bald nicht mehr.
Als hätte ich eine Linie übertreten...
Plötzlich veränderte sich die Landschaft.
... stand ich von einem Schritt zum nächsten in Asche.

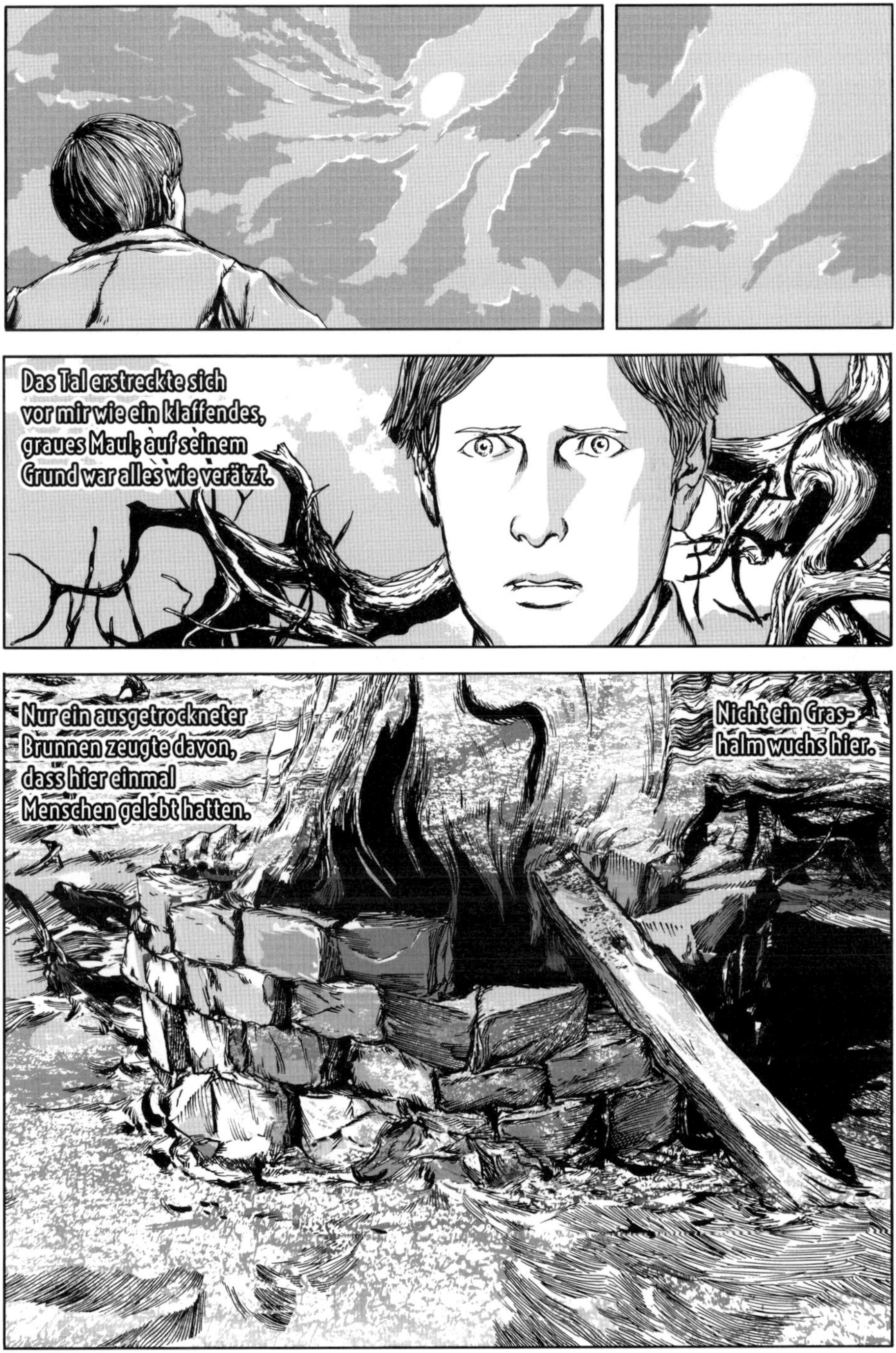
Das Tal erstreckte sich
vor mir wie ein klaffendes,
graues Maul; auf seinem
Grund war alles wie verätzt.
Nur ein ausgetrockneter
Brunnen zeugte davon,
dass hier einmal
Menschen gelebt hatten.
Nicht ein Gras-
halm wuchs hier.

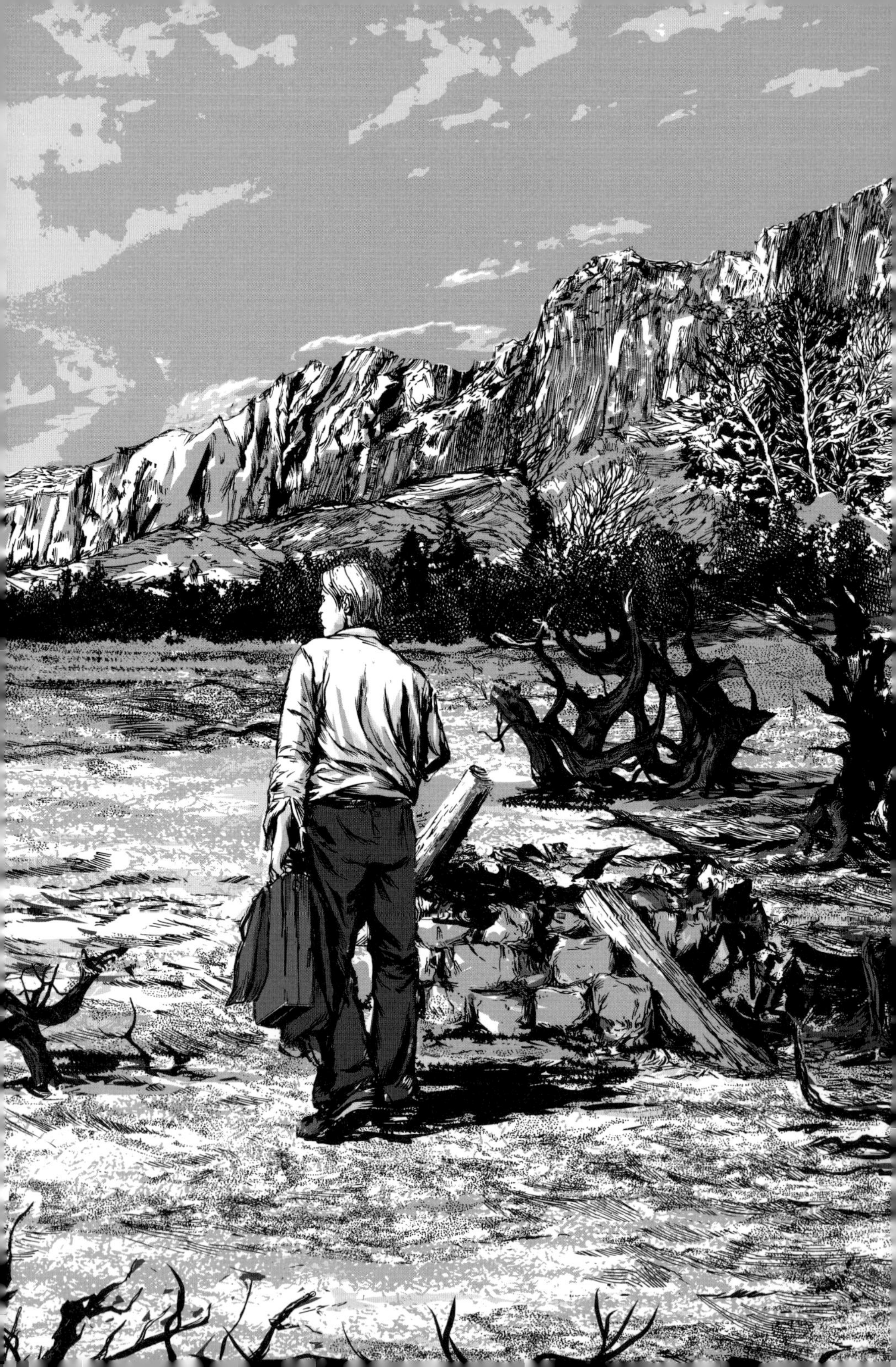

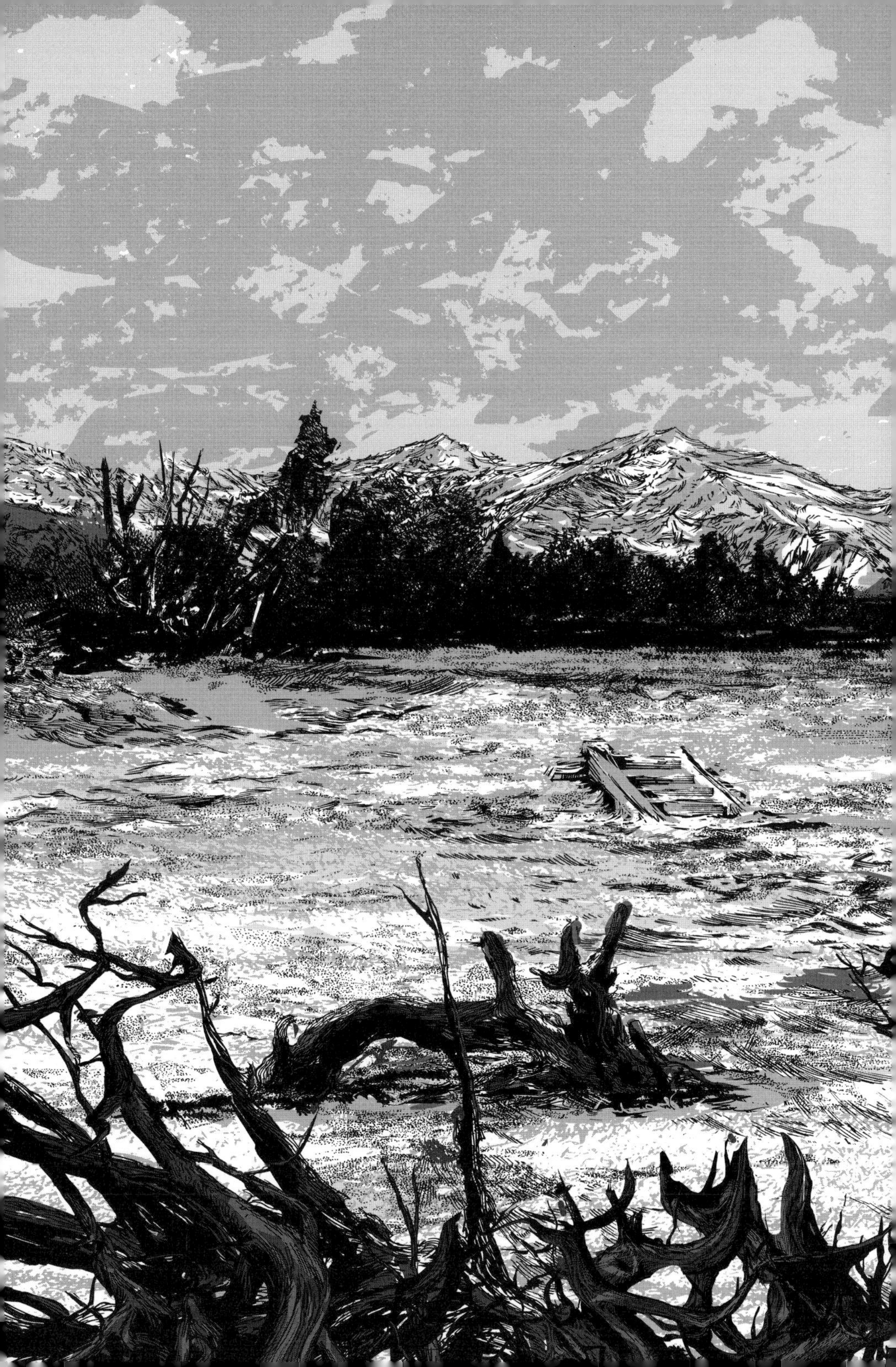

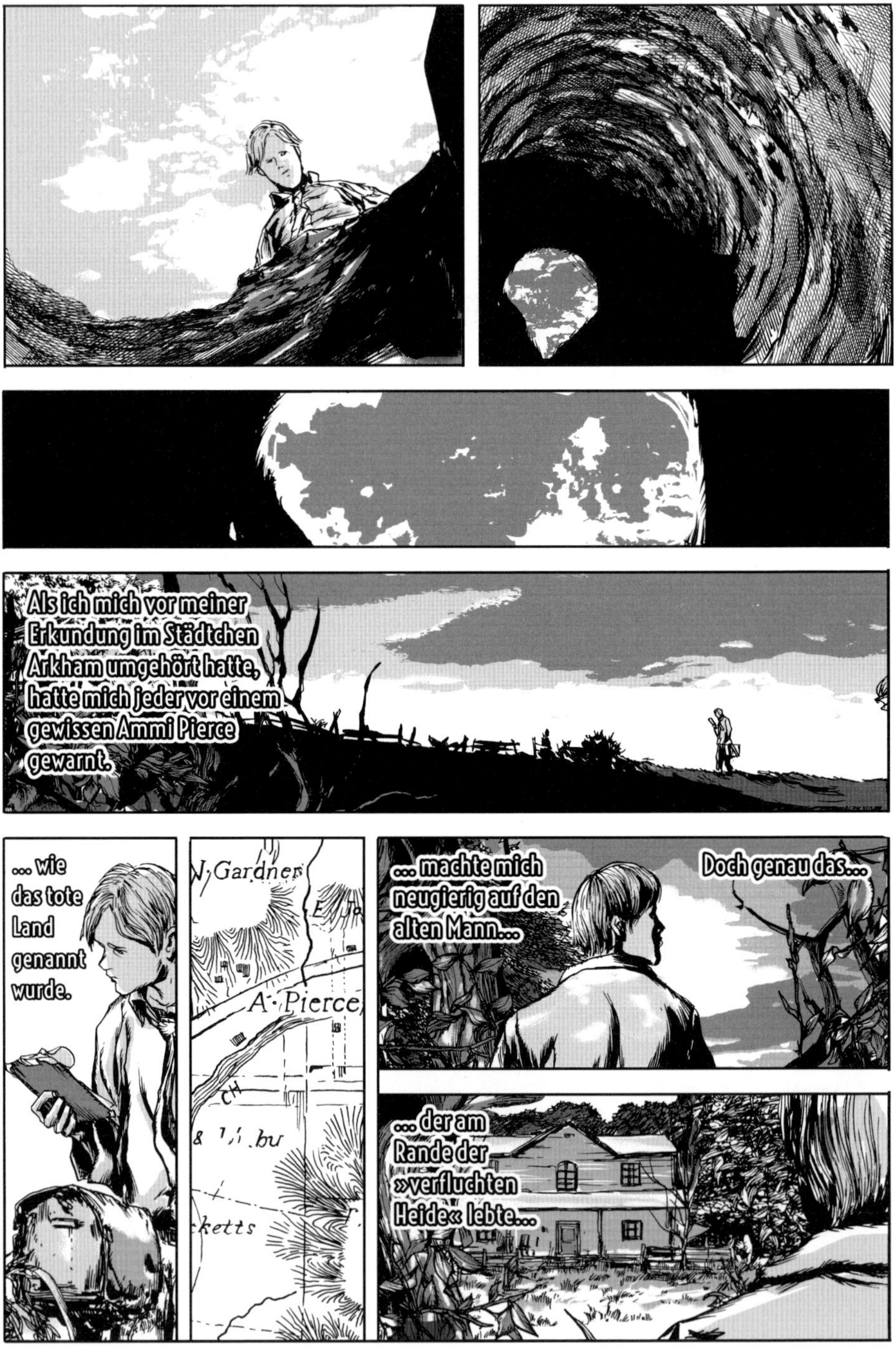
Als ich mich vor meiner Erkundung im Städtchen Arkham umgehört hatte, hatte mich jeder vor einem gewissen Ammi Pierce gewarnt.
... wie das tote Land genannt wurde.
N. Gardner
A. Pierce
Doch genau das...
... machte mich neugierig auf den alten Mann...
... der am Rande der »verfluchten Heide« lebte...

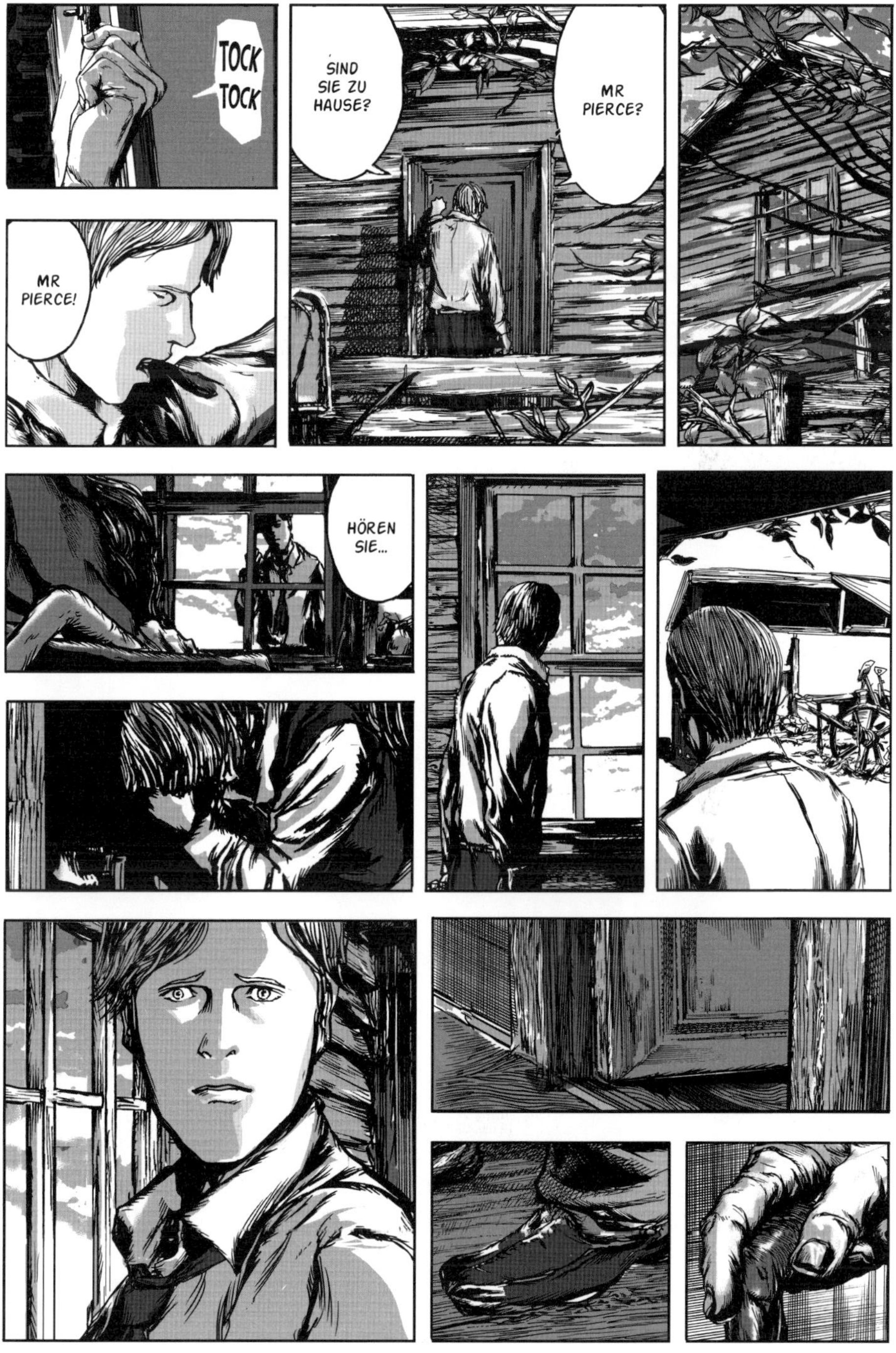
TOCK
TOCK
MR
PIERCE!
SIND
SIE ZU
HAUSE?
MR
PIERCE?
HÖREN
SIE...

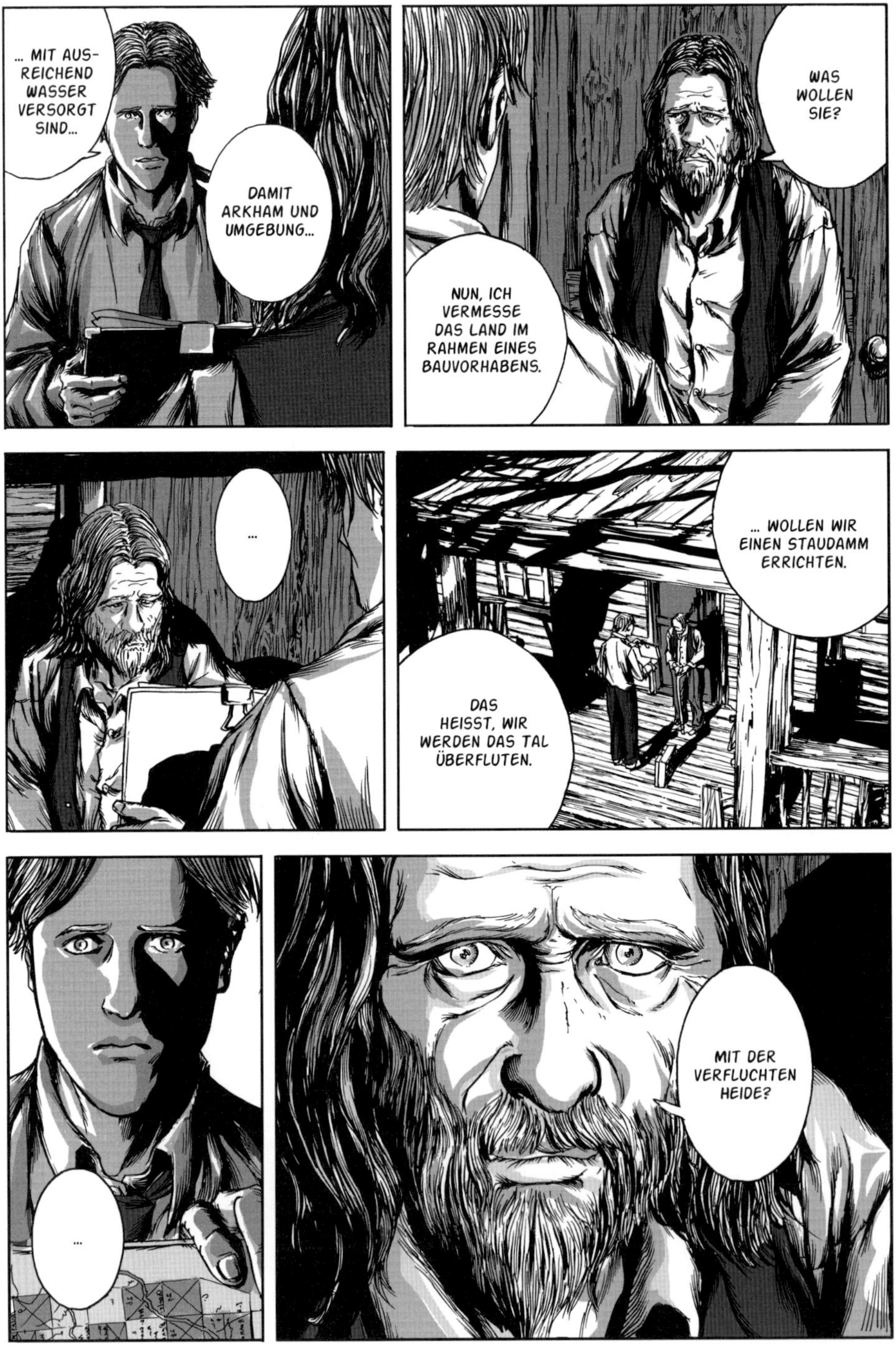
... MIT AUSREICHEND WASSER VERSORGT SIND...
DAMIT ARKHAM UND UMGEBUNG...
WAS WOLLEN SIE?
NUN, ICH VERMESSE DAS LAND IM RAHMEN EINES BAUVORHABENS.
...
... WOLLEN WIR EINEN STAUDAMM ERRICHTEN.
DAS HEISST, WIR WERDEN DAS TAL ÜBERFLUTEN.
...
MIT DER VERFLUCHTEN HEIDE?

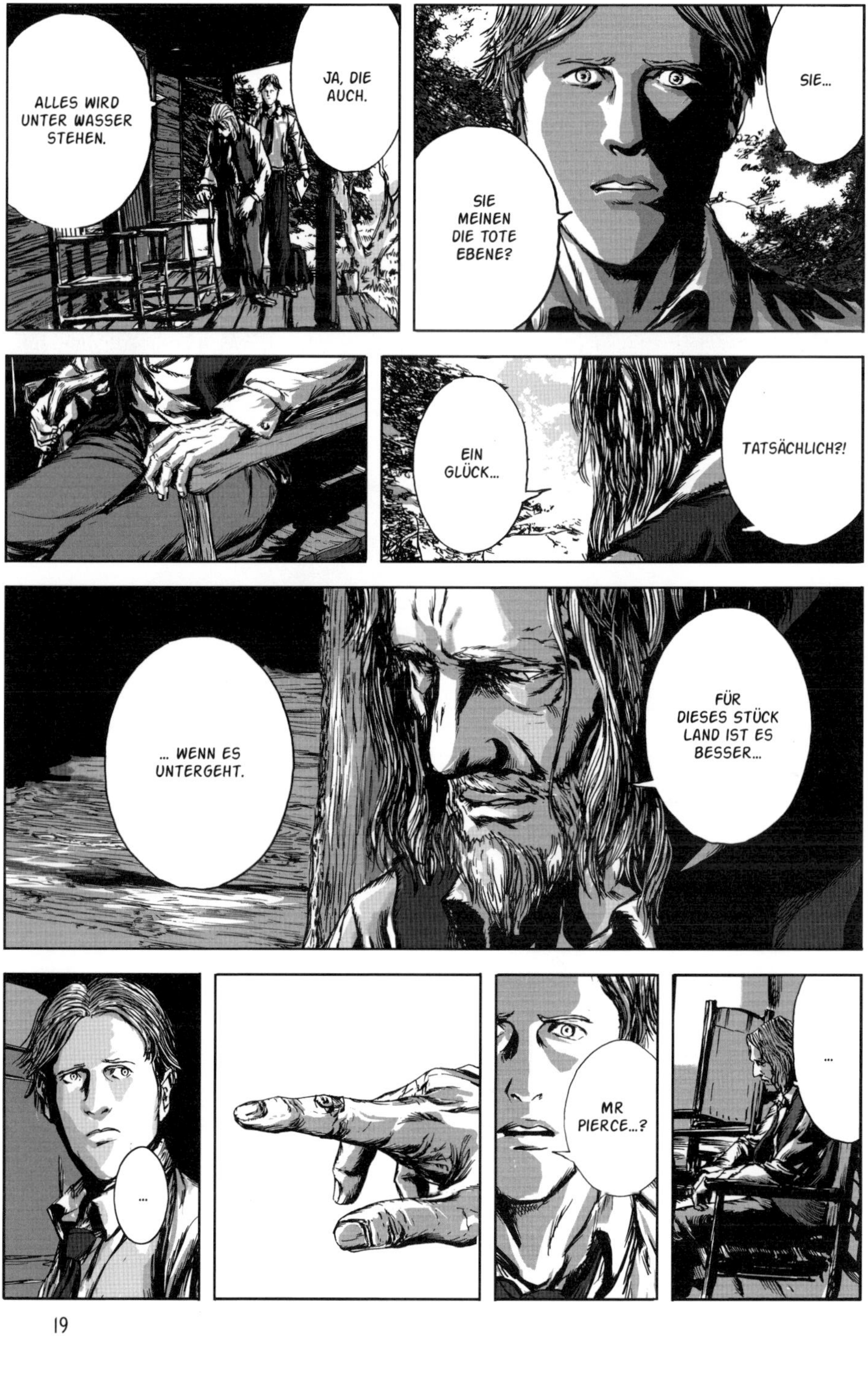
ALLES WIRD UNTER WASSER STEHEN.
JA, DIE AUCH.
SIE…
SIE MEINEN DIE TOTE EBENE?
TATSÄCHLICH?!
EIN GLÜCK…
FÜR DIESES STÜCK LAND IST ES BESSER…
… WENN ES UNTERGEHT.
…
MR PIERCE…?
…

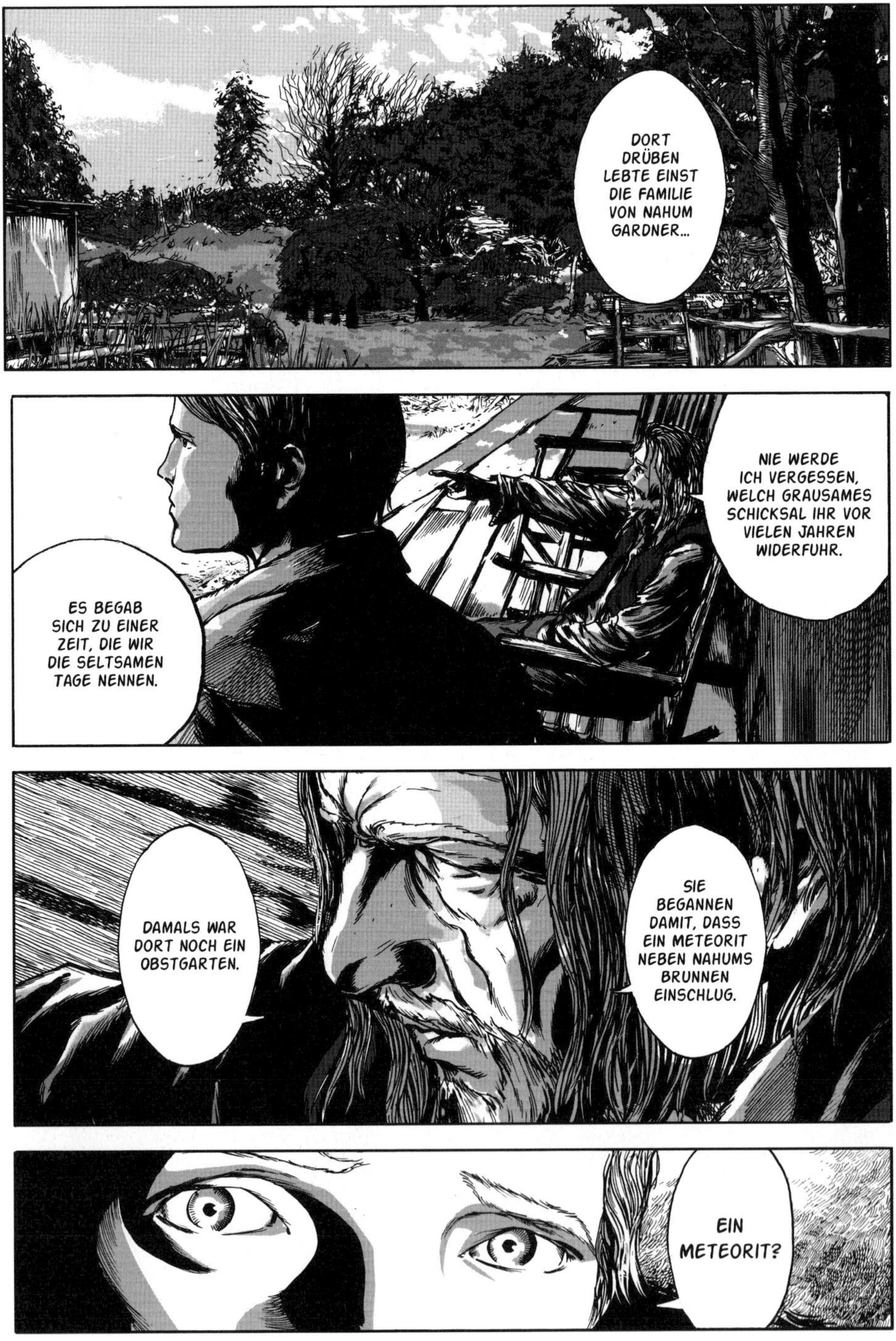
DORT DRÜBEN LEBTE EINST DIE FAMILIE VON NAHUM GARDNER...
NIE WERDE ICH VERGESSEN, WELCH GRAUSAMES SCHICKSAL IHR VOR VIELEN JAHREN WIDERFUHR.
ES BEGAB SICH ZU EINER ZEIT, DIE WIR DIE SELTSAMEN TAGE NENNEN.
SIE BEGANNEN DAMIT, DASS EIN METEORIT NEBEN NAHUMS BRUNNEN EINSCHLUG.
DAMALS WAR DORT NOCH EIN OBSTGARTEN.
EIN METEORIT?

Und Ammi Pierce
begann, seine
schreckliche
Geschichte zu
erzählen…

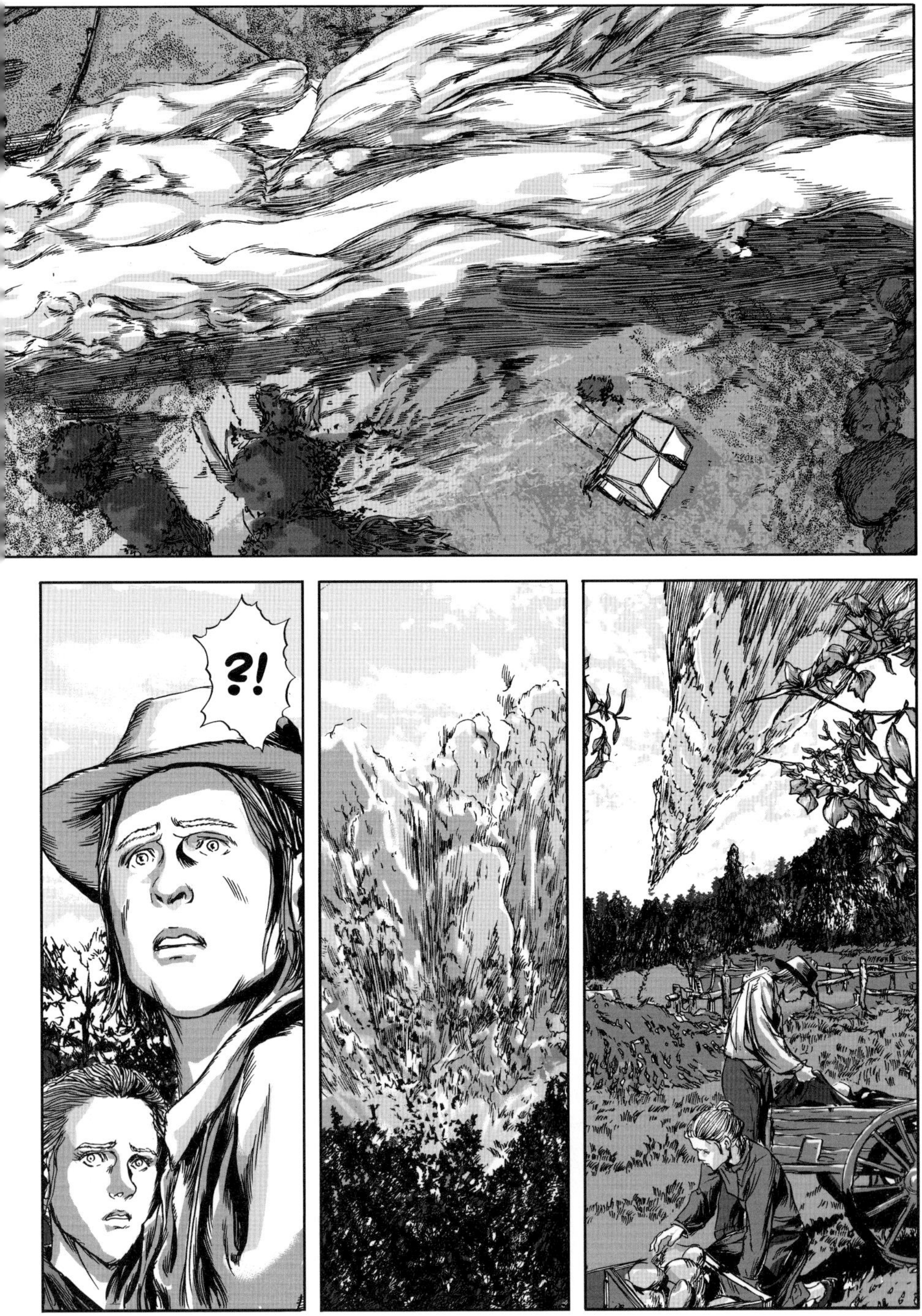

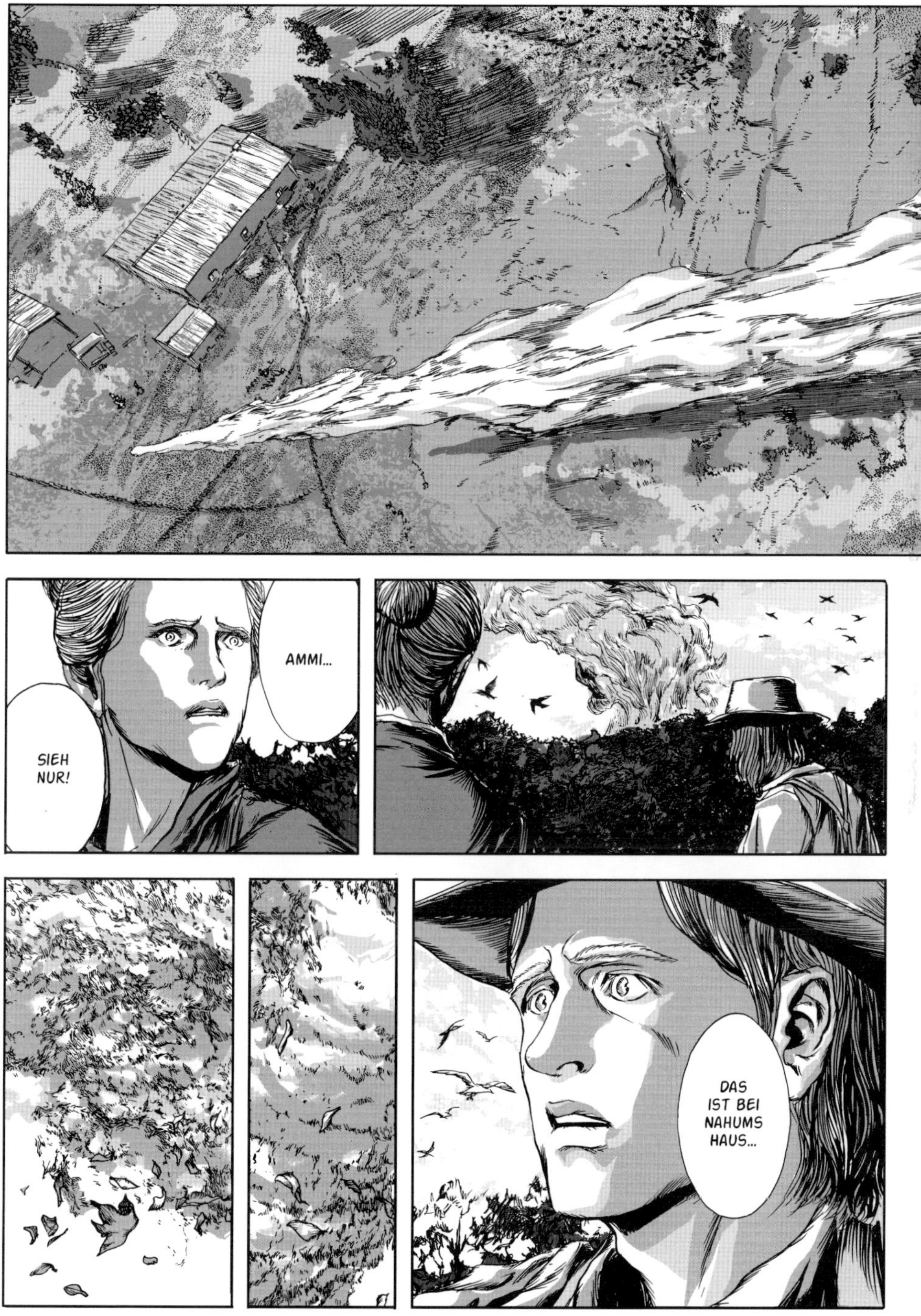
AMMI...
SIEH NUR!
DAS IST BEI NAHUMS HAUS...

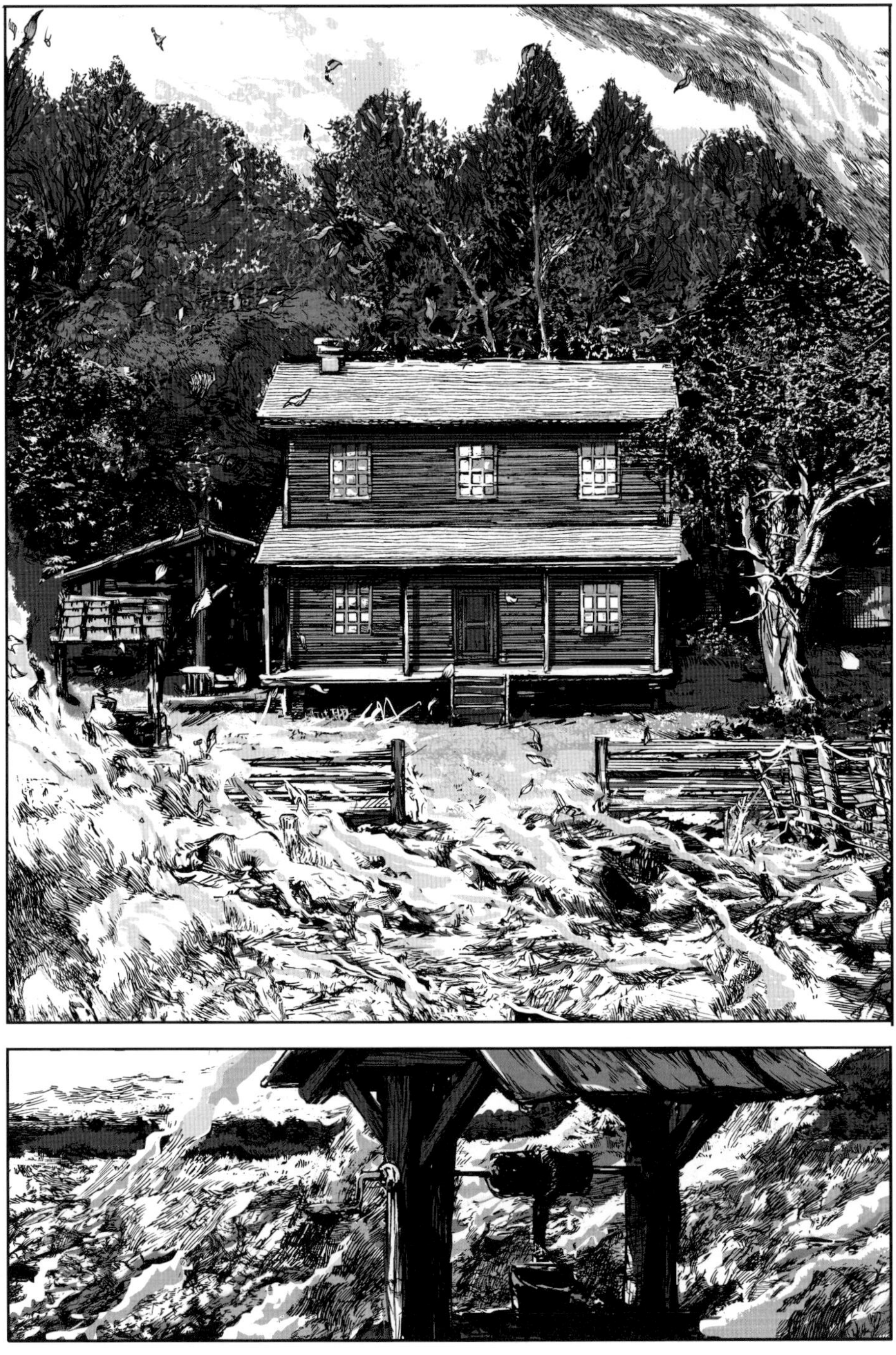

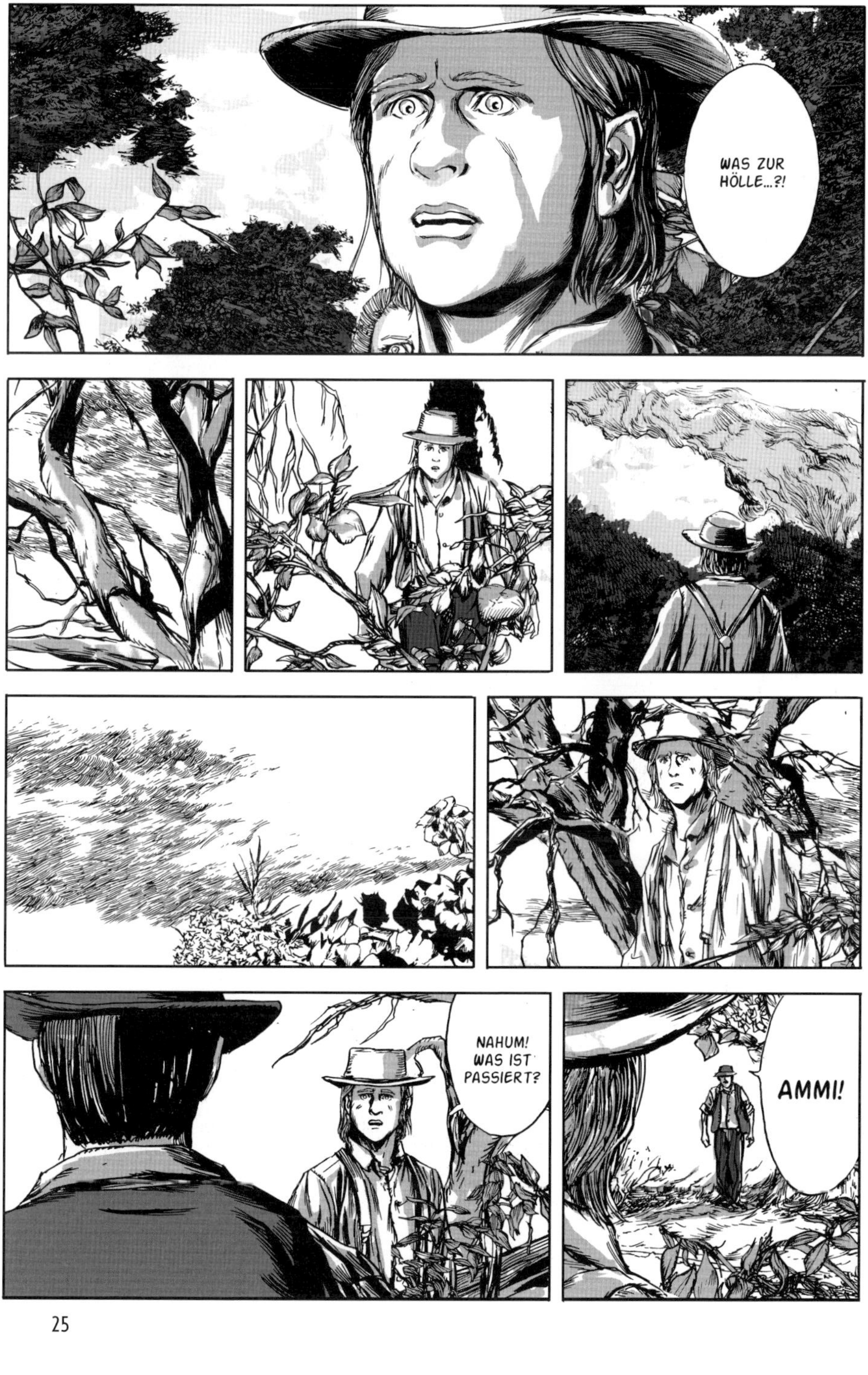
WAS ZUR
HÖLLE...?!
NAHUM!
WAS IST
PASSIERT?
AMMI!

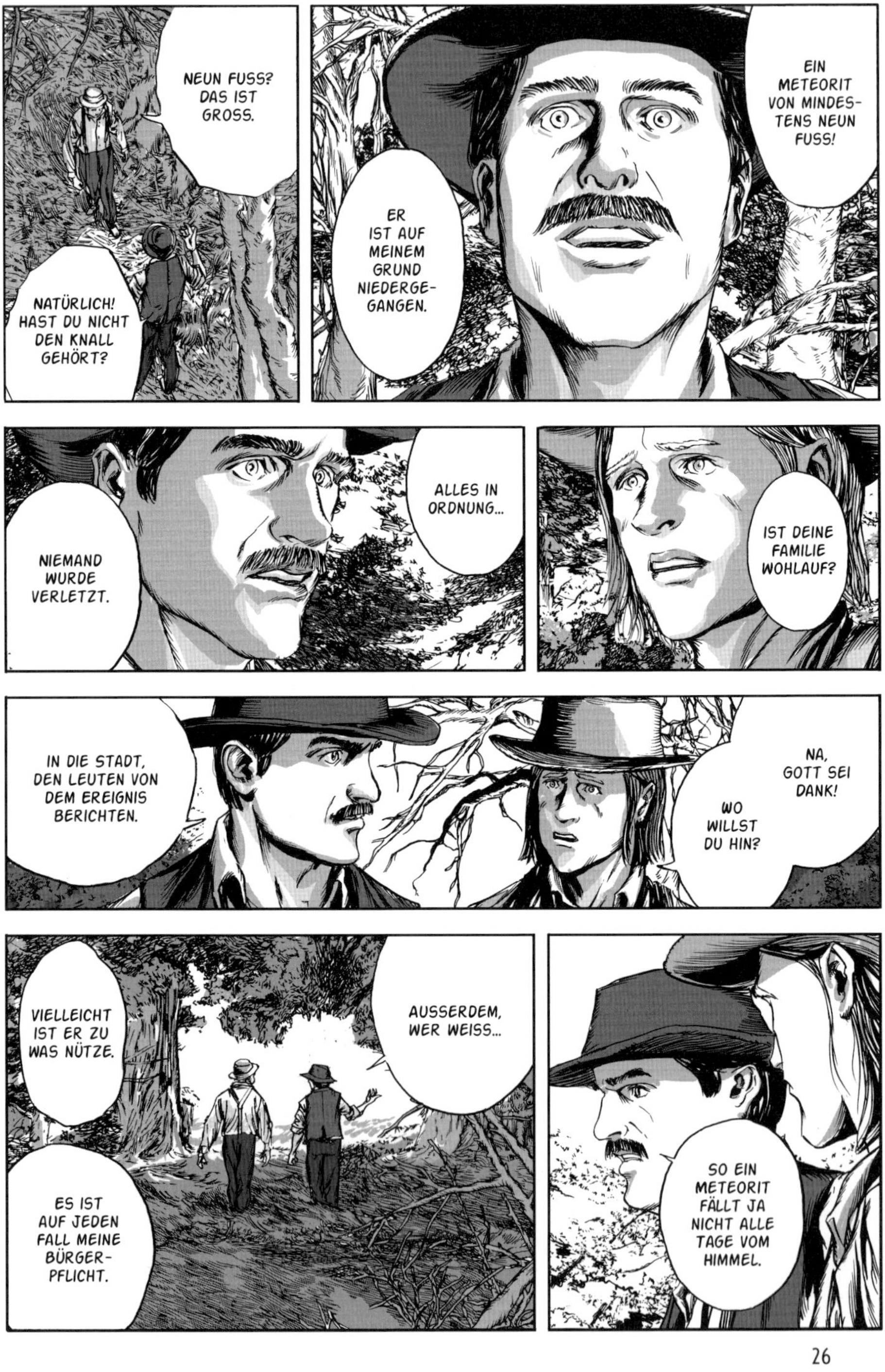
NEUN FUSS? DAS IST GROSS.
NATÜRLICH! HAST DU NICHT DEN KNALL GEHÖRT?
EIN METEORIT VON MINDES-TENS NEUN FUSS!
ER IST AUF MEINEM GRUND NIEDERGE-GANGEN.
ALLES IN ORDNUNG...
NIEMAND WURDE VERLETZT.
IST DEINE FAMILIE WOHLAUF?
NA, GOTT SEI DANK!
WO WILLST DU HIN?
IN DIE STADT, DEN LEUTEN VON DEM EREIGNIS BERICHTEN.
VIELLEICHT IST ER ZU WAS NÜTZE.
ES IST AUF JEDEN FALL MEINE BÜRGER-PFLICHT.
AUSSERDEM, WER WEISS...
SO EIN METEORIT FÄLLT JA NICHT ALLE TAGE VOM HIMMEL.

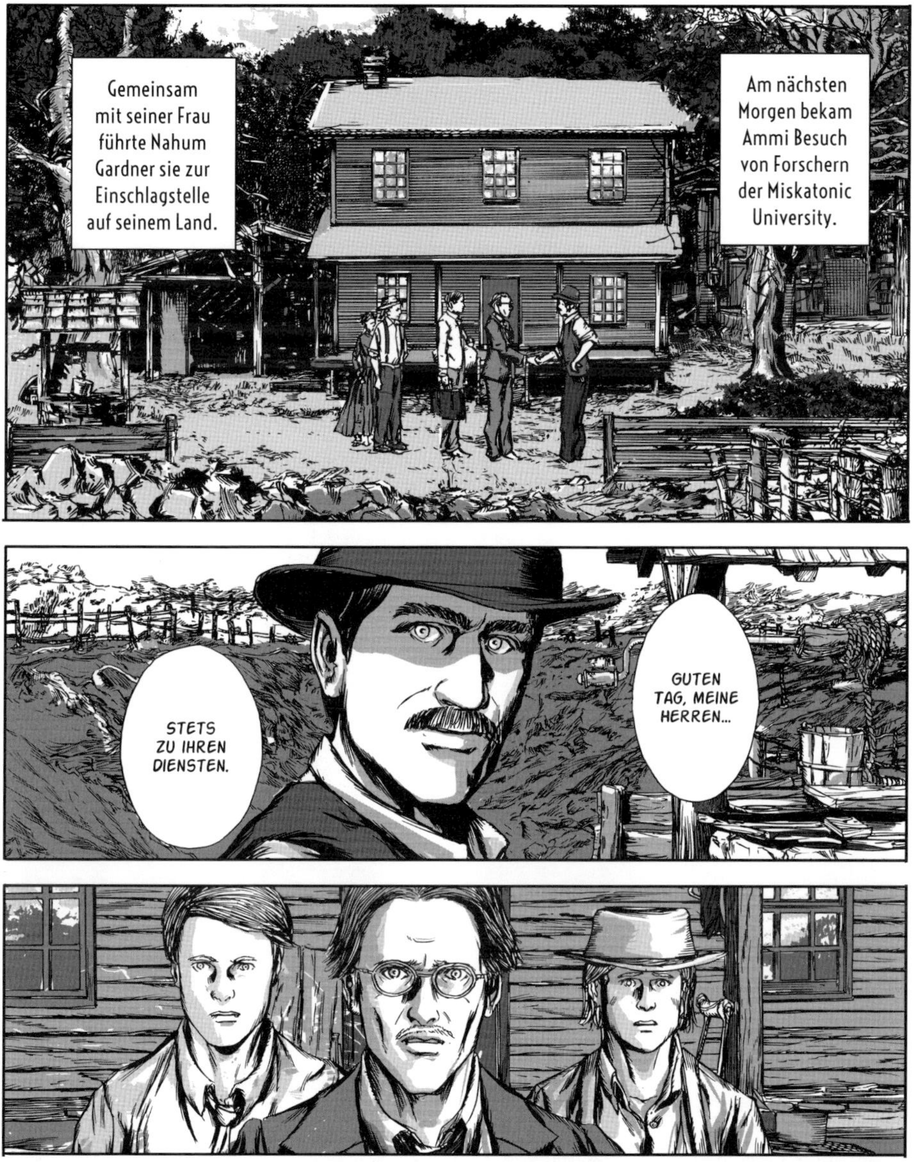
Am nächsten Morgen bekam Ammi Besuch von Forschern der Miskatonic University.
Gemeinsam mit seiner Frau führte Nahum Gardner sie zur Einschlagstelle auf seinem Land.
GUTEN TAG, MEINE HERREN...
STETS ZU IHREN DIENSTEN.

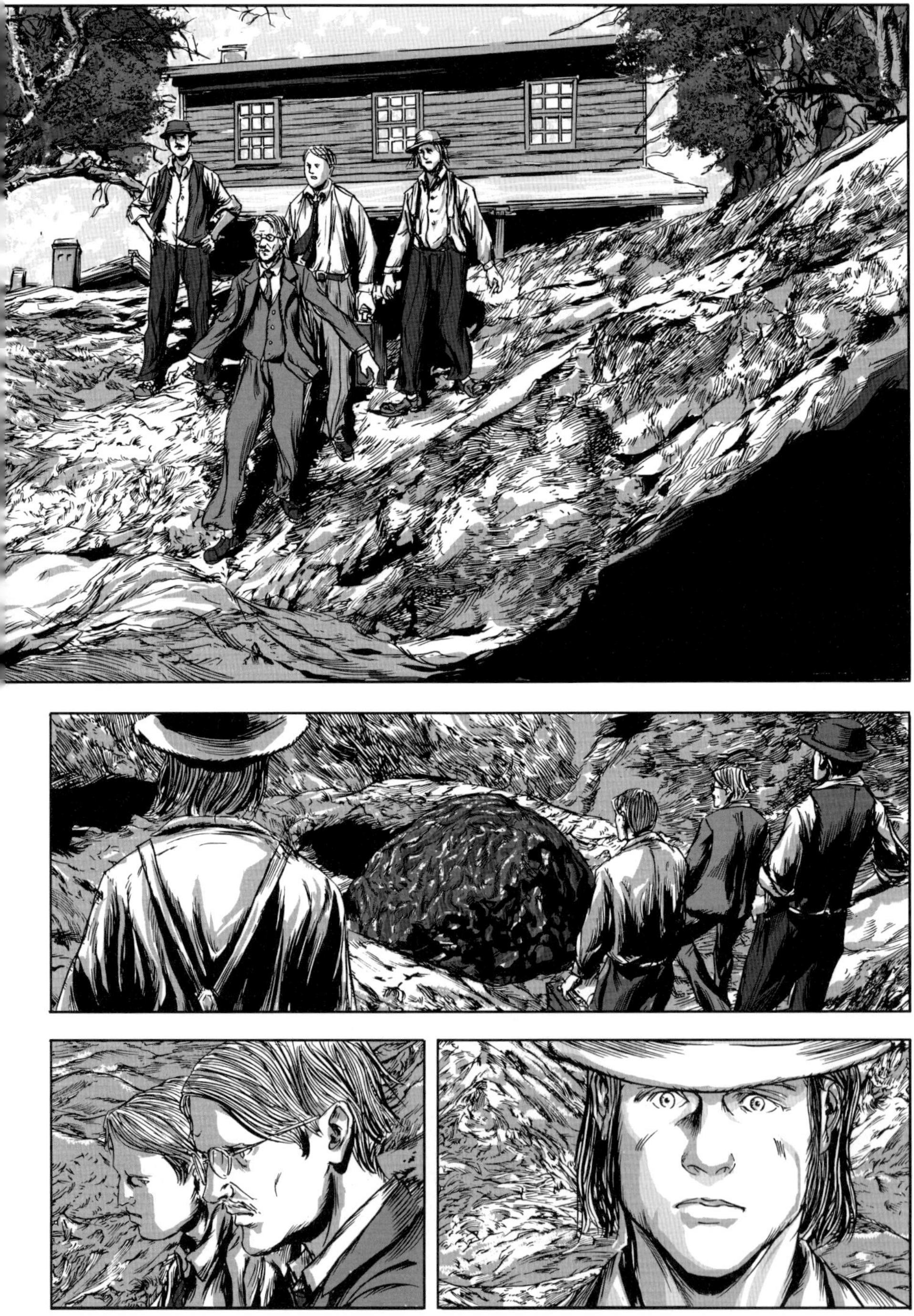

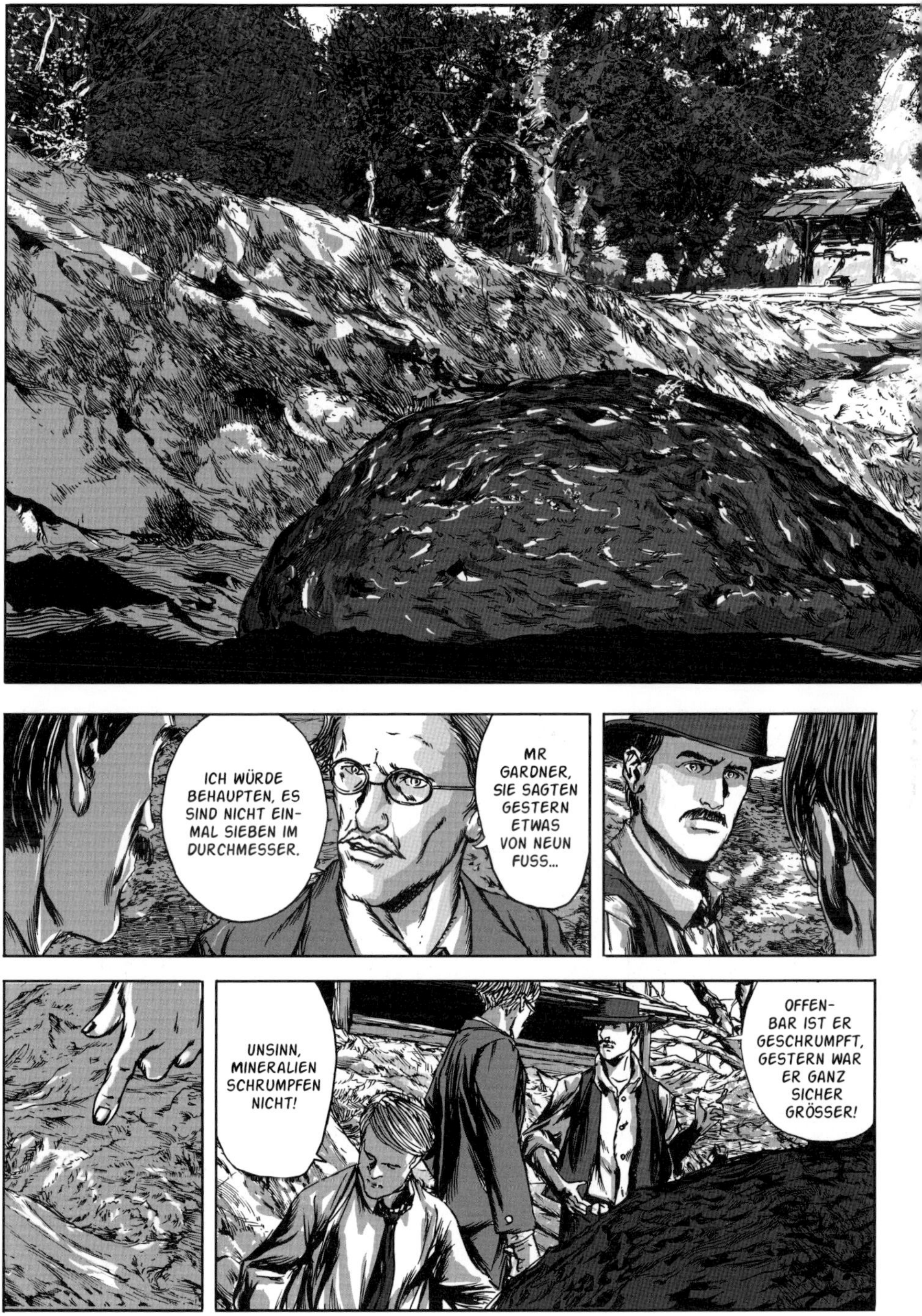
ICH WÜRDE BEHAUPTEN, ES SIND NICHT EINMAL SIEBEN IM DURCHMESSER.
MR GARDNER, SIE SAGTEN GESTERN ETWAS VON NEUN FUSS...
OFFENBAR IST ER GESCHRUMPFT, GESTERN WAR ER GANZ SICHER GRÖSSER!
UNSINN, MINERALIEN SCHRUMPFEN NICHT!

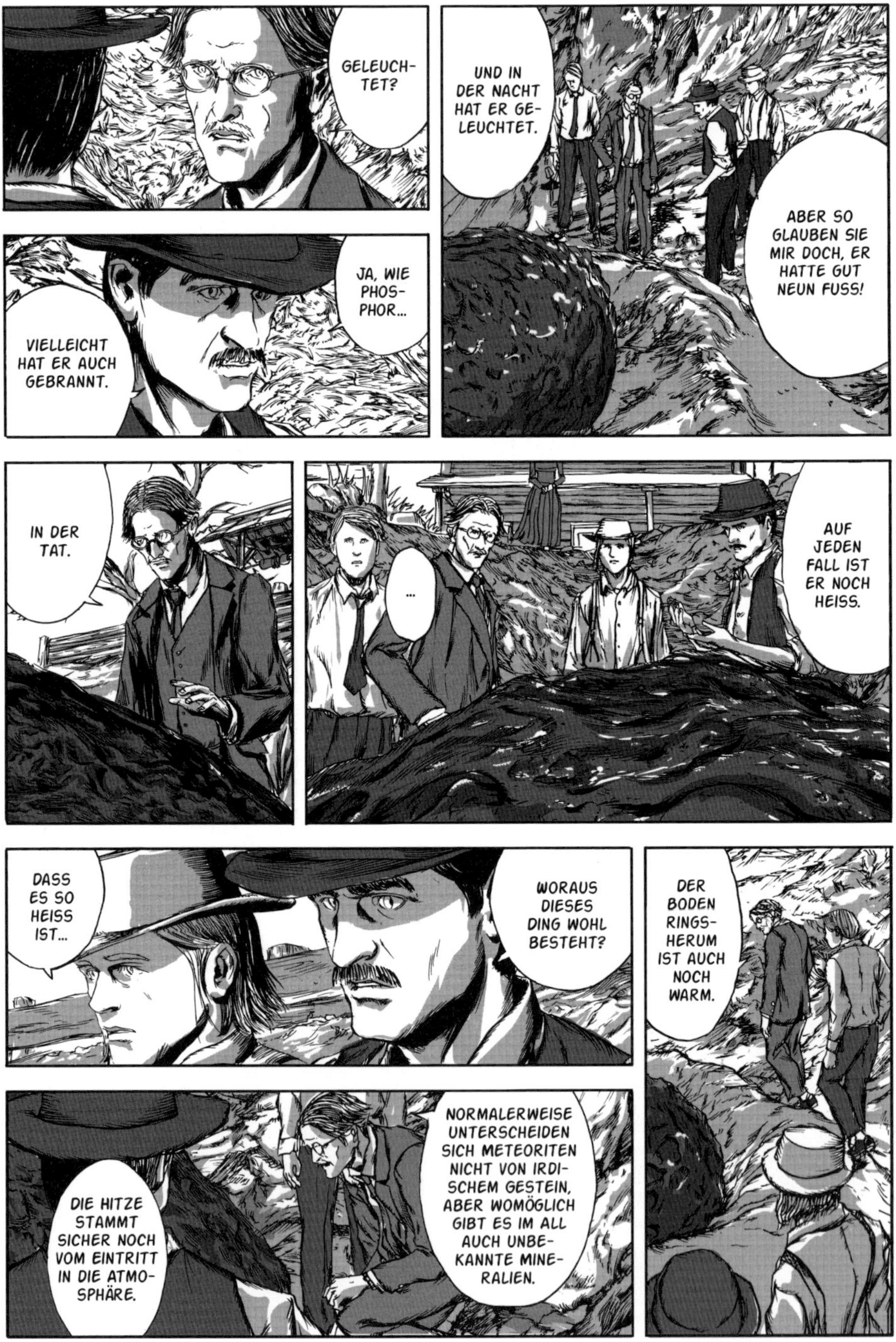
GELEUCH-TET?
UND IN DER NACHT HAT ER GE-LEUCHTET.
JA, WIE PHOS-PHOR...
VIELLEICHT HAT ER AUCH GEBRANNT.
ABER SO GLAUBEN SIE MIR DOCH, ER HATTE GUT NEUN FUSS!
IN DER TAT.
...
AUF JEDEN FALL IST ER NOCH HEISS.
DASS ES SO HEISS IST...
WORAUS DIESES DING WOHL BESTEHT?
DER BODEN RINGS-HERUM IST AUCH NOCH WARM.
NORMALERWEISE UNTERSCHEIDEN SICH METEORITEN NICHT VON IRDI-SCHEM GESTEIN, ABER WOMÖGLICH GIBT ES IM ALL AUCH UNBE-KANNTE MINE-RALIEN.
DIE HITZE STAMMT SICHER NOCH VOM EINTRITT IN DIE ATMO-SPHÄRE.

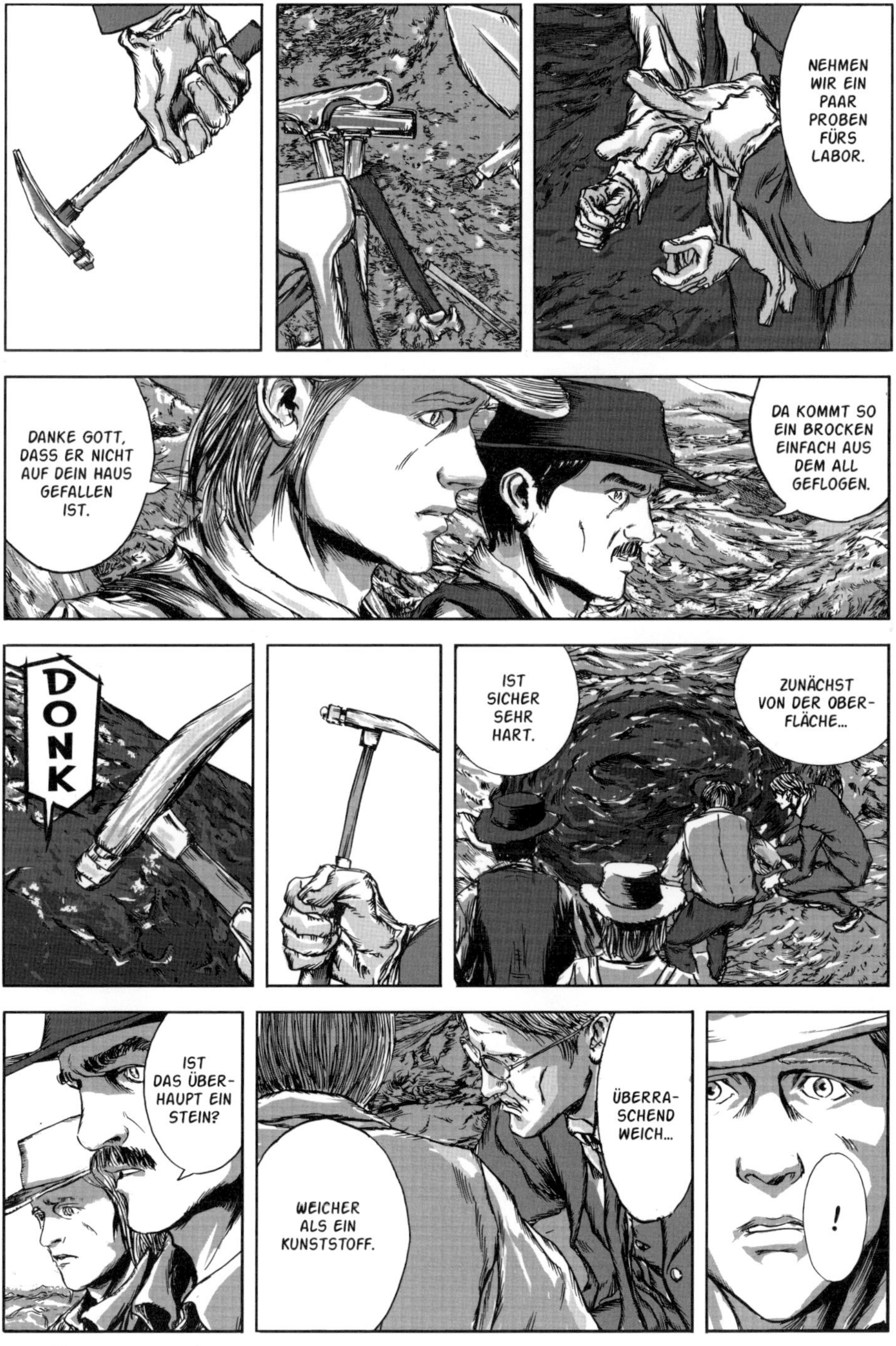
NEHMEN WIR EIN PAAR PROBEN FÜRS LABOR.
DA KOMMT SO EIN BROCKEN EINFACH AUS DEM ALL GEFLOGEN.
DANKE GOTT, DASS ER NICHT AUF DEIN HAUS GEFALLEN IST.
DONK
IST SICHER SEHR HART.
ZUNÄCHST VON DER OBER-FLÄCHE...
IST DAS ÜBER-HAUPT EIN STEIN?
ÜBERRA-SCHEND WEICH...
WEICHER ALS EIN KUNSTSTOFF.
!

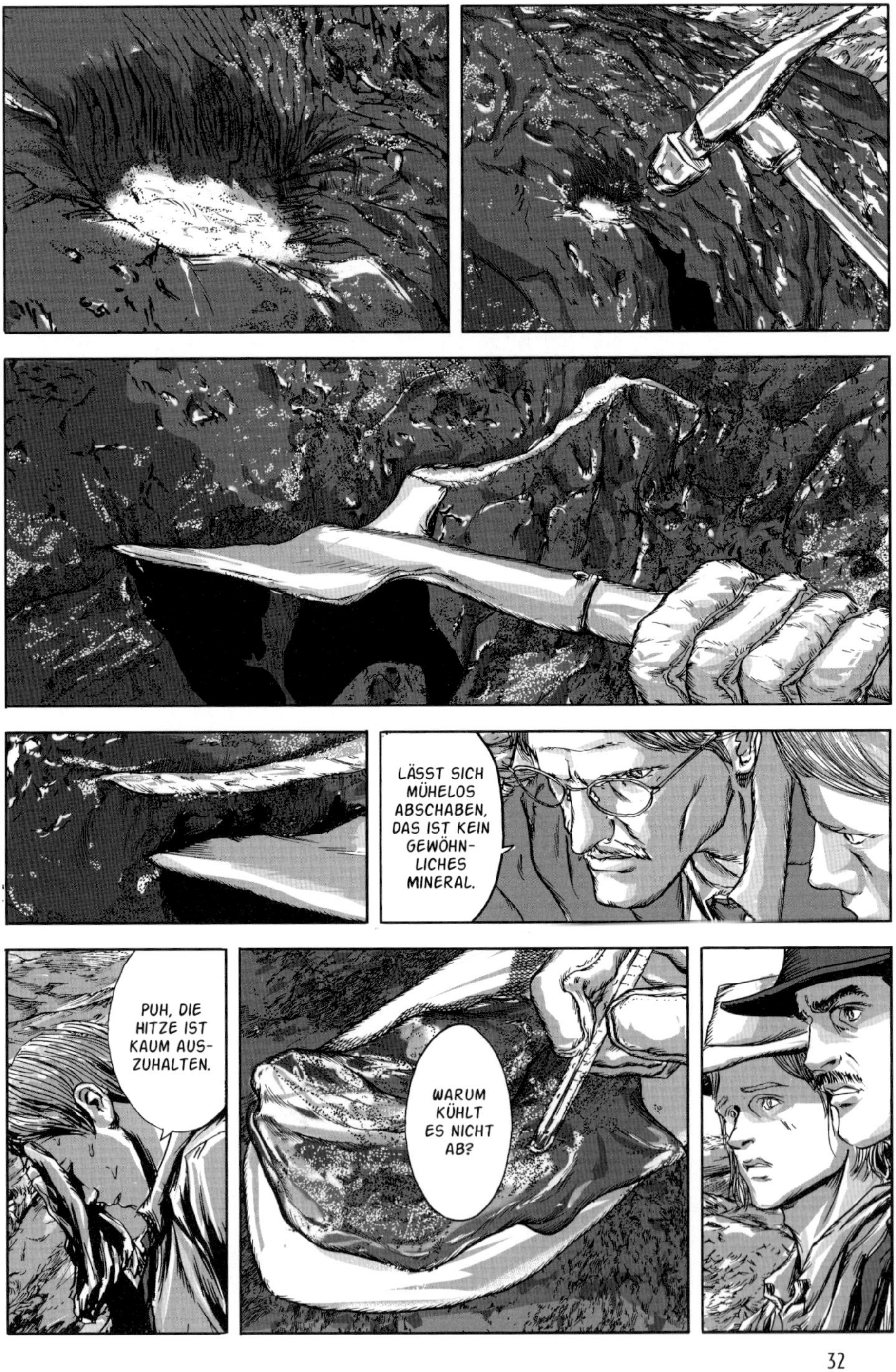
LÄSST SICH MÜHELOS ABSCHABEN, DAS IST KEIN GEWÖHN-LICHES MINERAL.
PUH, DIE HITZE IST KAUM AUS-ZUHALTEN.
WARUM KÜHLT ES NICHT AB?

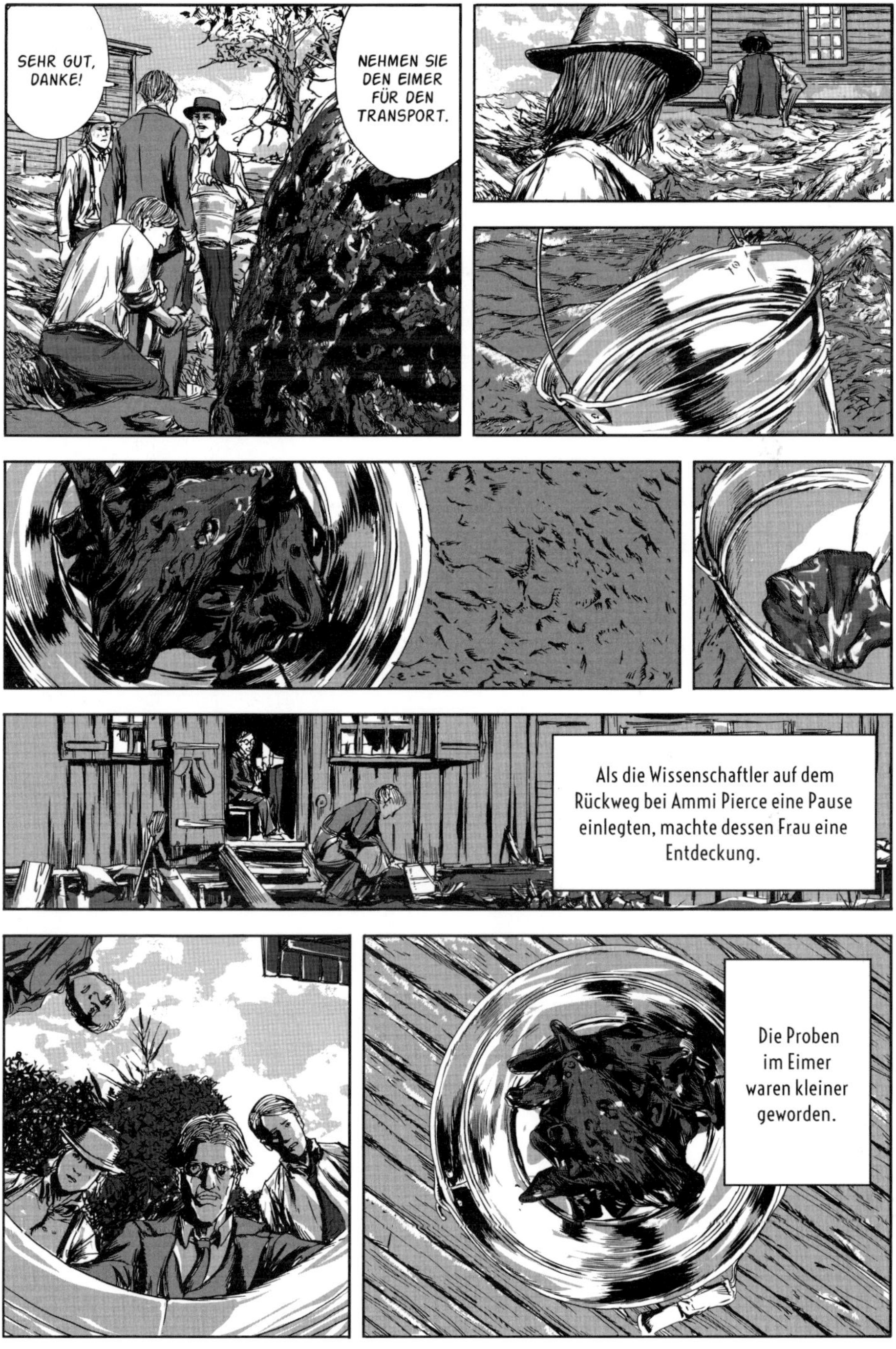

SEHR GUT, DANKE!
NEHMEN SIE DEN EIMER FÜR DEN TRANSPORT.
Als die Wissenschaftler auf dem Rückweg bei Ammi Pierce eine Pause einlegten, machte dessen Frau eine Entdeckung.
Die Proben im Eimer waren kleiner geworden.

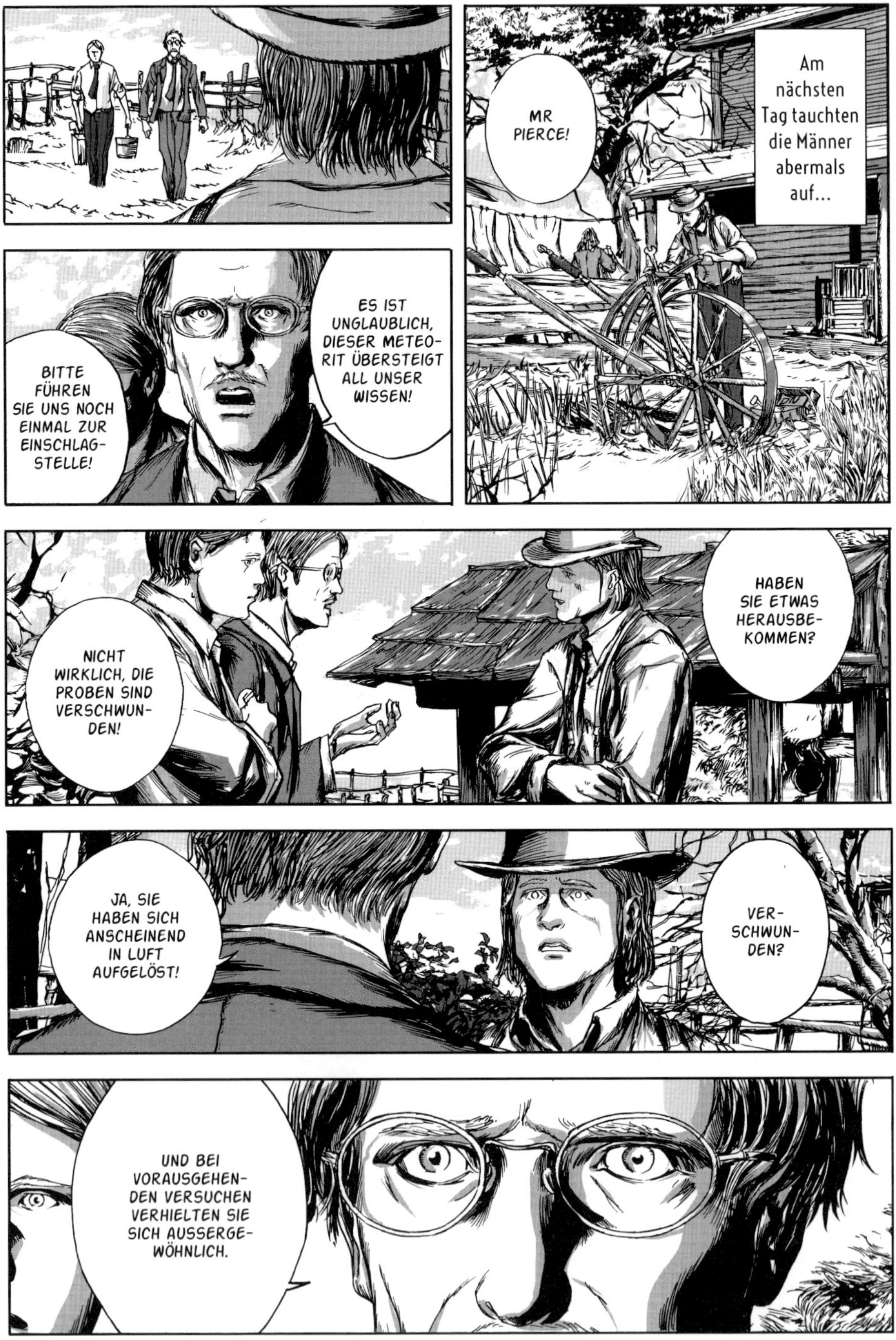
Am nächsten Tag tauchten die Männer abermals auf…
MR PIERCE!
ES IST UNGLAUBLICH, DIESER METEORIT ÜBERSTEIGT ALL UNSER WISSEN!
BITTE FÜHREN SIE UNS NOCH EINMAL ZUR EINSCHLAGSTELLE!
HABEN SIE ETWAS HERAUSBEKOMMEN?
NICHT WIRKLICH, DIE PROBEN SIND VERSCHWUNDEN!
VERSCHWUNDEN?
JA, SIE HABEN SICH ANSCHEINEND IN LUFT AUFGELÖST!
UND BEI VORAUSGEHENDEN VERSUCHEN VERHIELTEN SIE SICH AUSSERGEWÖHNLICH.

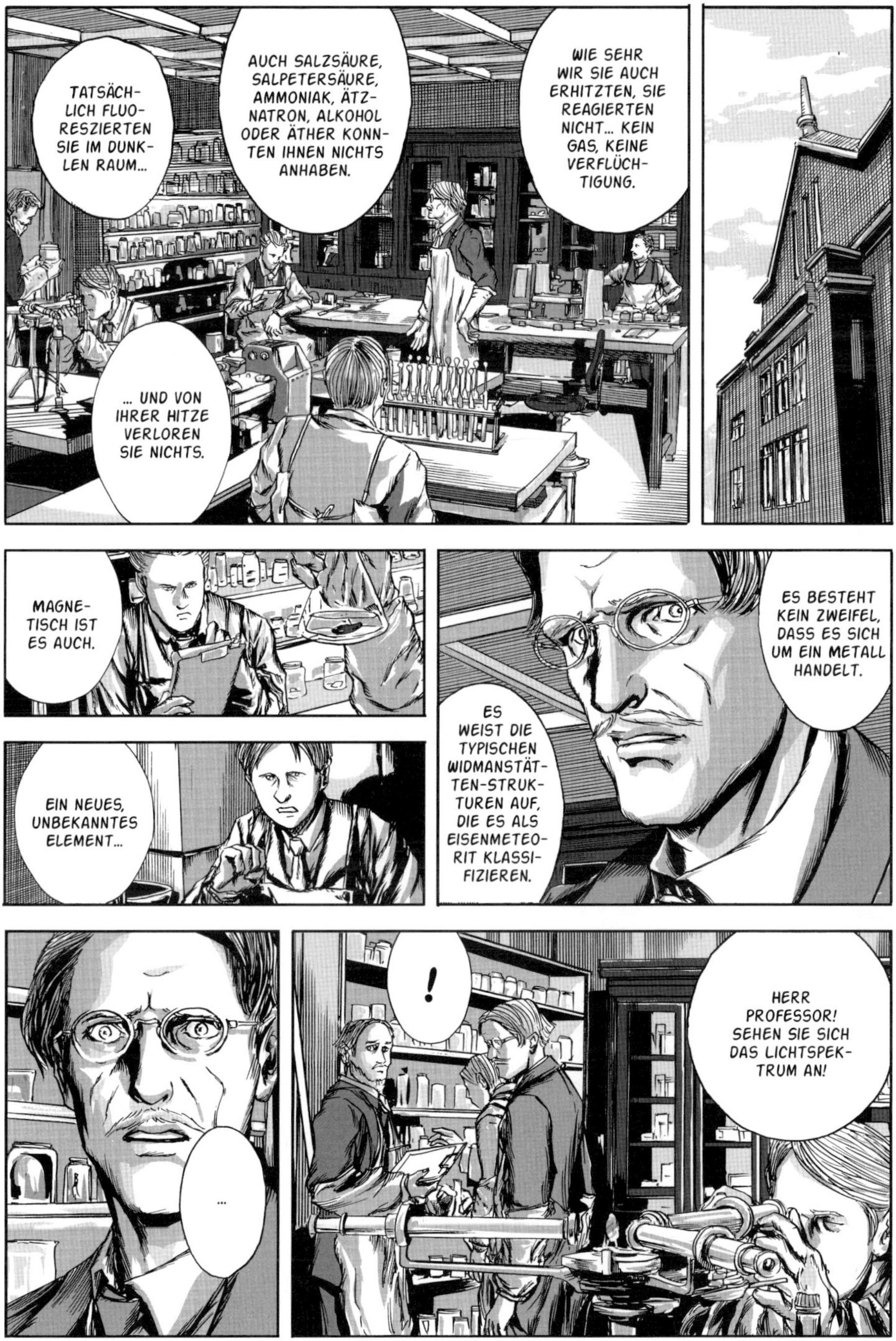
TATSÄCHLICH FLUORESZIERTEN SIE IM DUNKLEN RAUM...
AUCH SALZSÄURE, SALPETERSÄURE, AMMONIAK, ÄTZNATRON, ALKOHOL ODER ÄTHER KONNTEN IHNEN NICHTS ANHABEN.
WIE SEHR WIR SIE AUCH ERHITZTEN, SIE REAGIERTEN NICHT... KEIN GAS, KEINE VERFLÜCHTIGUNG.
... UND VON IHRER HITZE VERLOREN SIE NICHTS.
MAGNETISCH IST ES AUCH.
ES BESTEHT KEIN ZWEIFEL, DASS ES SICH UM EIN METALL HANDELT.
ES WEIST DIE TYPISCHEN WIDMANSTÄTTEN-STRUKTUREN AUF, DIE ES ALS EISENMETEORIT KLASSIFIZIEREN.
EIN NEUES, UNBEKANNTES ELEMENT...
...
!
HERR PROFESSOR! SEHEN SIE SICH DAS LICHTSPEKTRUM AN!

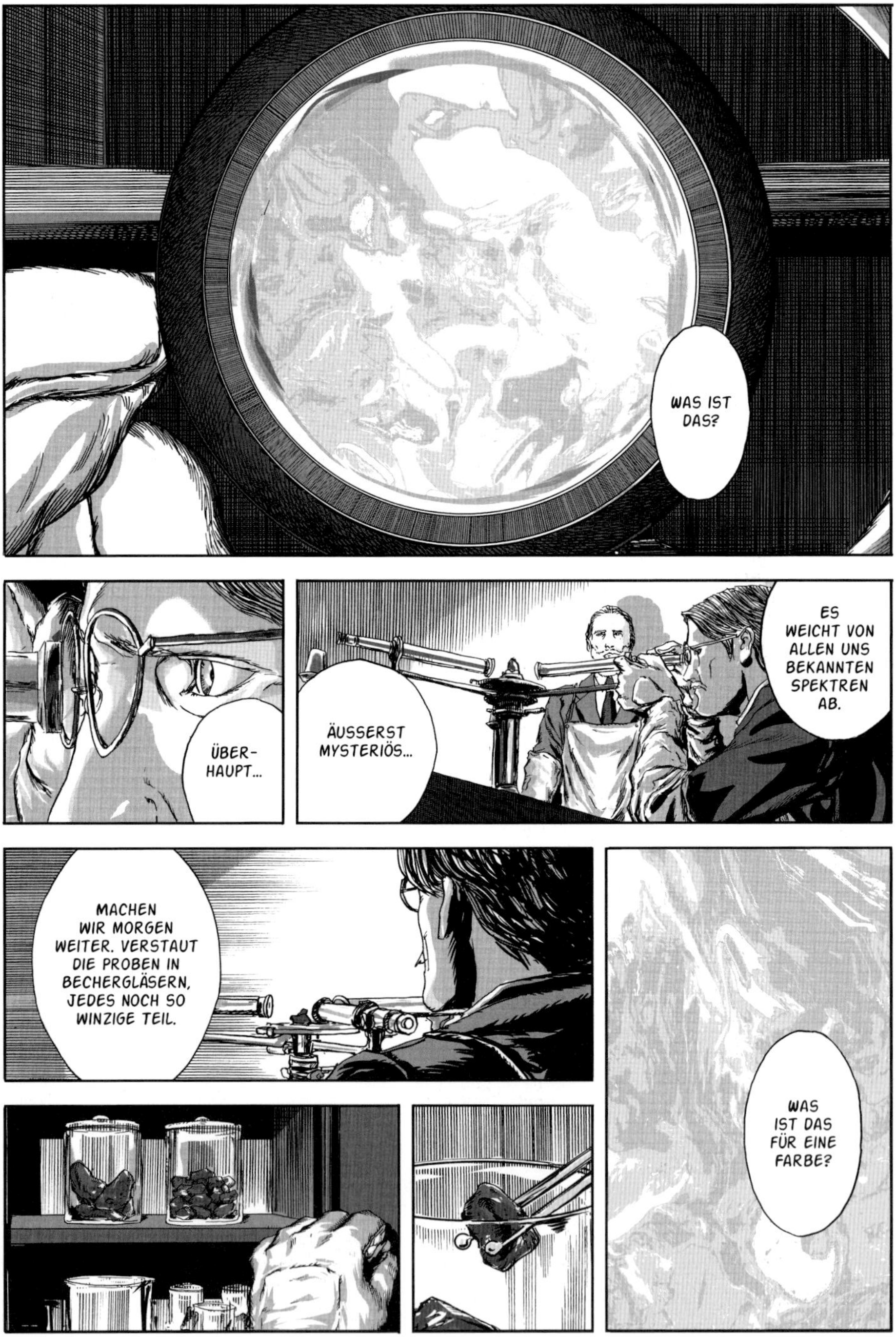
WAS IST DAS?
ÜBER-HAUPT...
ÄUSSERST MYSTERIÖS...
ES WEICHT VON ALLEN UNS BEKANNTEN SPEKTREN AB.
MACHEN WIR MORGEN WEITER. VERSTAUT DIE PROBEN IN BECHERGLÄSERN, JEDES NOCH SO WINZIGE TEIL.
WAS IST DAS FÜR EINE FARBE?

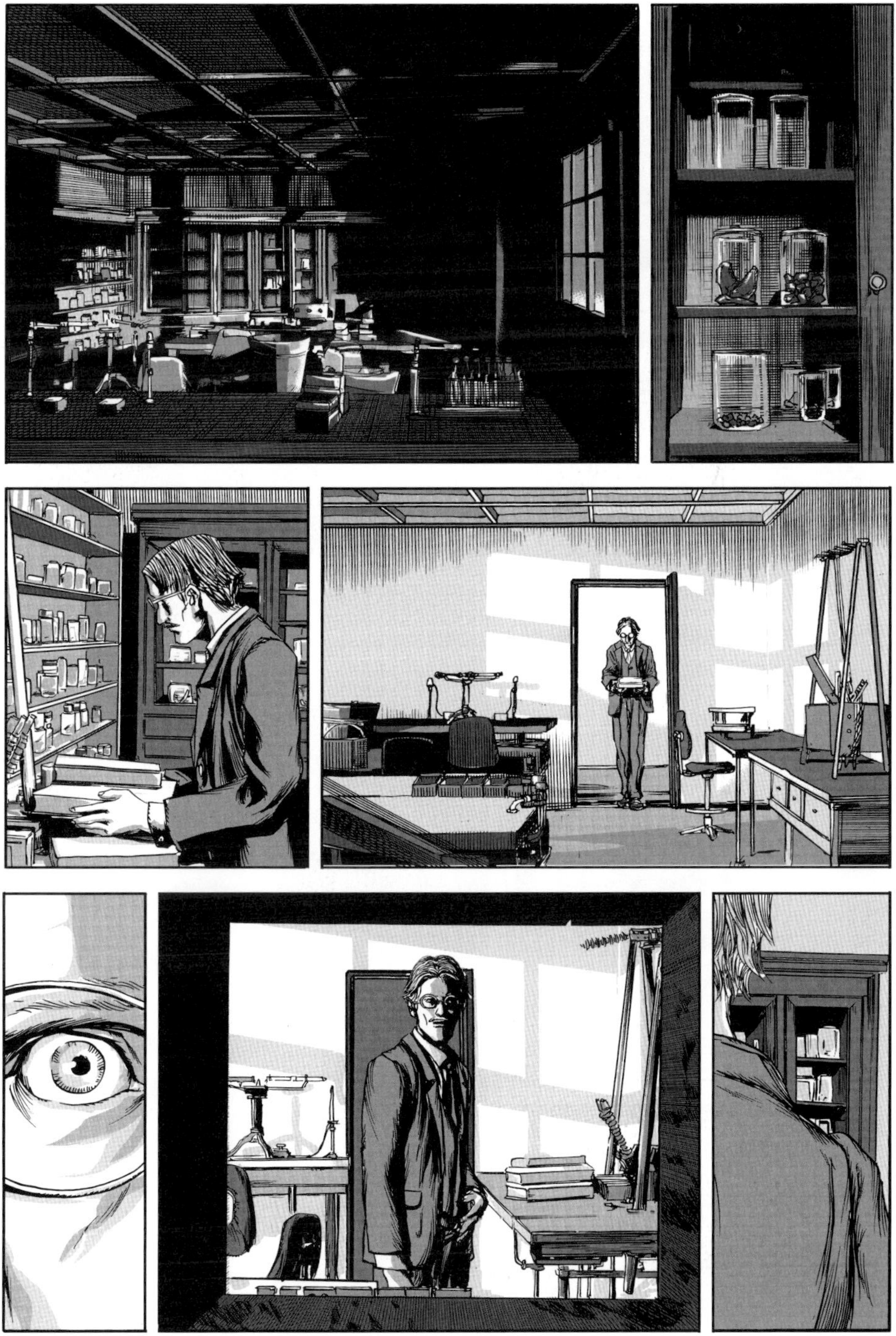

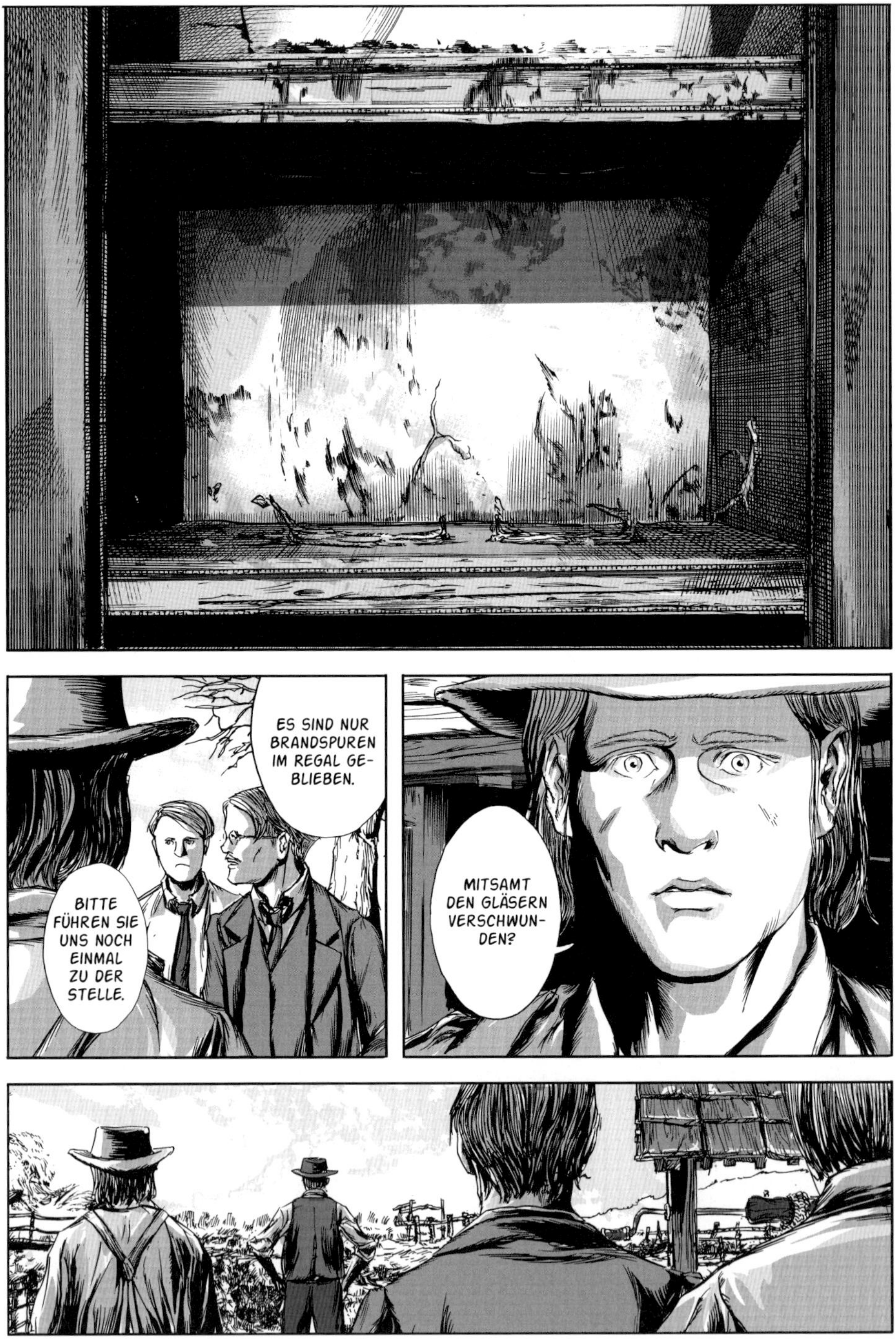
ES SIND NUR BRANDSPUREN IM REGAL GE-BLIEBEN.
BITTE FÜHREN SIE UNS NOCH EINMAL ZU DER STELLE.
MITSAMT DEN GLÄSERN VERSCHWUN-DEN?

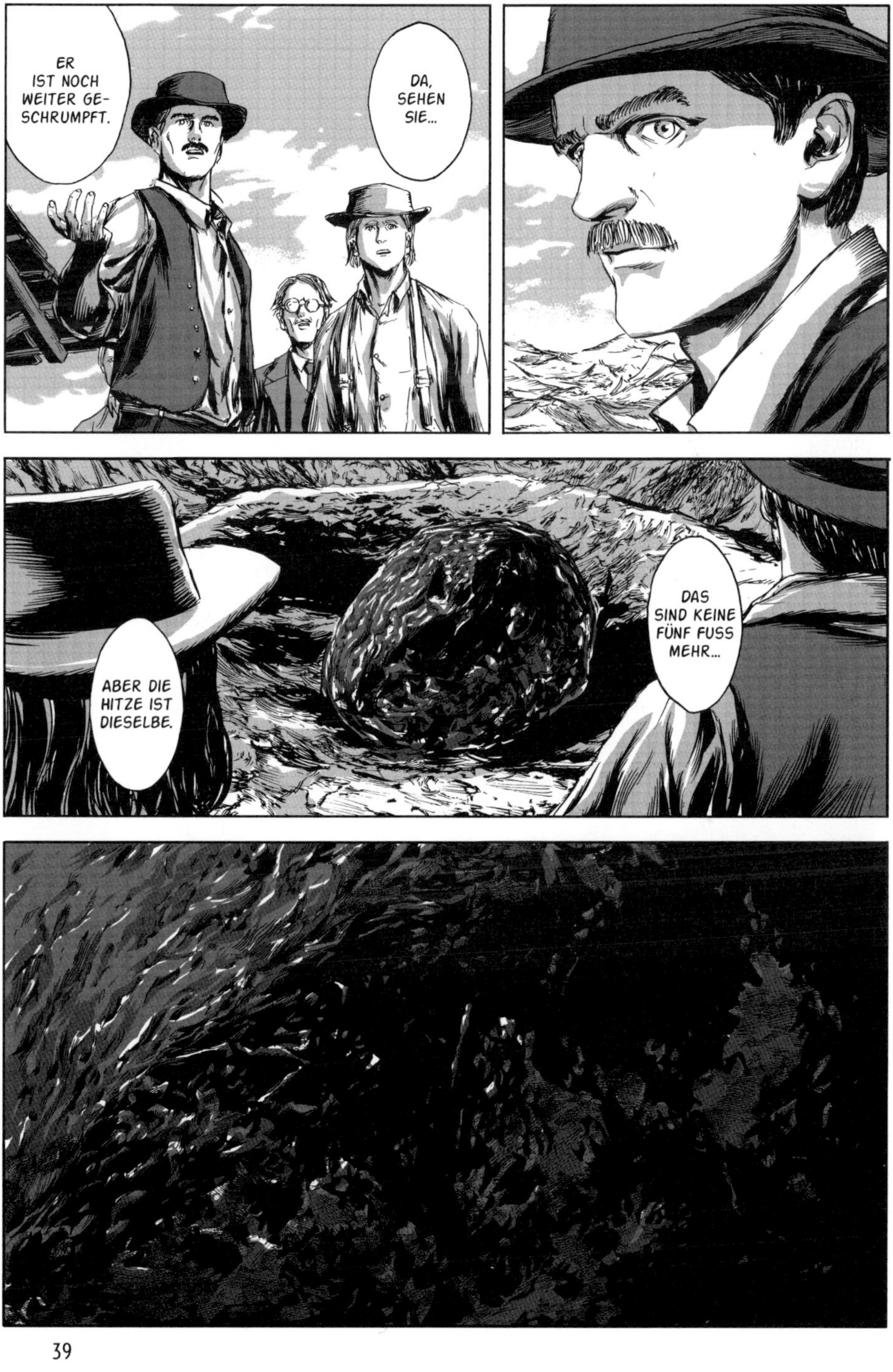
ER IST NOCH WEITER GE-SCHRUMPFT.
DA, SEHEN SIE...
DAS SIND KEINE FÜNF FUSS MEHR...
ABER DIE HITZE IST DIESELBE.

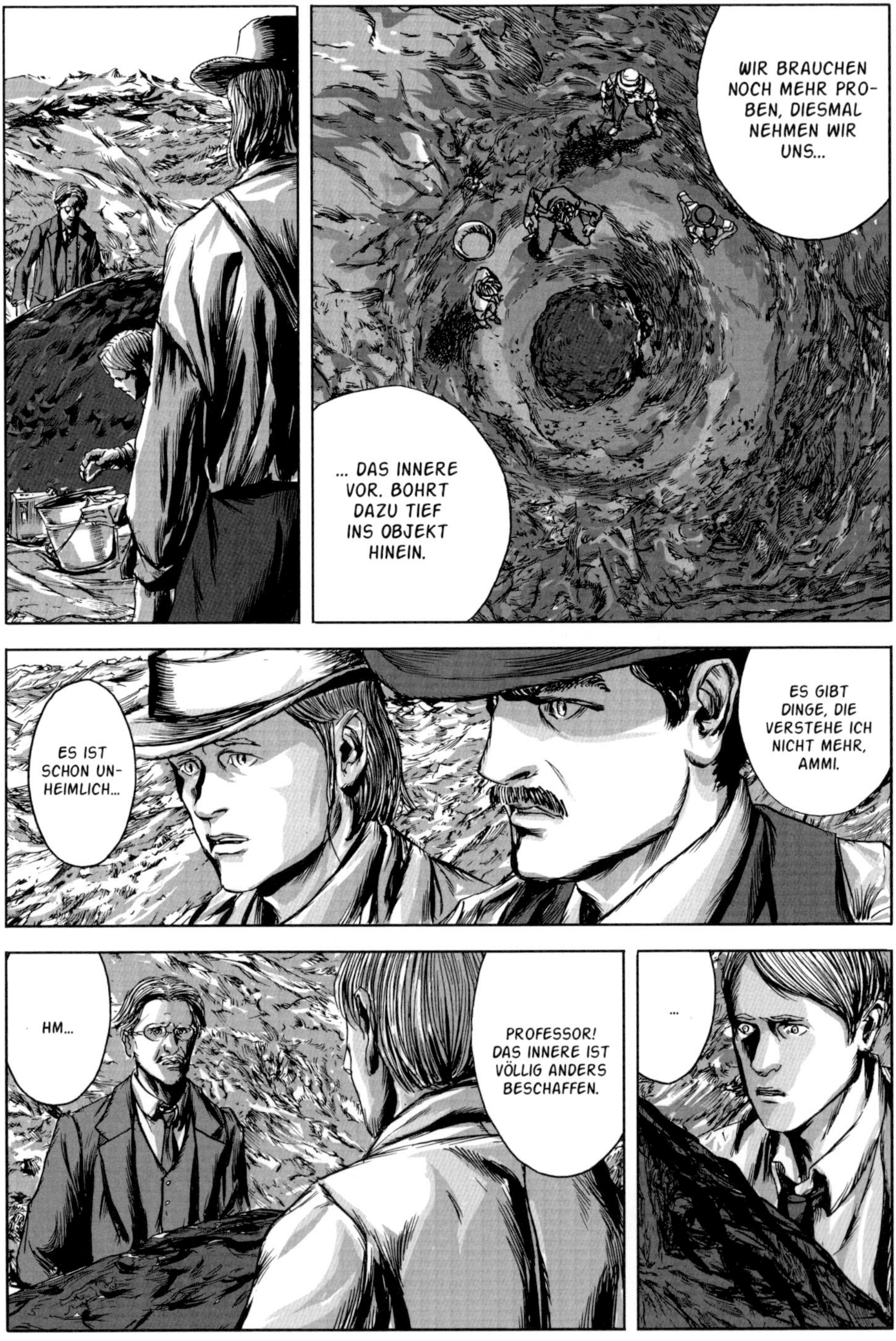
WIR BRAUCHEN NOCH MEHR PROBEN, DIESMAL NEHMEN WIR UNS…
… DAS INNERE VOR. BOHRT DAZU TIEF INS OBJEKT HINEIN.
ES GIBT DINGE, DIE VERSTEHE ICH NICHT MEHR, AMMI.
ES IST SCHON UNHEIMLICH…
…
PROFESSOR! DAS INNERE IST VÖLLIG ANDERS BESCHAFFEN.
HM…

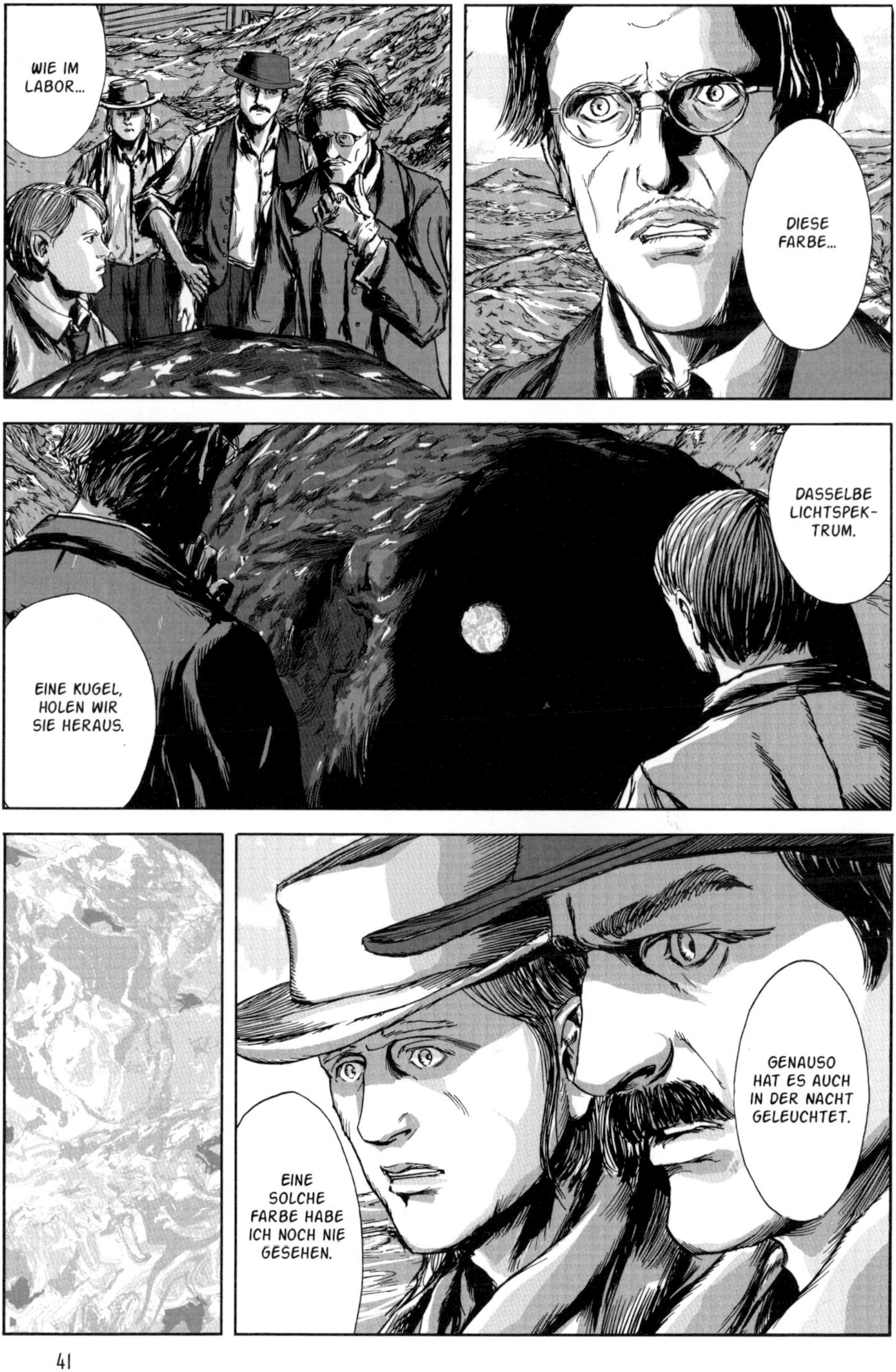
WIE IM LABOR...
DIESE FARBE...
DASSELBE LICHTSPEK-TRUM.
EINE KUGEL, HOLEN WIR SIE HERAUS.
GENAUSO HAT ES AUCH IN DER NACHT GELEUCHTET.
EINE SOLCHE FARBE HABE ICH NOCH NIE GESEHEN.

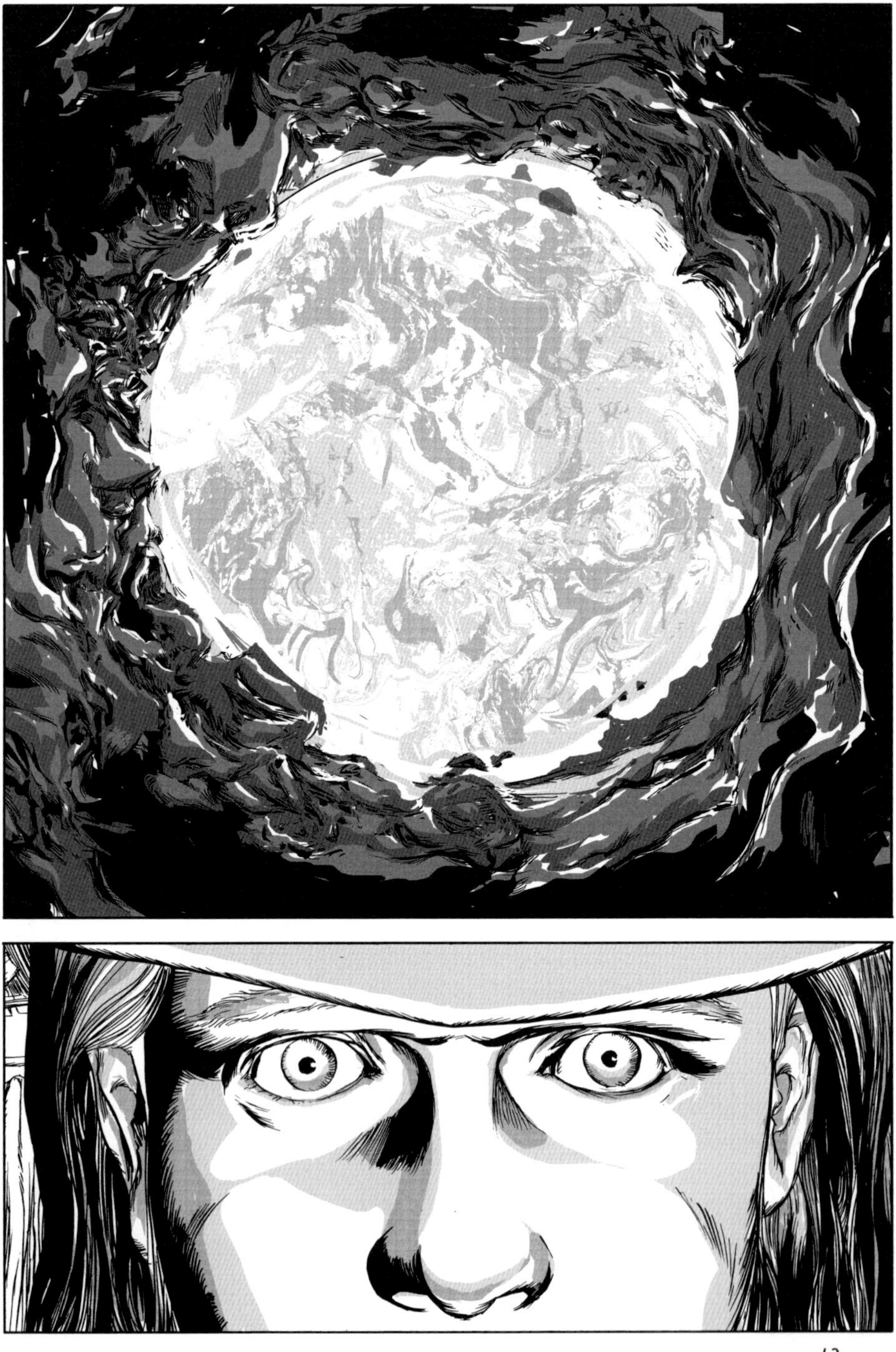

2 EINE FARBE

A Colour

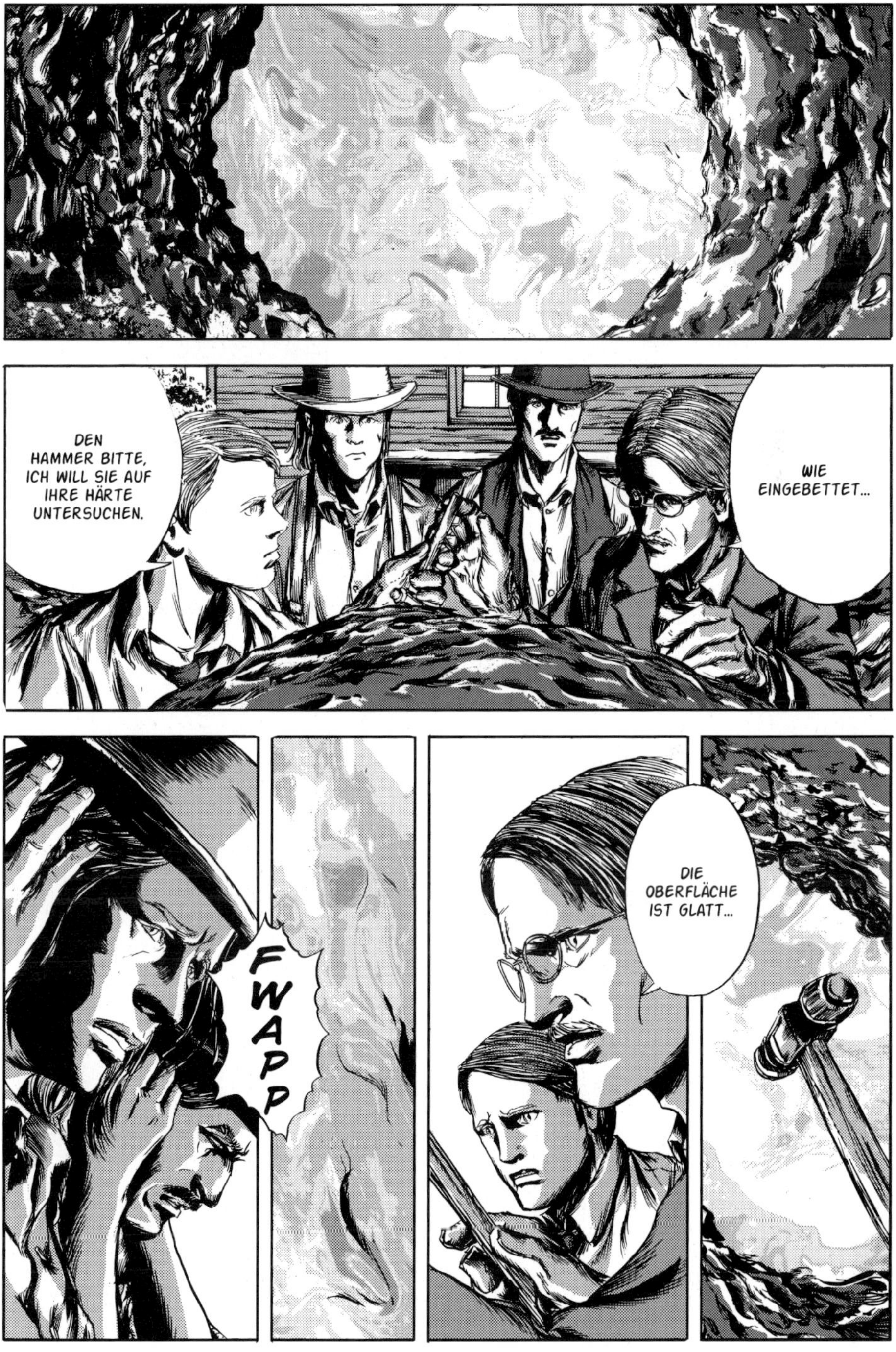
DEN HAMMER BITTE, ICH WILL SIE AUF IHRE HÄRTE UNTERSUCHEN.
WIE EINGEBETTET...
FWAPP
DIE OBERFLÄCHE IST GLATT...

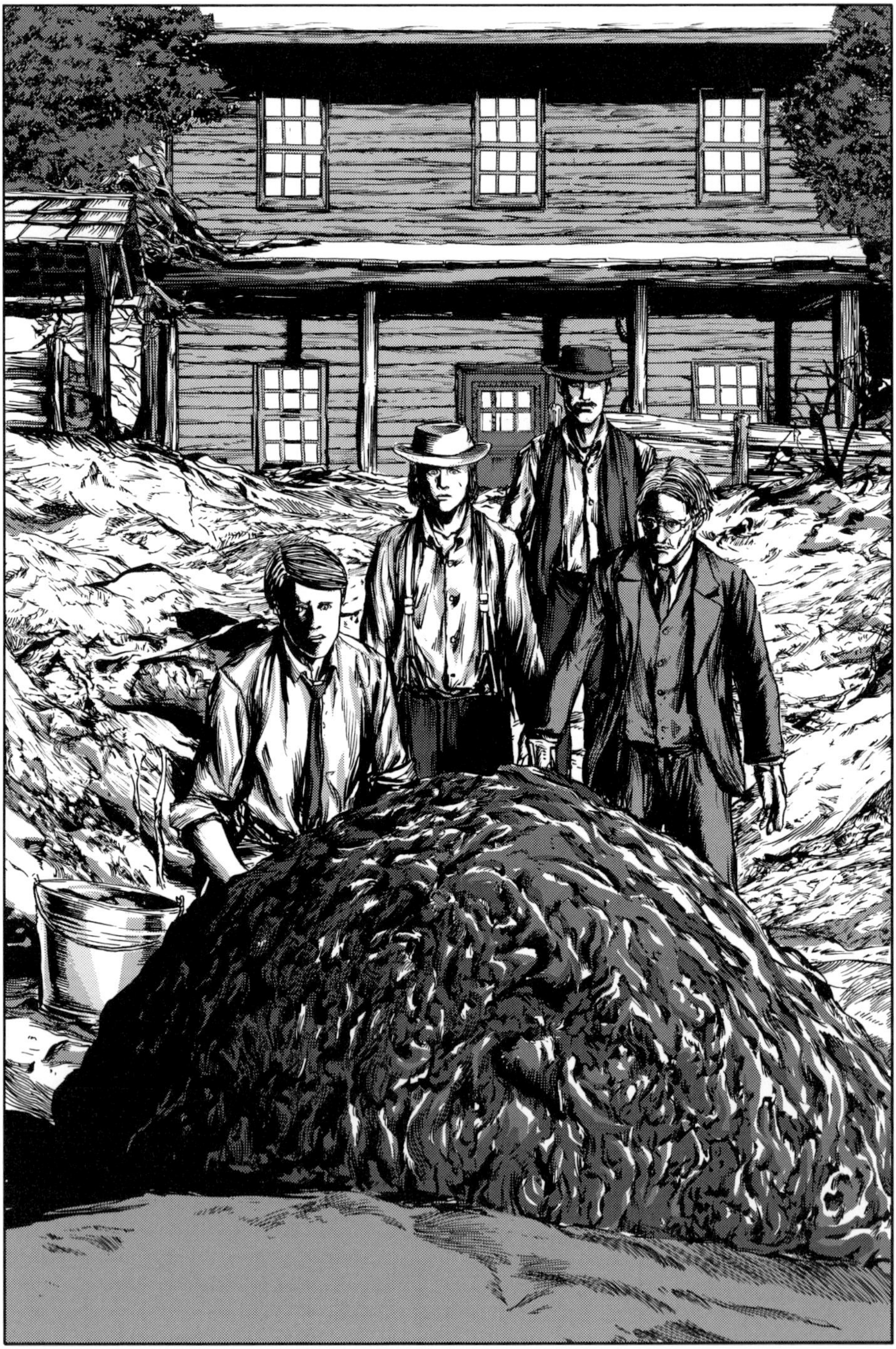

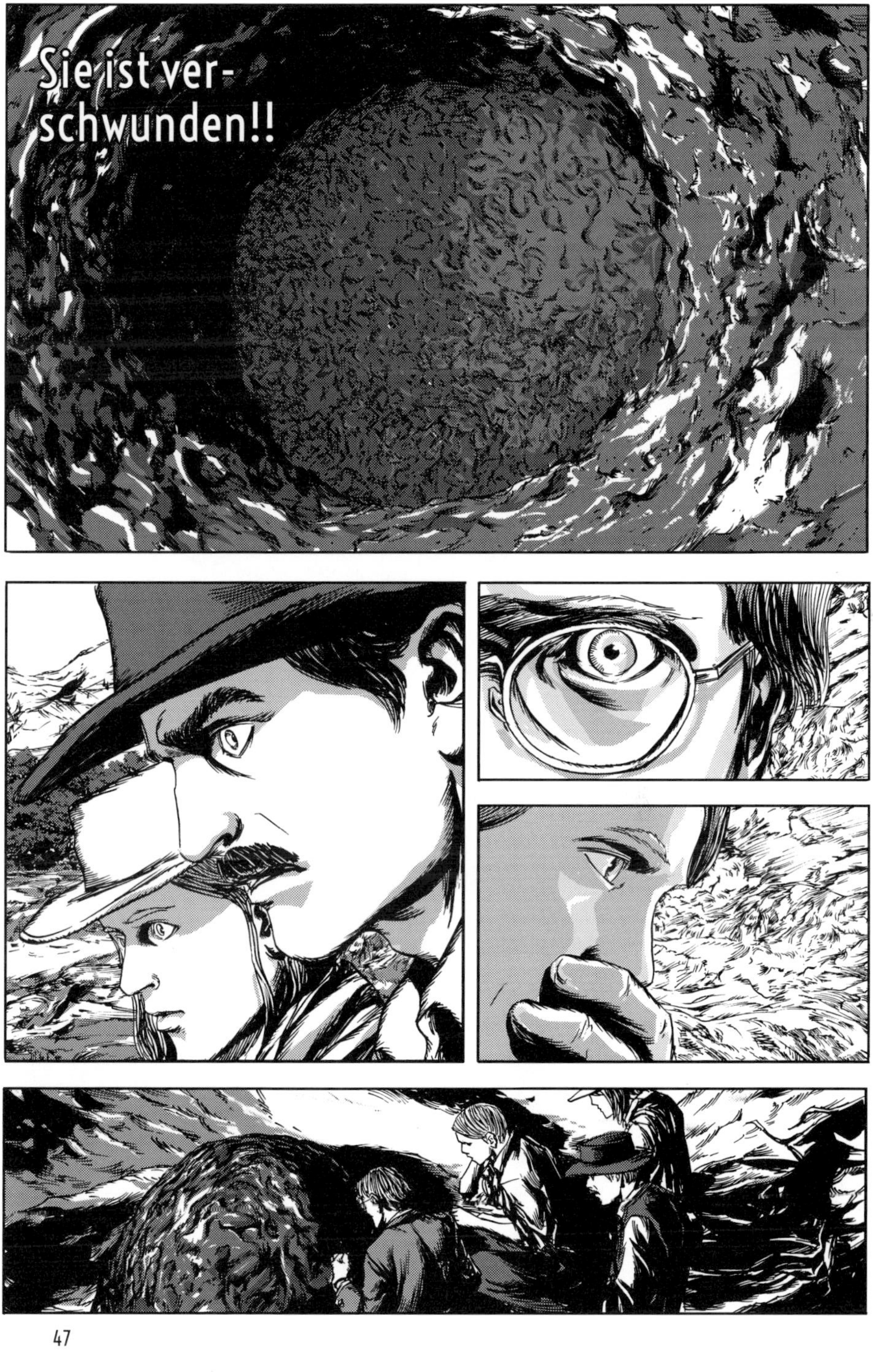
Sie ist ver-
schwunden!!

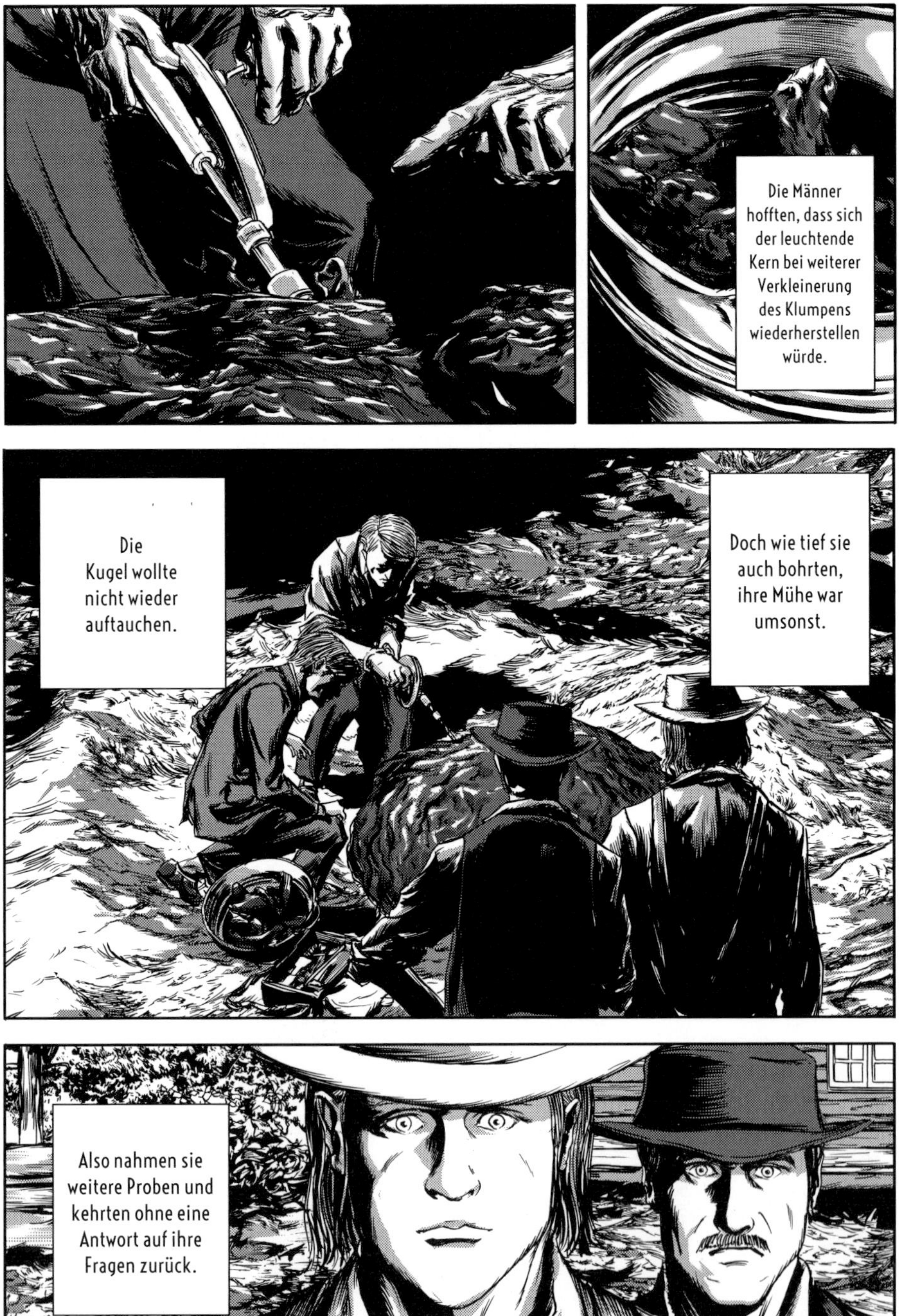
Die Männer hofften, dass sich der leuchtende Kern bei weiterer Verkleinerung des Klumpens wiederherstellen würde.
Die Kugel wollte nicht wieder auftauchen.
Doch wie tief sie auch bohrten, ihre Mühe war umsonst.
Also nahmen sie weitere Proben und kehrten ohne eine Antwort auf ihre Fragen zurück.

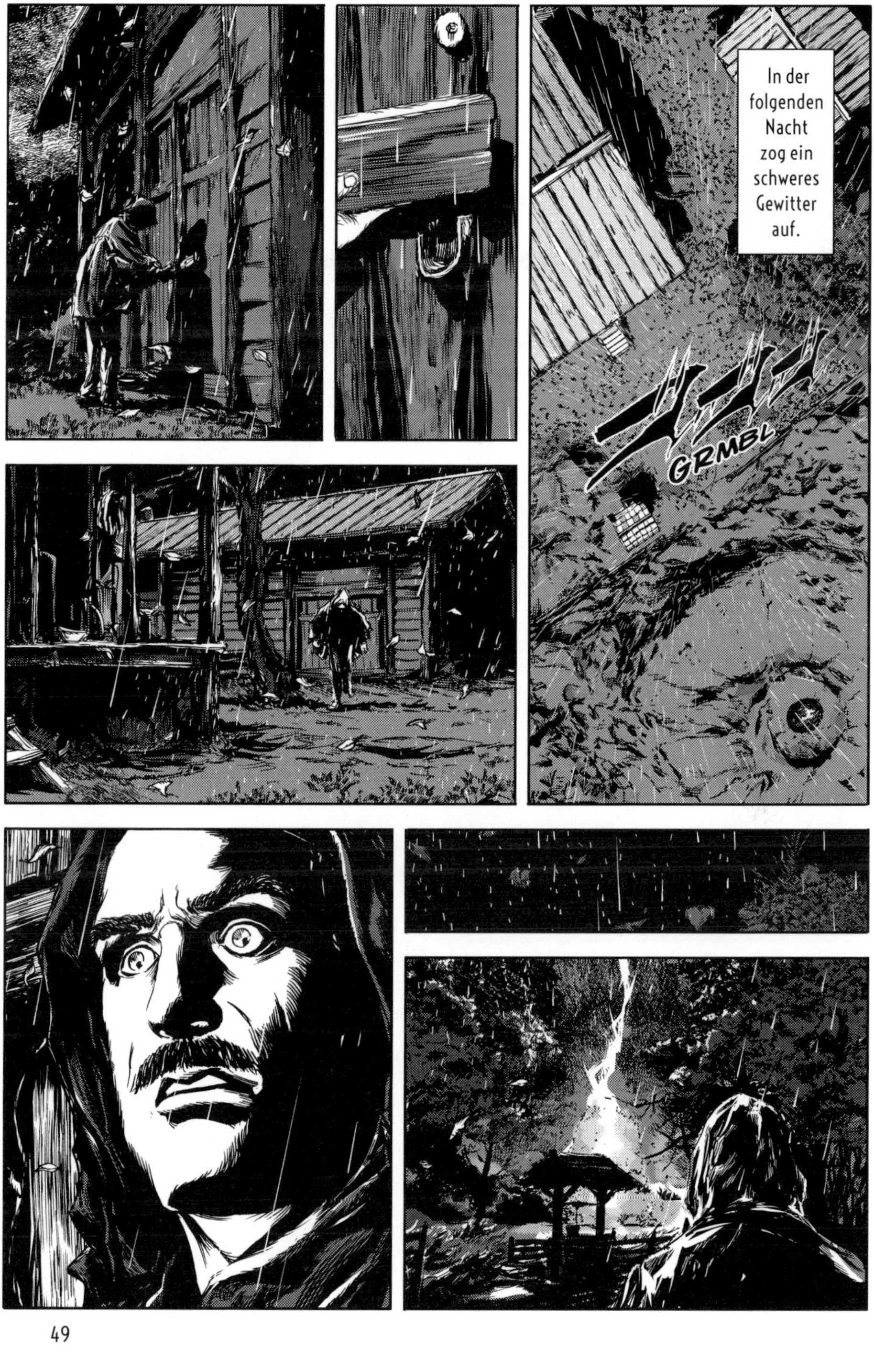
In der folgenden Nacht zog ein schweres Gewitter auf.
GRMBL

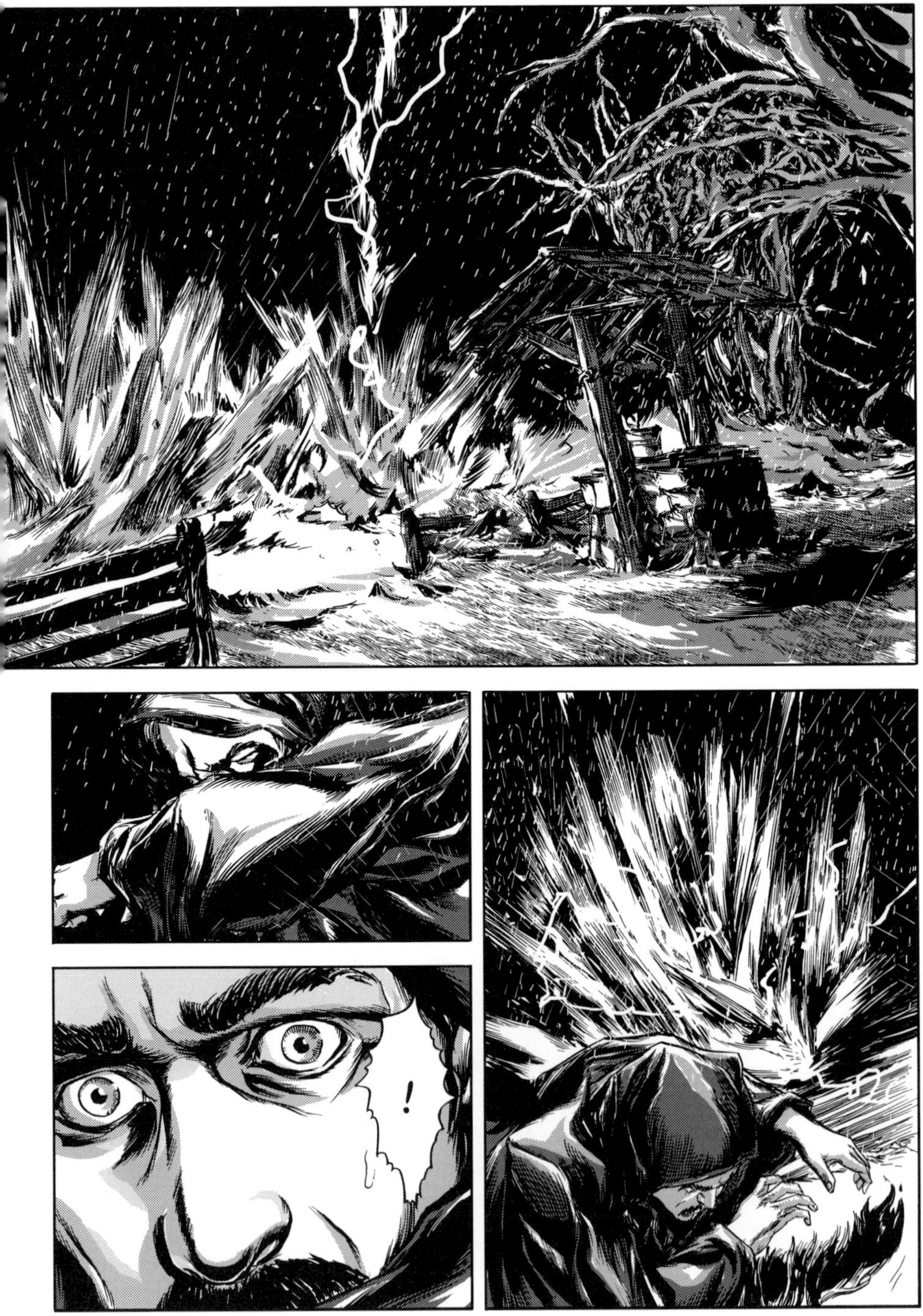

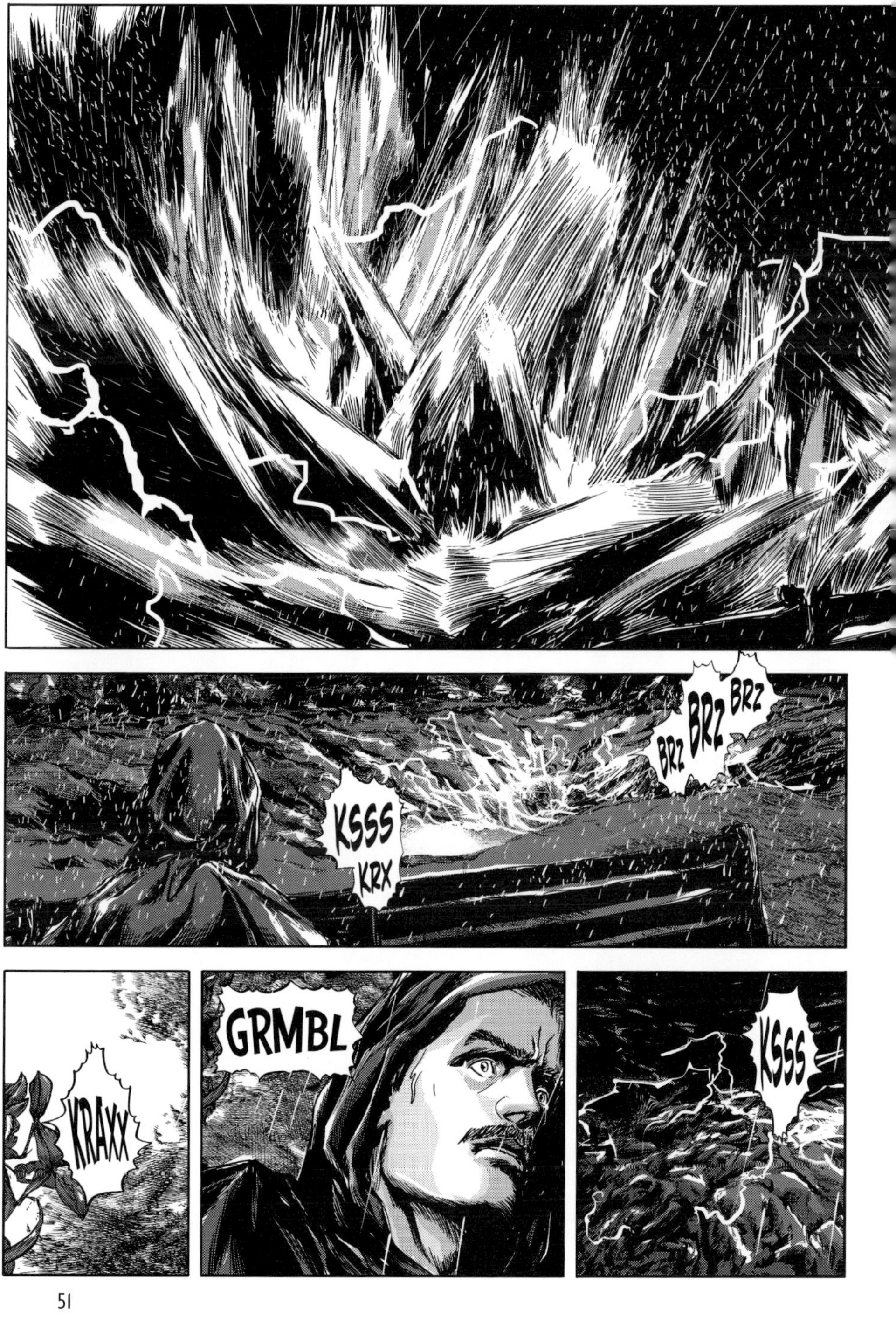
BRZ
BRZ
BRZ
KSSS
KRX
KRAXX
GRMBL
KSSS

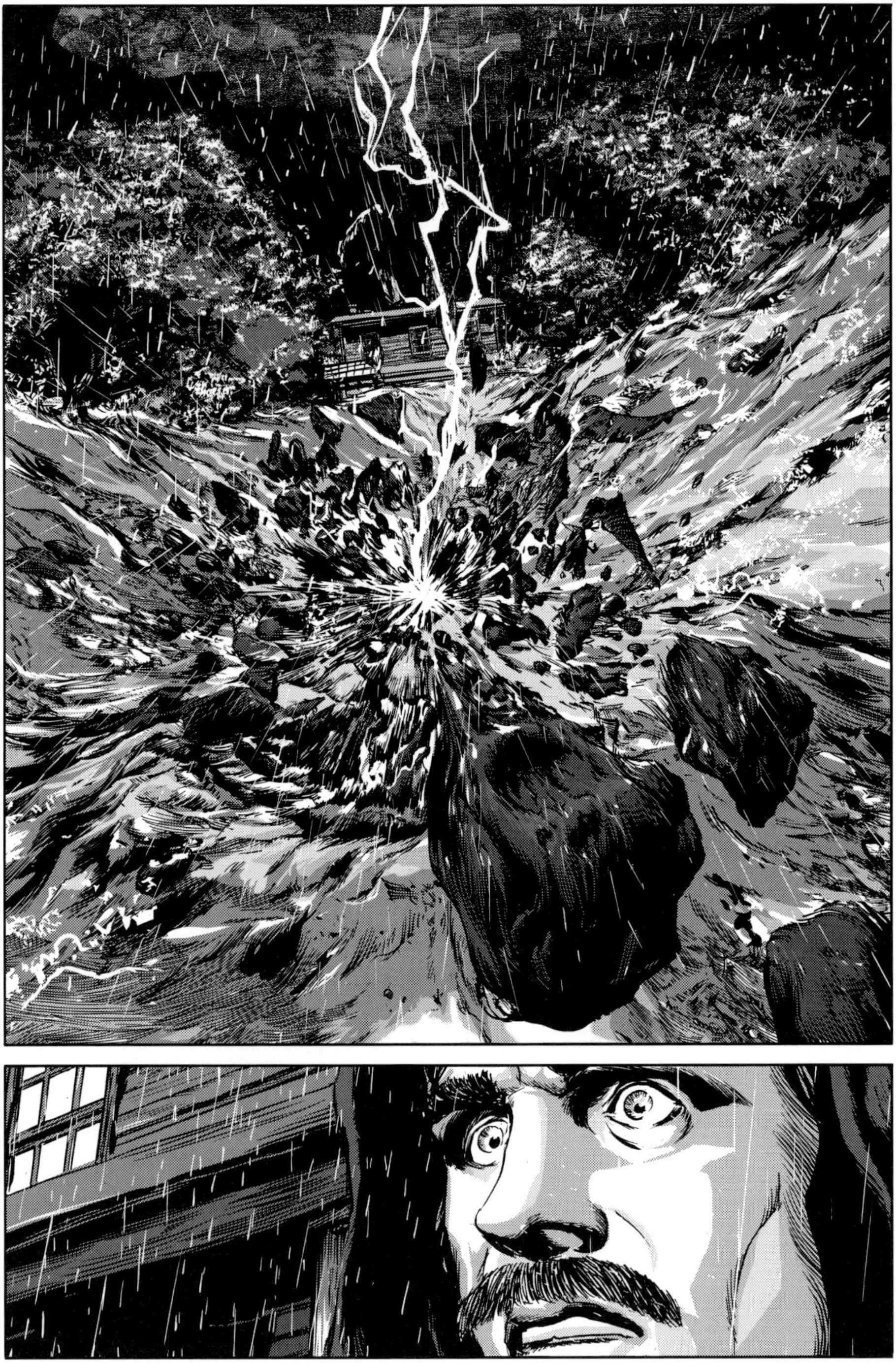

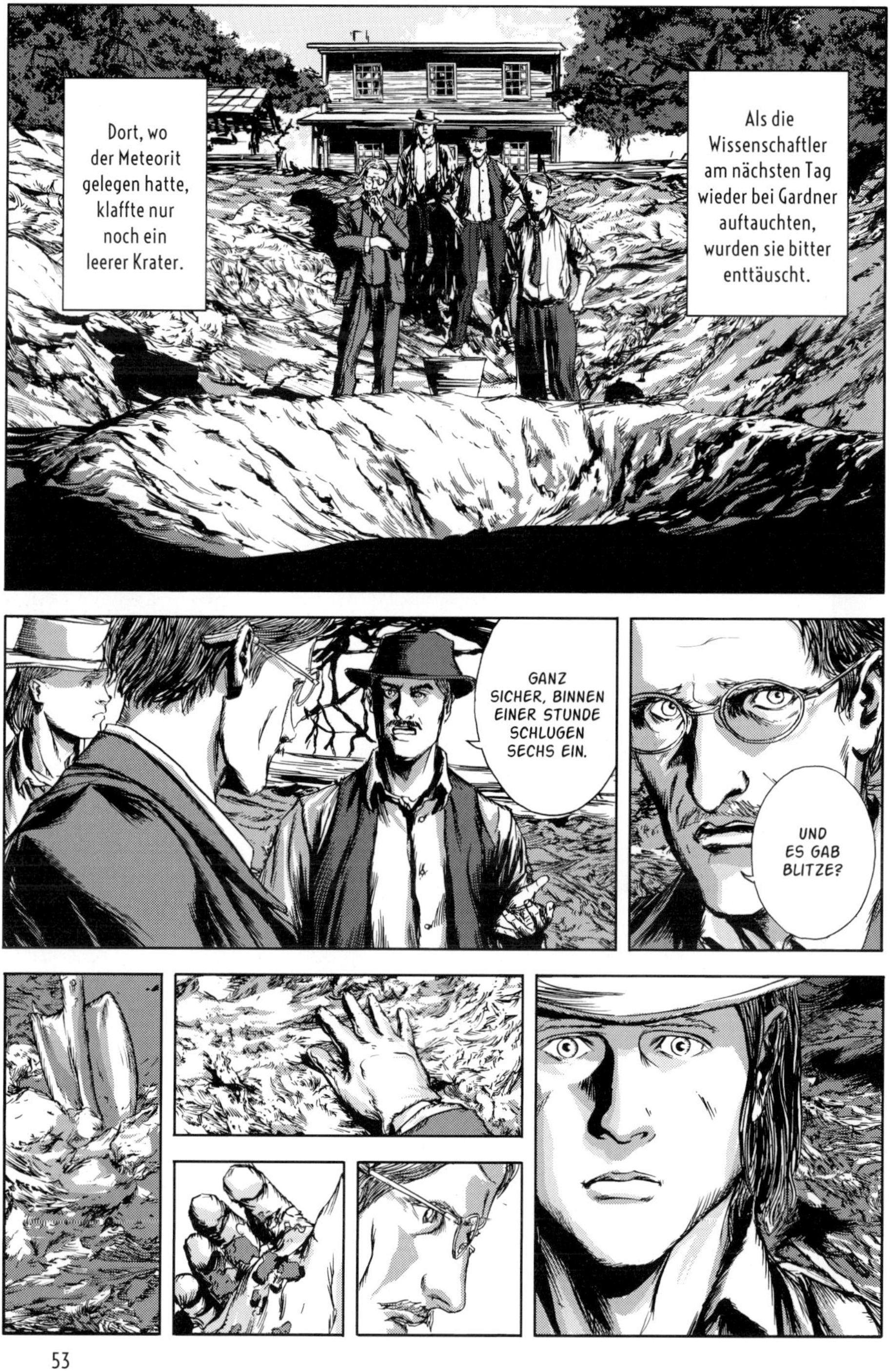
Als die Wissenschaftler am nächsten Tag wieder bei Gardner auftauchten, wurden sie bitter enttäuscht.
Dort, wo der Meteorit gelegen hatte, klaffte nur noch ein leerer Krater.
GANZ SICHER, BINNEN EINER STUNDE SCHLUGEN SECHS EIN.
UND ES GAB BLITZE?

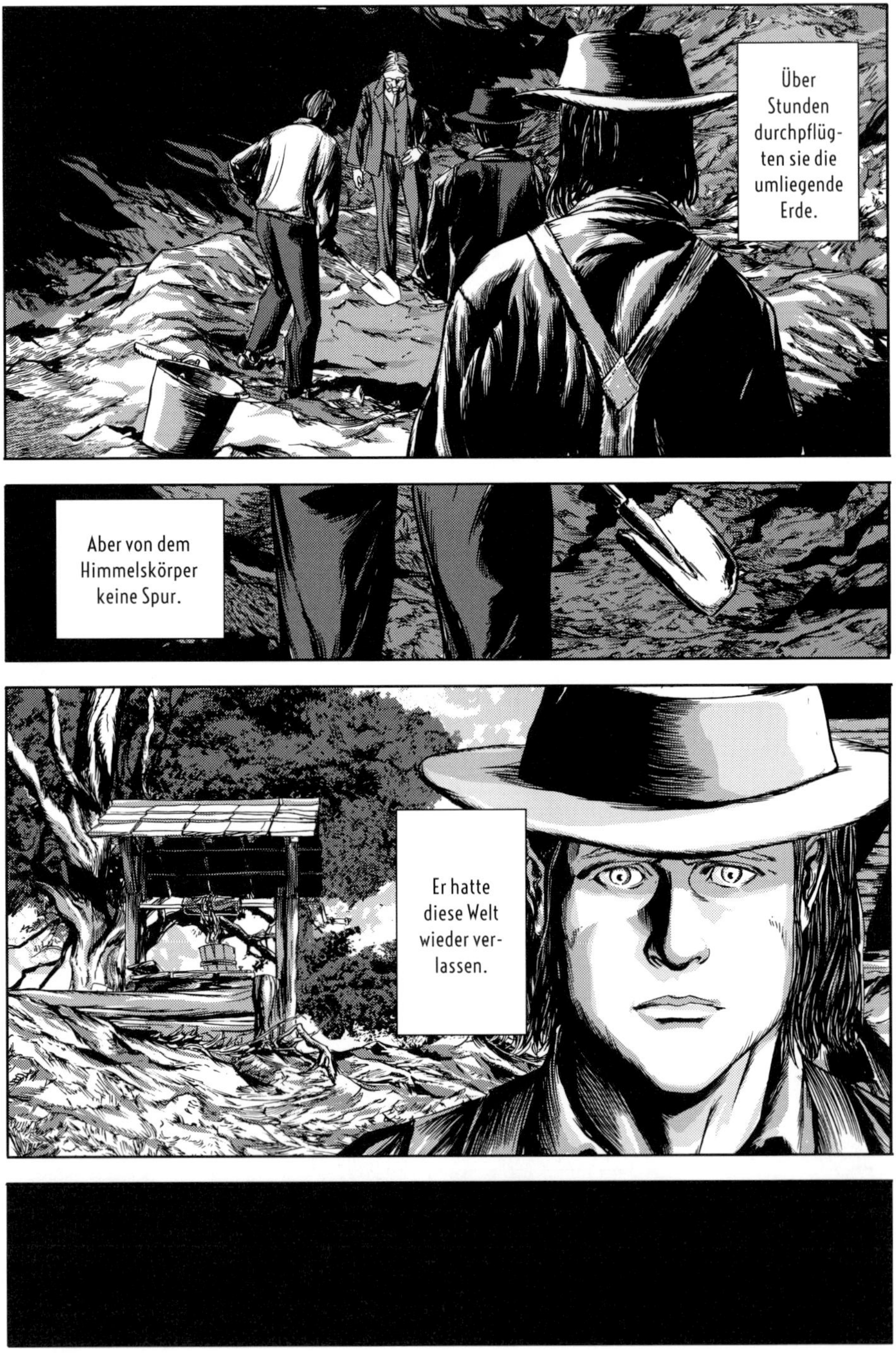
Über Stunden durchpflügten sie die umliegende Erde.
Aber von dem Himmelskörper keine Spur.
Er hatte diese Welt wieder verlassen.

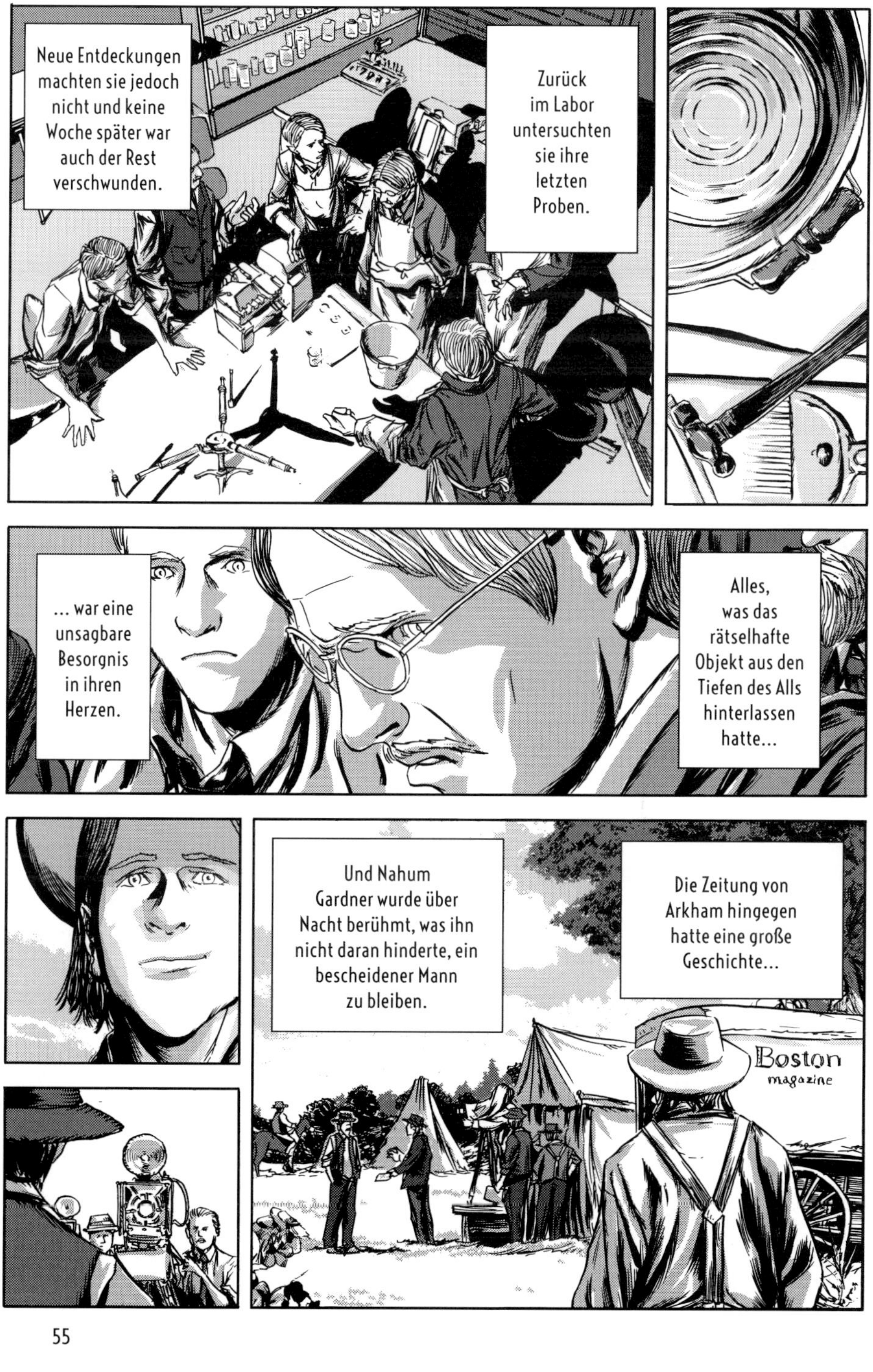
Neue Entdeckungen machten sie jedoch nicht und keine Woche später war auch der Rest verschwunden.
Zurück im Labor untersuchten sie ihre letzten Proben.
... war eine unsagbare Besorgnis in ihren Herzen.
Alles, was das rätselhafte Objekt aus den Tiefen des Alls hinterlassen hatte...
Und Nahum Gardner wurde über Nacht berühmt, was ihn nicht daran hinderte, ein bescheidener Mann zu bleiben.
Die Zeitung von Arkham hingegen hatte eine große Geschichte...
Boston
magazine

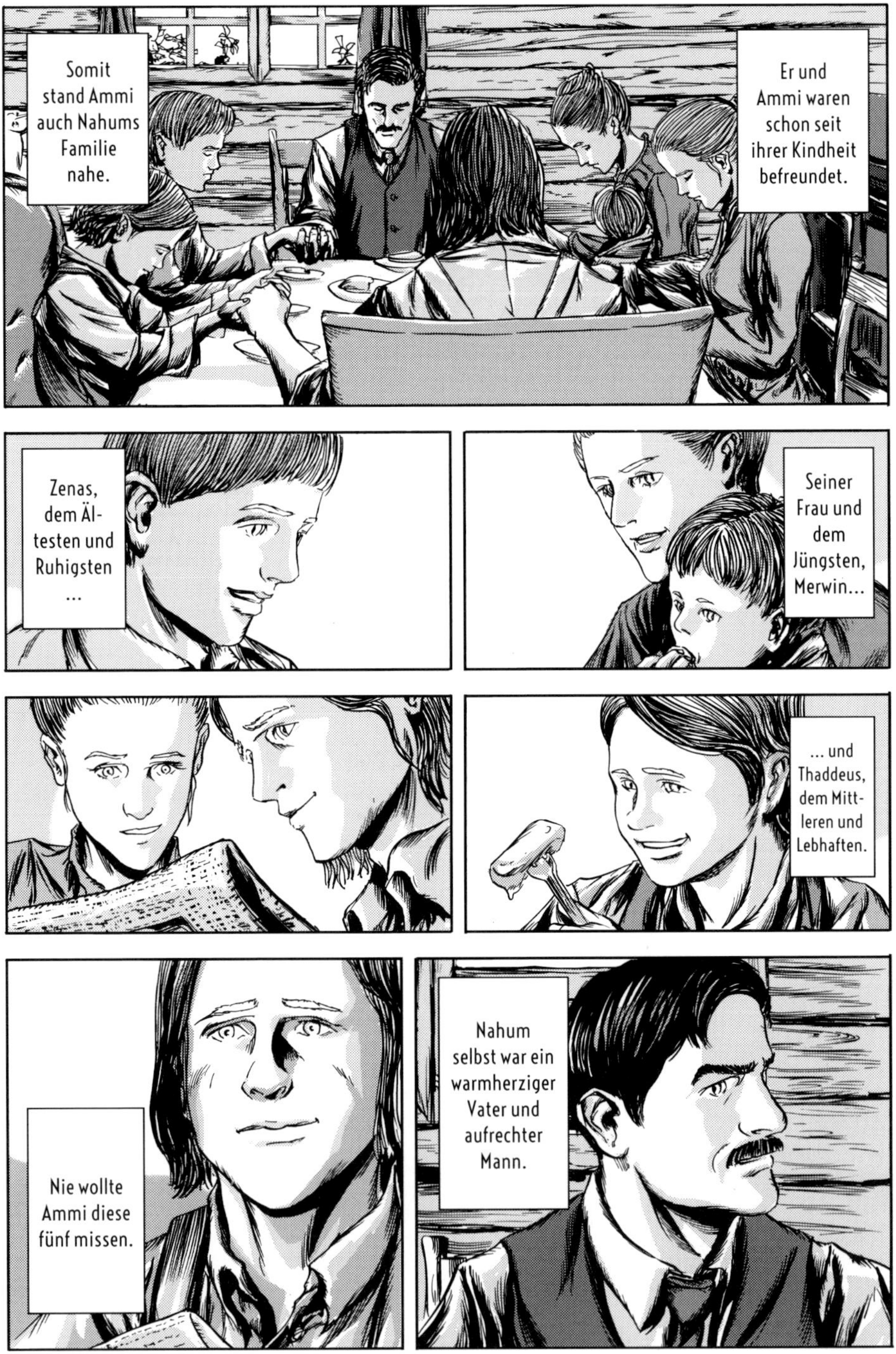
Somit stand Ammi auch Nahums Familie nahe.
Er und Ammi waren schon seit ihrer Kindheit befreundet.
Zenas, dem Äl-testen und Ruhigsten …
Seiner Frau und dem Jüngsten, Merwin…
… und Thaddeus, dem Mitt-leren und Lebhaften.
Nahum selbst war ein warmherziger Vater und aufrechter Mann.
Nie wollte Ammi diese fünf missen.

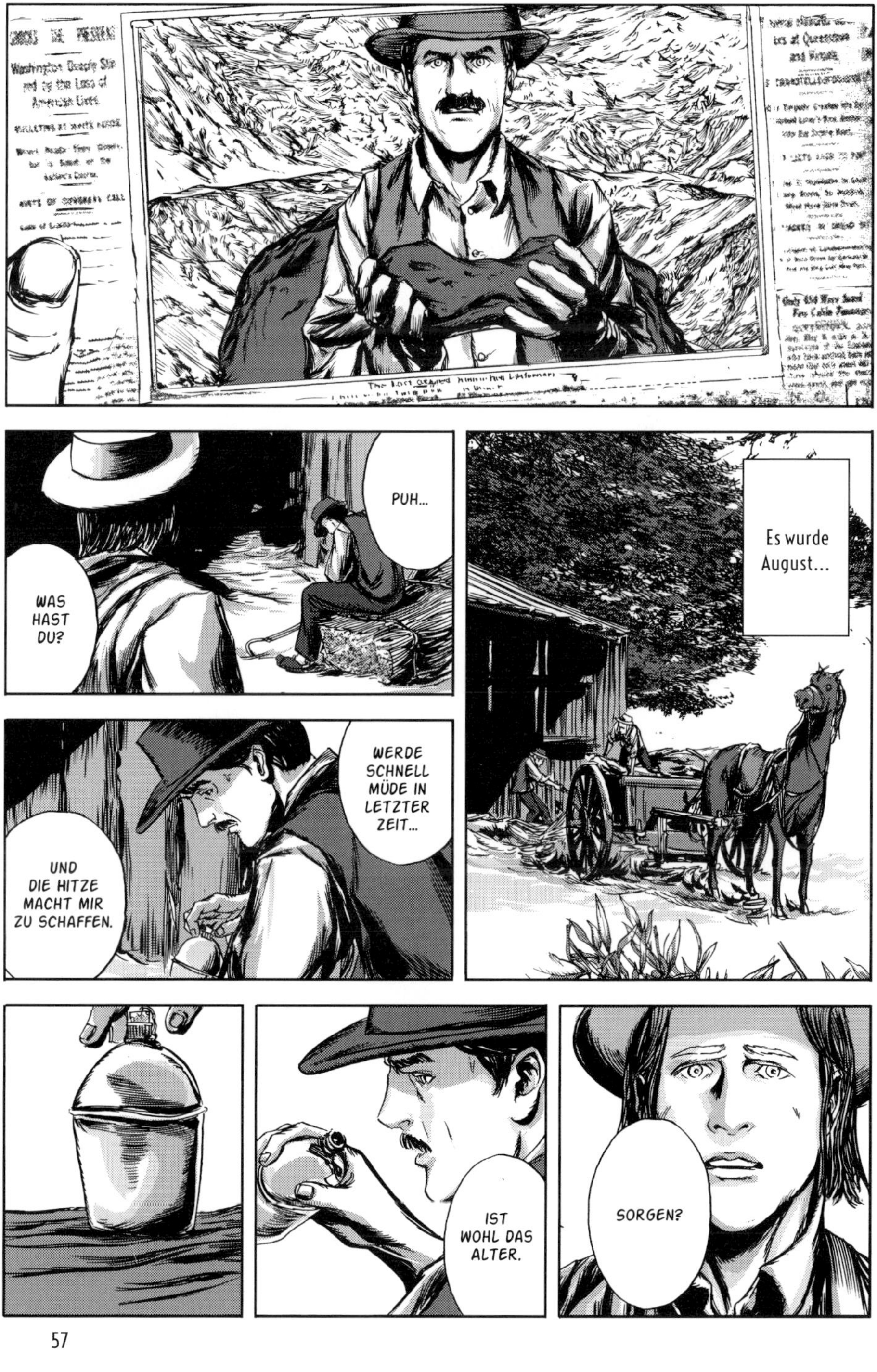

Es wurde August...
PUH...
WAS HAST DU?
WERDE SCHNELL MÜDE IN LETZTER ZEIT...
UND DIE HITZE MACHT MIR ZU SCHAFFEN.
SORGEN?
IST WOHL DAS ALTER.

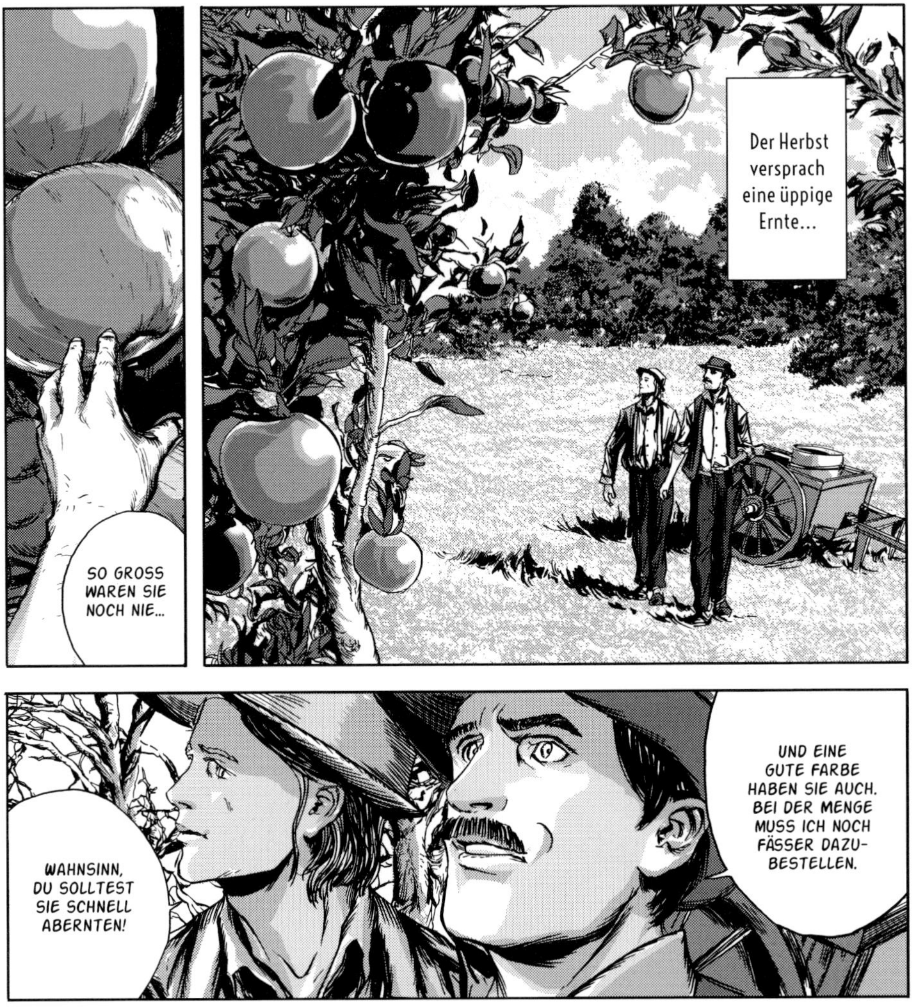

Der Herbst versprach eine üppige Ernte…
SO GROSS WAREN SIE NOCH NIE…
UND EINE GUTE FARBE HABEN SIE AUCH. BEI DER MENGE MUSS ICH NOCH FÄSSER DAZUBESTELLEN.
WAHNSINN, DU SOLLTEST SIE SCHNELL ABERNTEN!

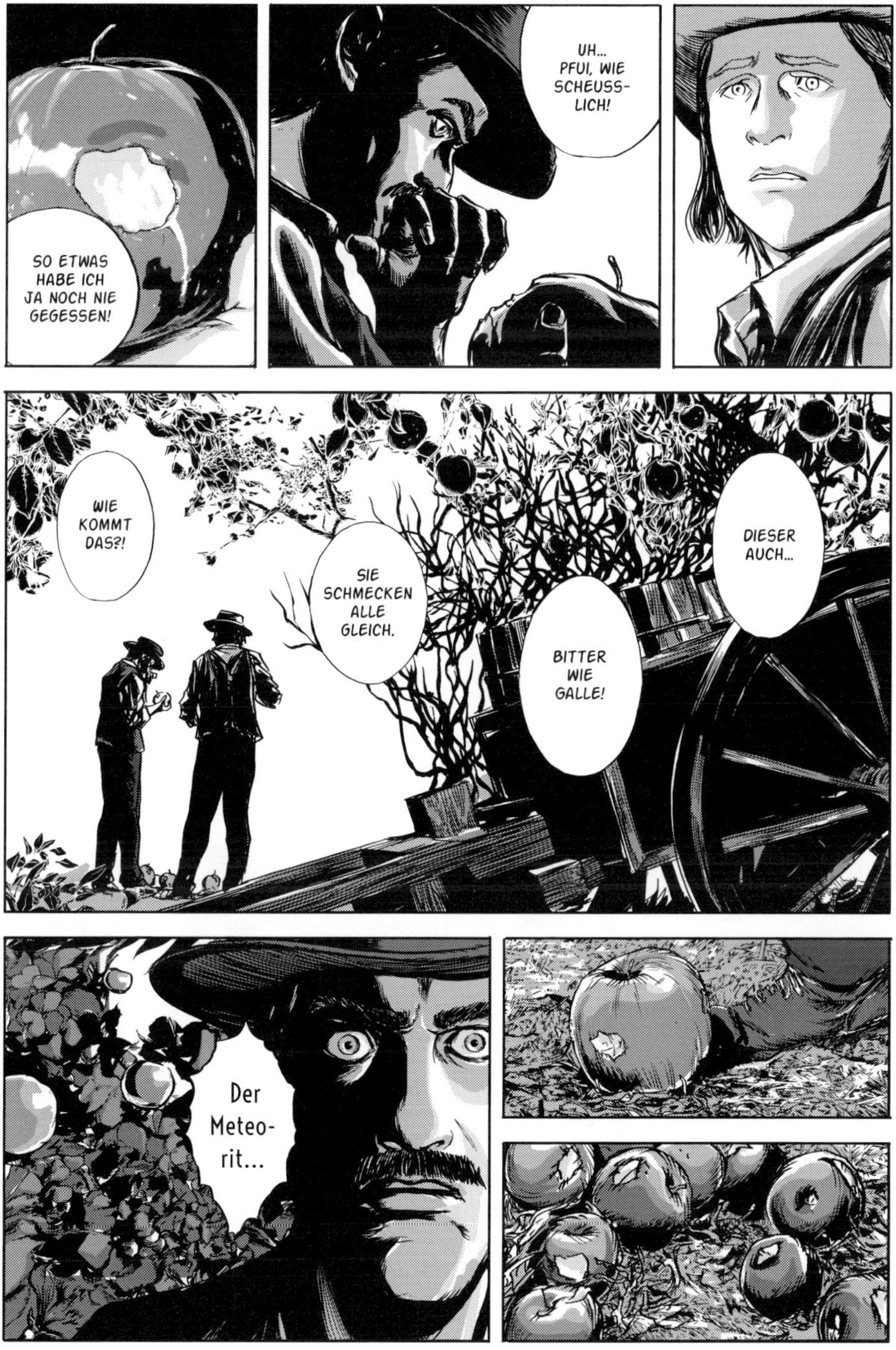
SO ETWAS HABE ICH JA NOCH NIE GEGESSEN!
UH... PFUI, WIE SCHEUSS-LICH!
WIE KOMMT DAS?!
SIE SCHMECKEN ALLE GLEICH.
DIESER AUCH...
BITTER WIE GALLE!
Der Meteo-rit...

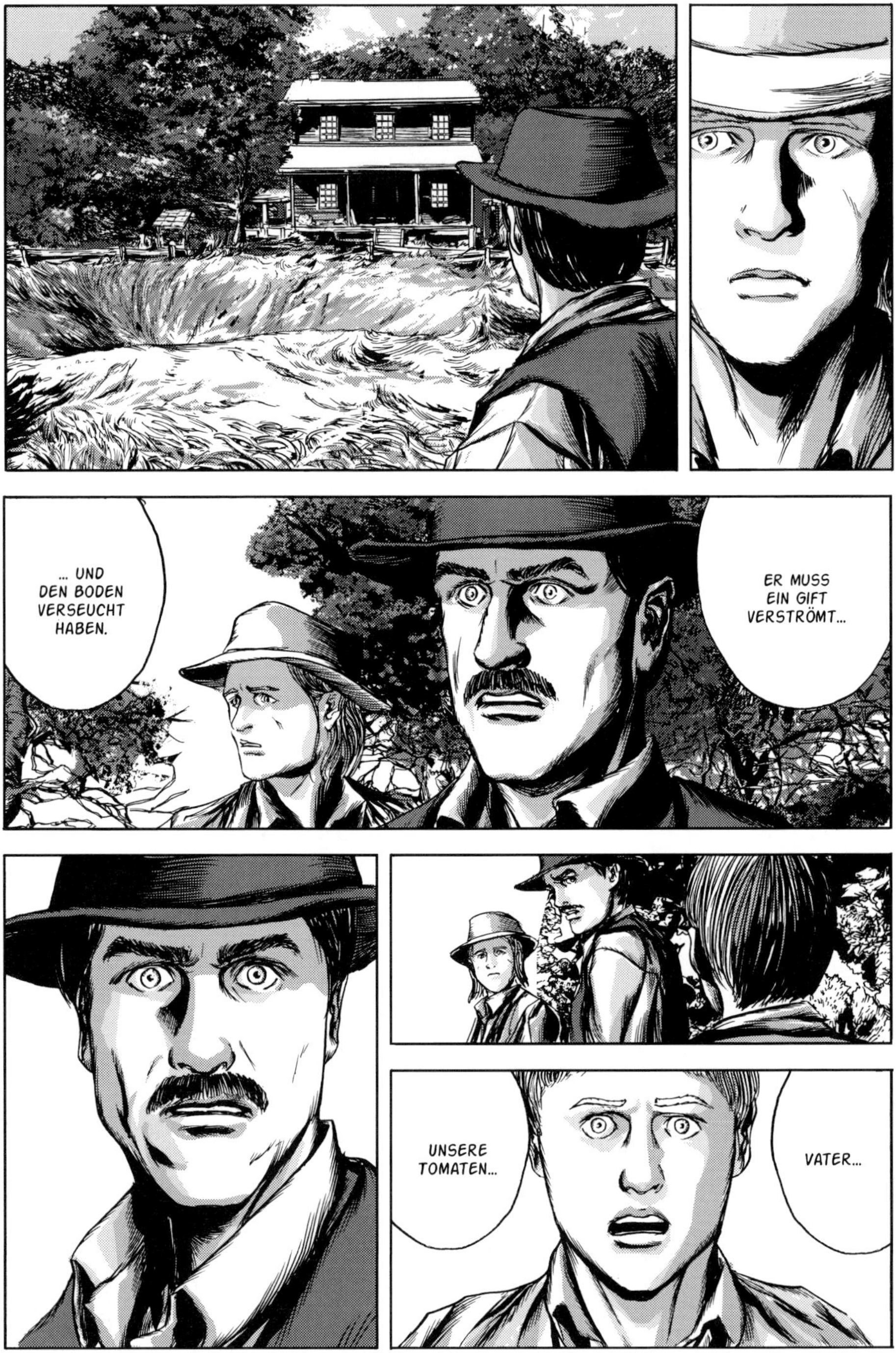
ER MUSS EIN GIFT VERSTRÖMT…
… UND DEN BODEN VERSEUCHT HABEN.
VATER…
UNSERE TOMATEN…

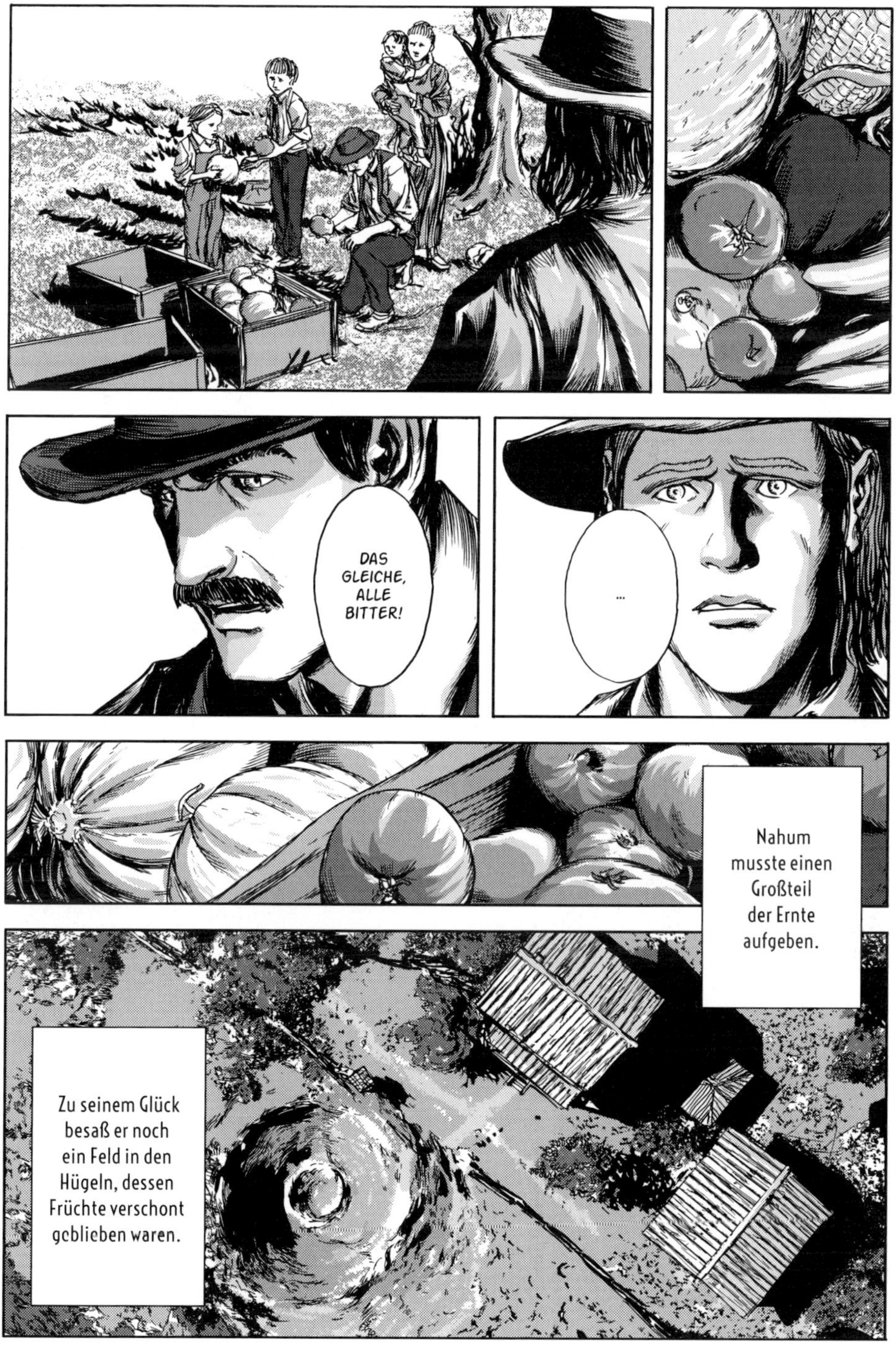
DAS GLEICHE, ALLE BITTER!
...
Nahum musste einen Großteil der Ernte aufgeben.
Zu seinem Glück besaß er noch ein Feld in den Hügeln, dessen Früchte verschont geblieben waren.

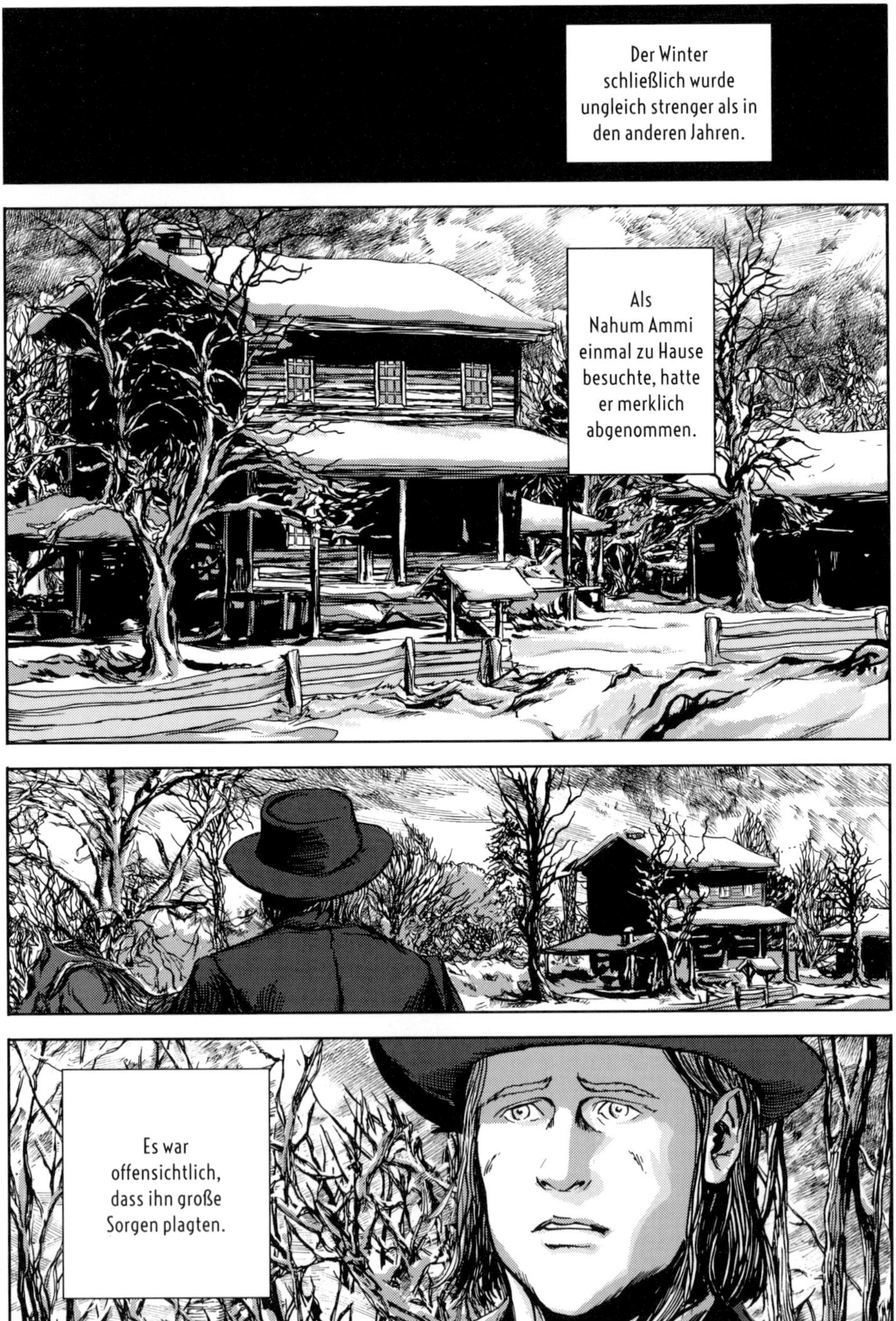
Der Winter schließlich wurde ungleich strenger als in den anderen Jahren.
Als Nahum Ammi einmal zu Hause besuchte, hatte er merklich abgenommen.
Es war offensichtlich, dass ihn große Sorgen plagten.

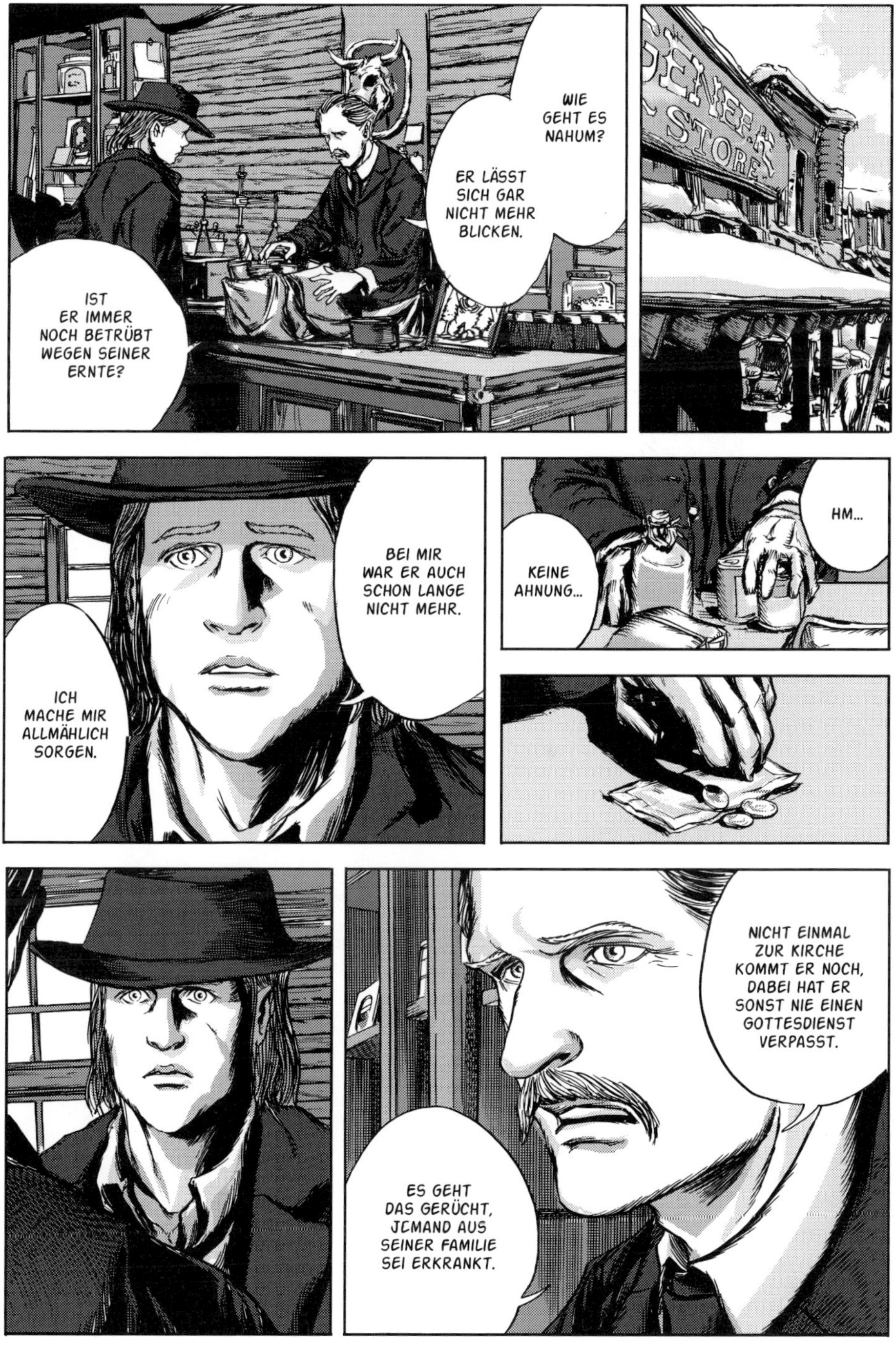
WIE GEHT ES NAHUM?
ER LÄSST SICH GAR NICHT MEHR BLICKEN.
IST ER IMMER NOCH BETRÜBT WEGEN SEINER ERNTE?
BEI MIR WAR ER AUCH SCHON LANGE NICHT MEHR.
ICH MACHE MIR ALLMÄHLICH SORGEN.
HM...
KEINE AHNUNG...
NICHT EINMAL ZUR KIRCHE KOMMT ER NOCH, DABEI HAT ER SONST NIE EINEN GOTTESDIENST VERPASST.
ES GEHT DAS GERÜCHT, JEMAND AUS SEINER FAMILIE SEI ERKRANKT.

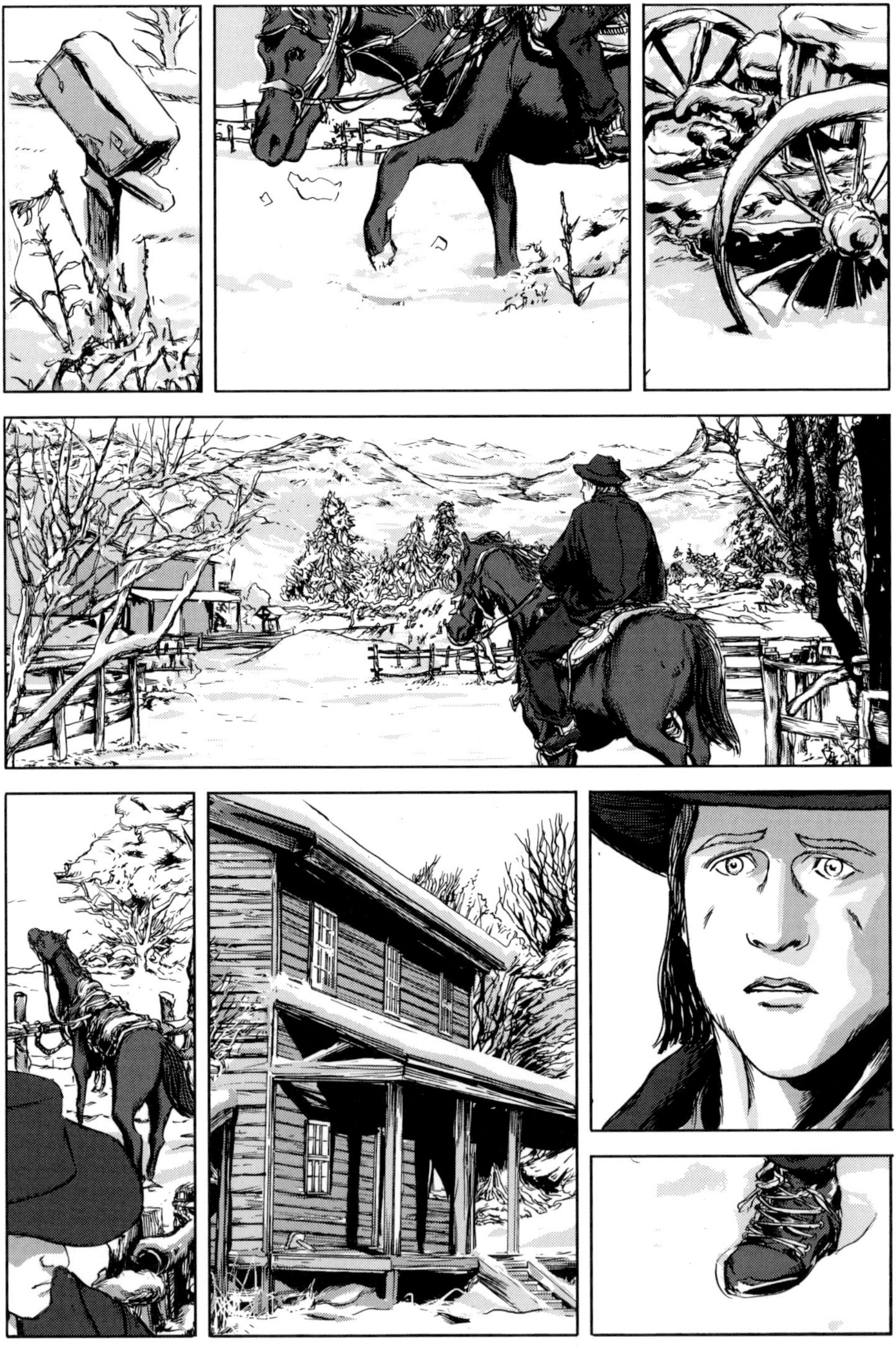

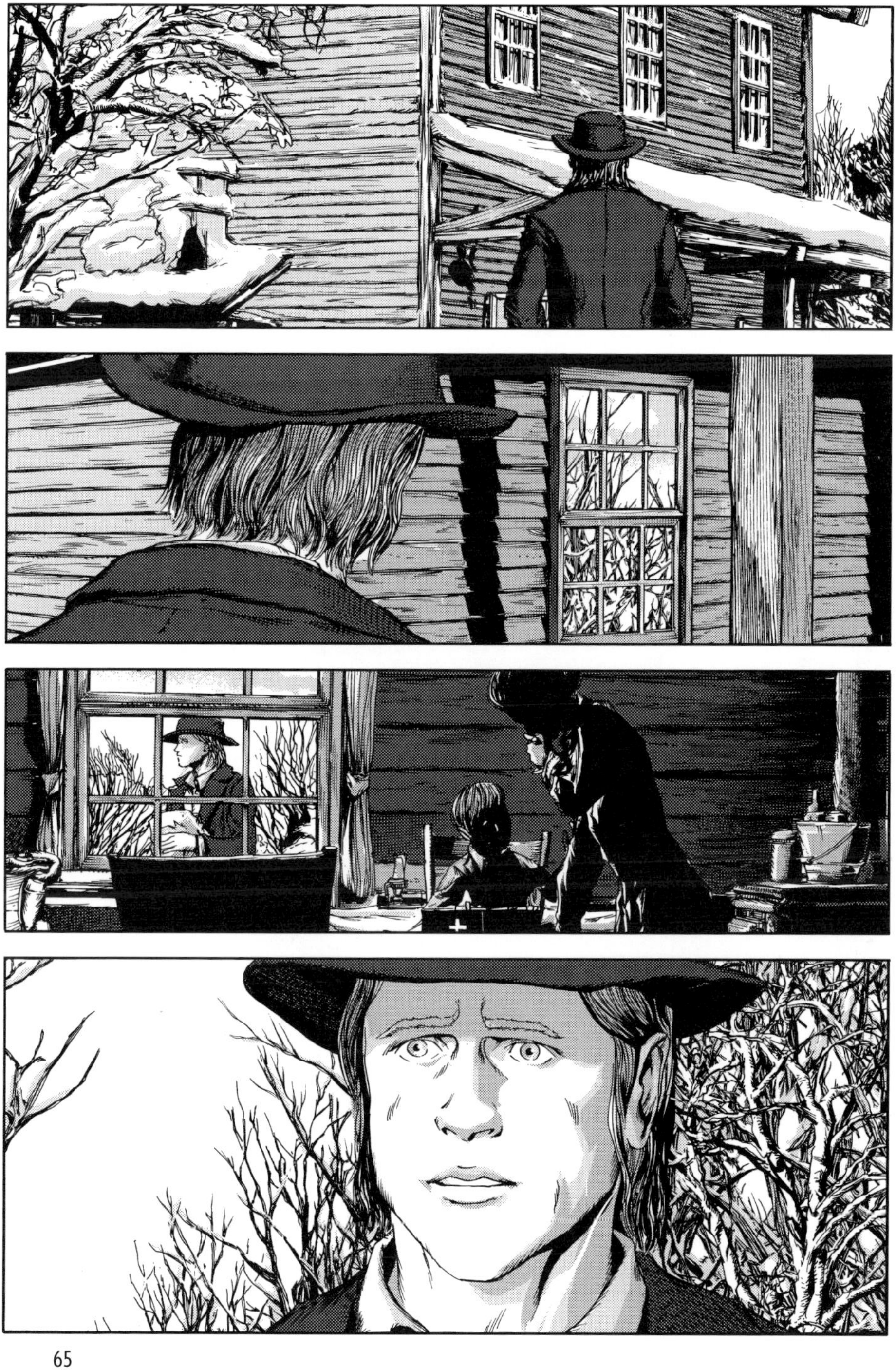

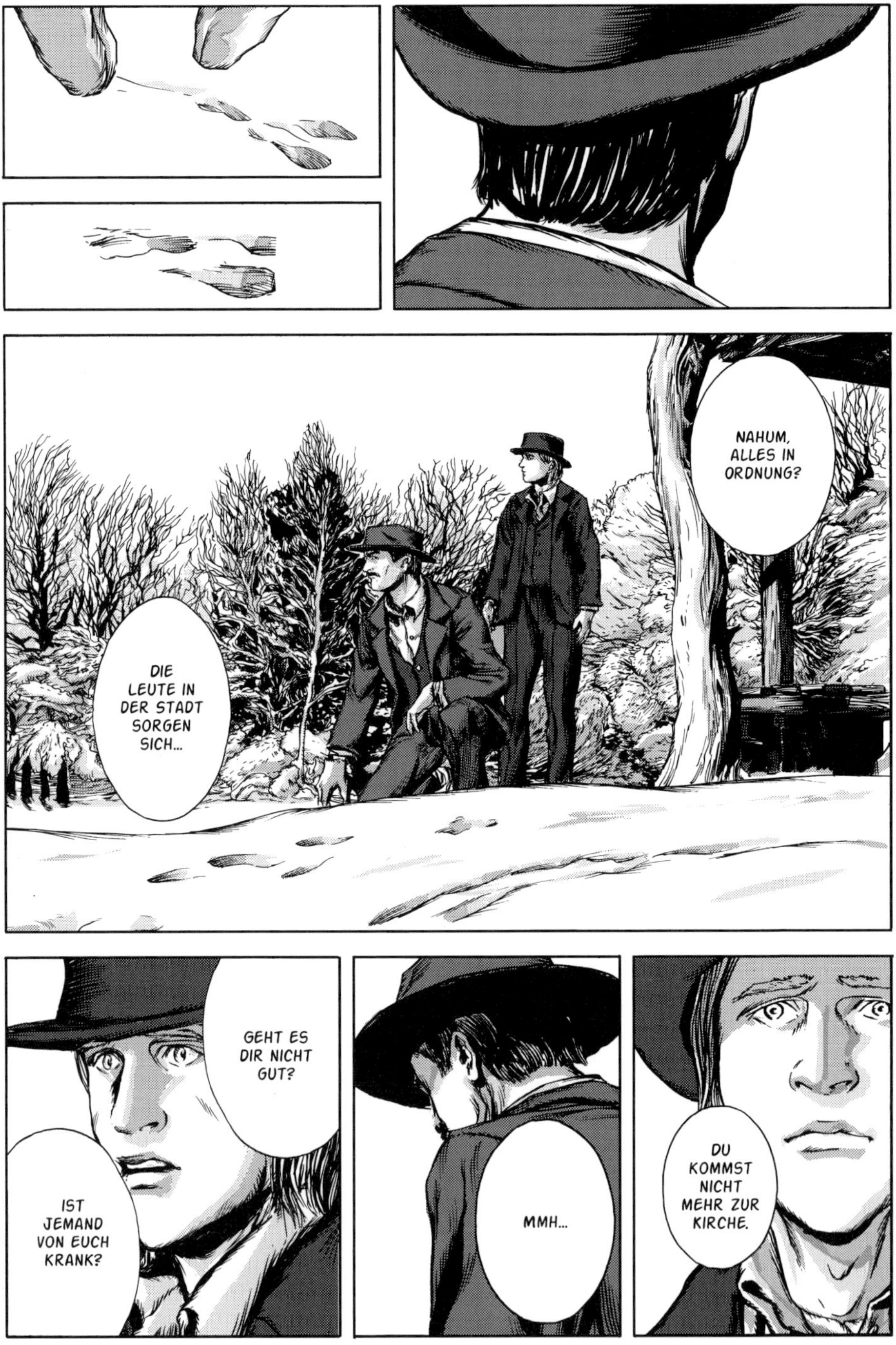
NAHUM, ALLES IN ORDNUNG?
DIE LEUTE IN DER STADT SORGEN SICH...
GEHT ES DIR NICHT GUT?
IST JEMAND VON EUCH KRANK?
MMH...
DU KOMMST NICHT MEHR ZUR KIRCHE.

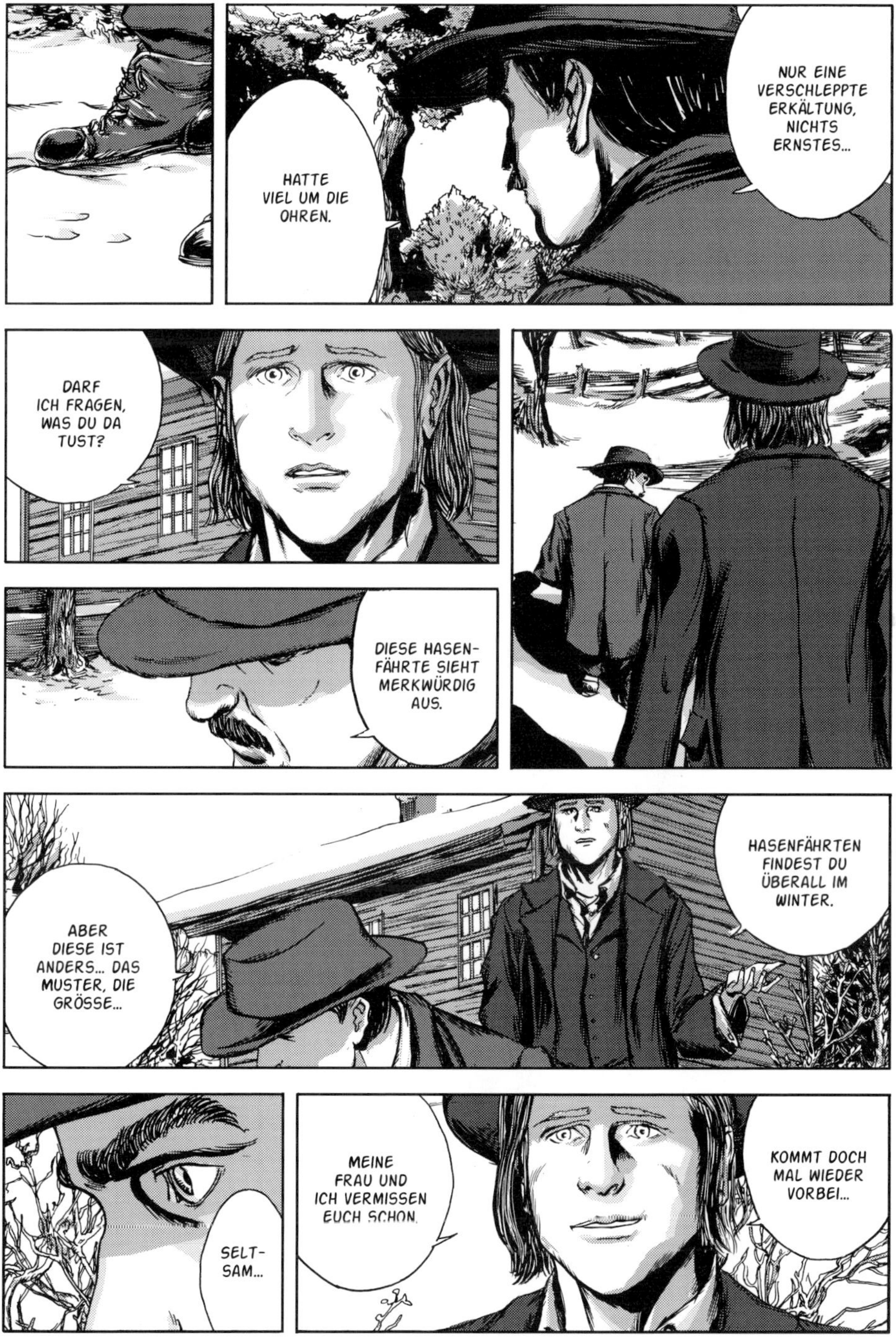
NUR EINE VERSCHLEPPTE ERKÄLTUNG, NICHTS ERNSTES...
HATTE VIEL UM DIE OHREN.
DARF ICH FRAGEN, WAS DU DA TUST?
DIESE HASEN-FÄHRTE SIEHT MERKWÜRDIG AUS.
HASENFÄHRTEN FINDEST DU ÜBERALL IM WINTER.
ABER DIESE IST ANDERS... DAS MUSTER, DIE GRÖSSE...
KOMMT DOCH MAL WIEDER VORBEI...
MEINE FRAU UND ICH VERMISSEN EUCH SCHON.
SELT-SAM...

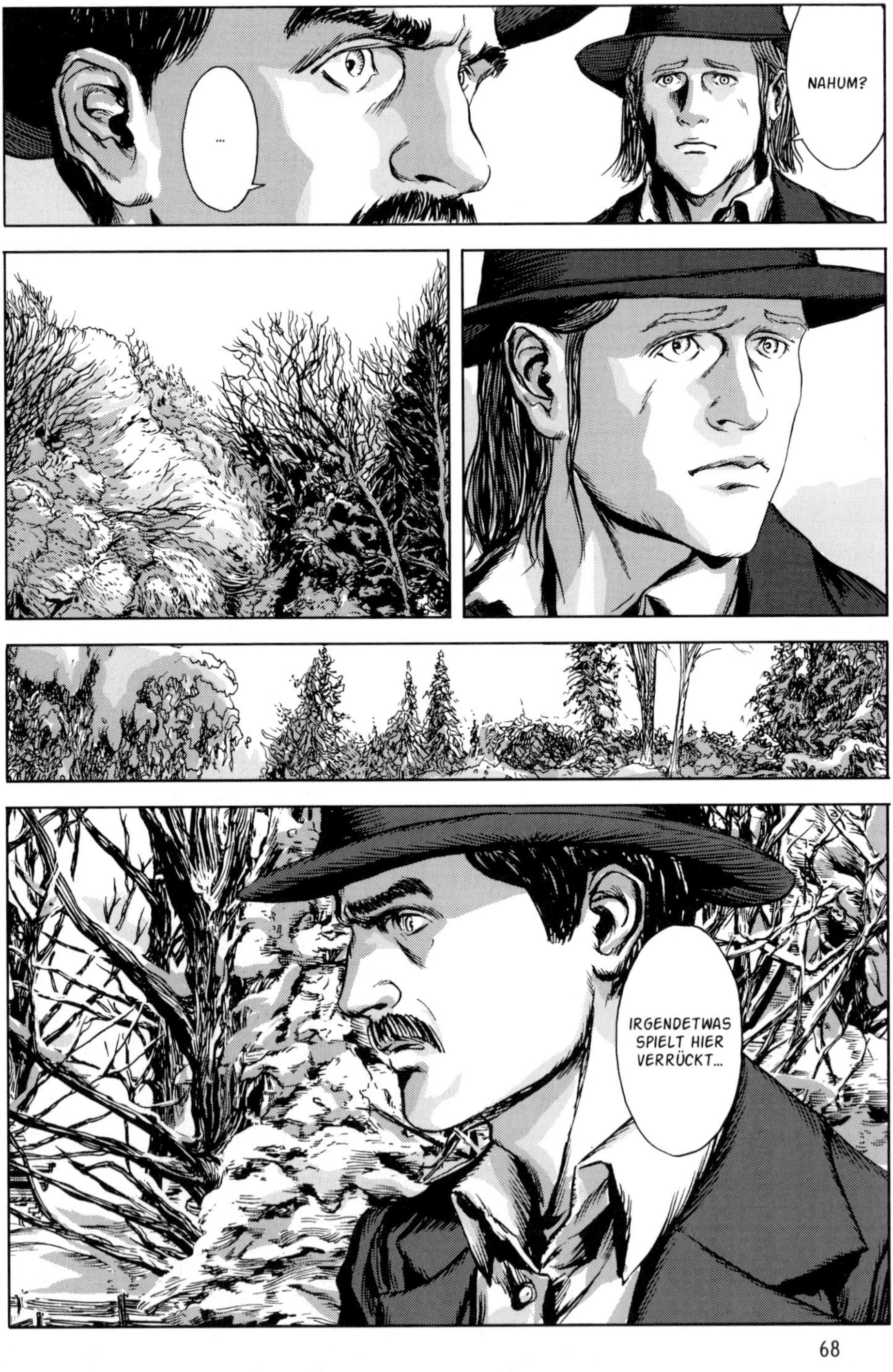
NAHUM?
...
IRGENDETWAS SPIELT HIER VERRÜCKT...

3 DIE SELTSAMEN TAGE

Strange Days

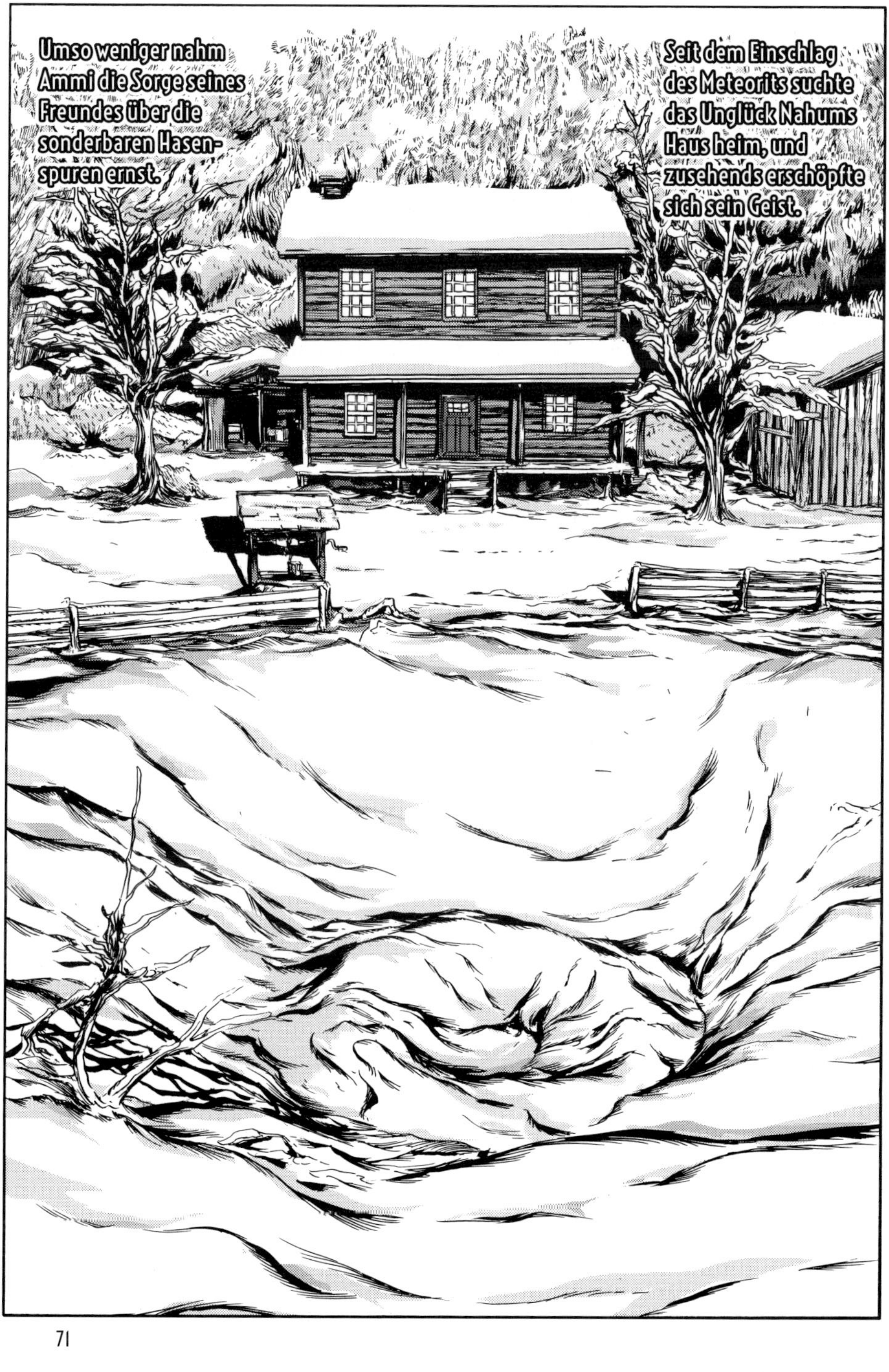
Umso weniger nahm Ammi die Sorge seines Freundes über die sonderbaren Hasen-spuren ernst.
Seit dem Einschlag des Meteorits suchte das Unglück Nahums Haus heim, und zusehends erschöpfte sich sein Geist.

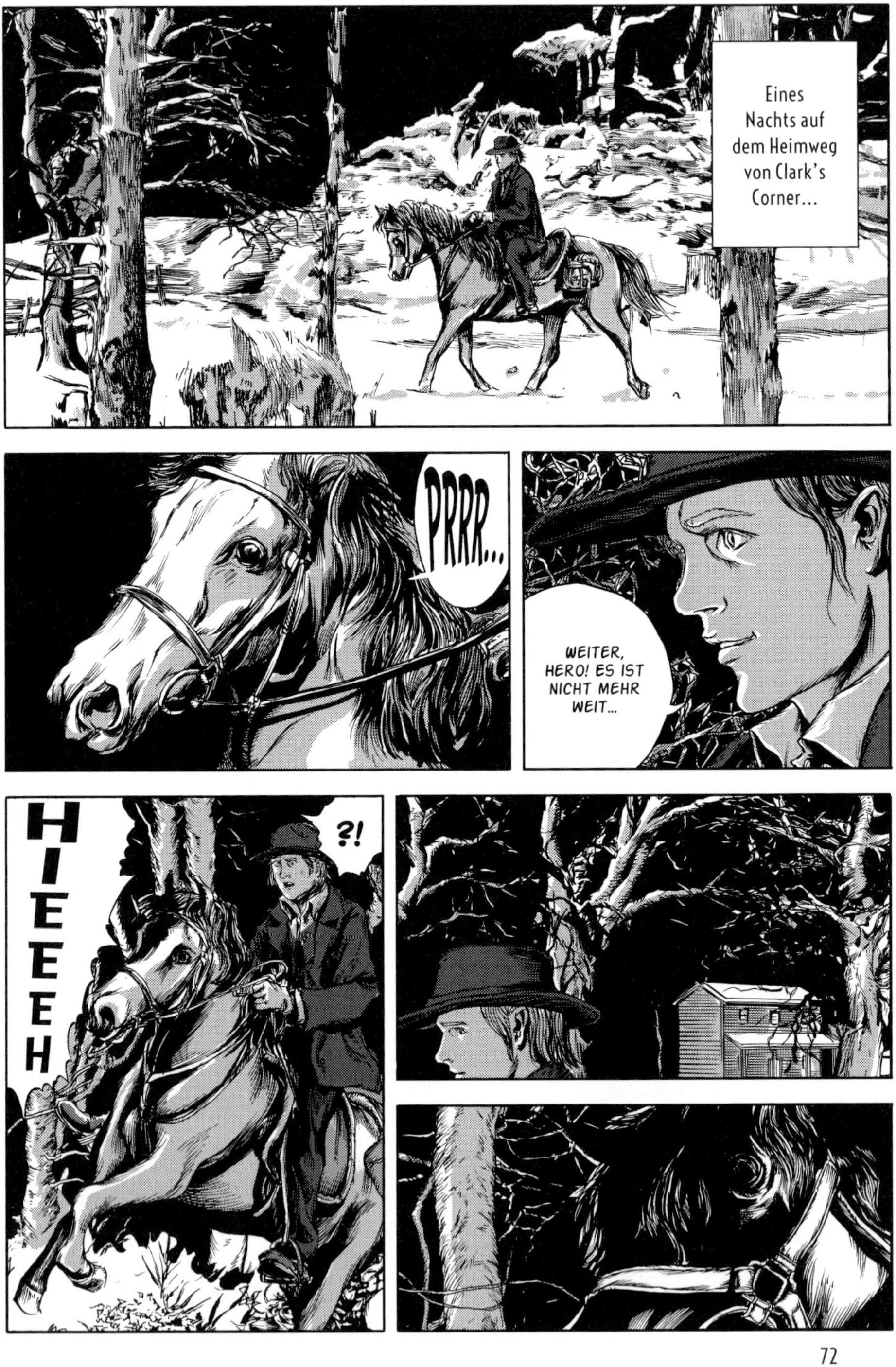
Eines Nachts auf dem Heimweg von Clark's Corner…
PRRR…
WEITER, HERO! ES IST NICHT MEHR WEIT…
HIEEEEH
?!

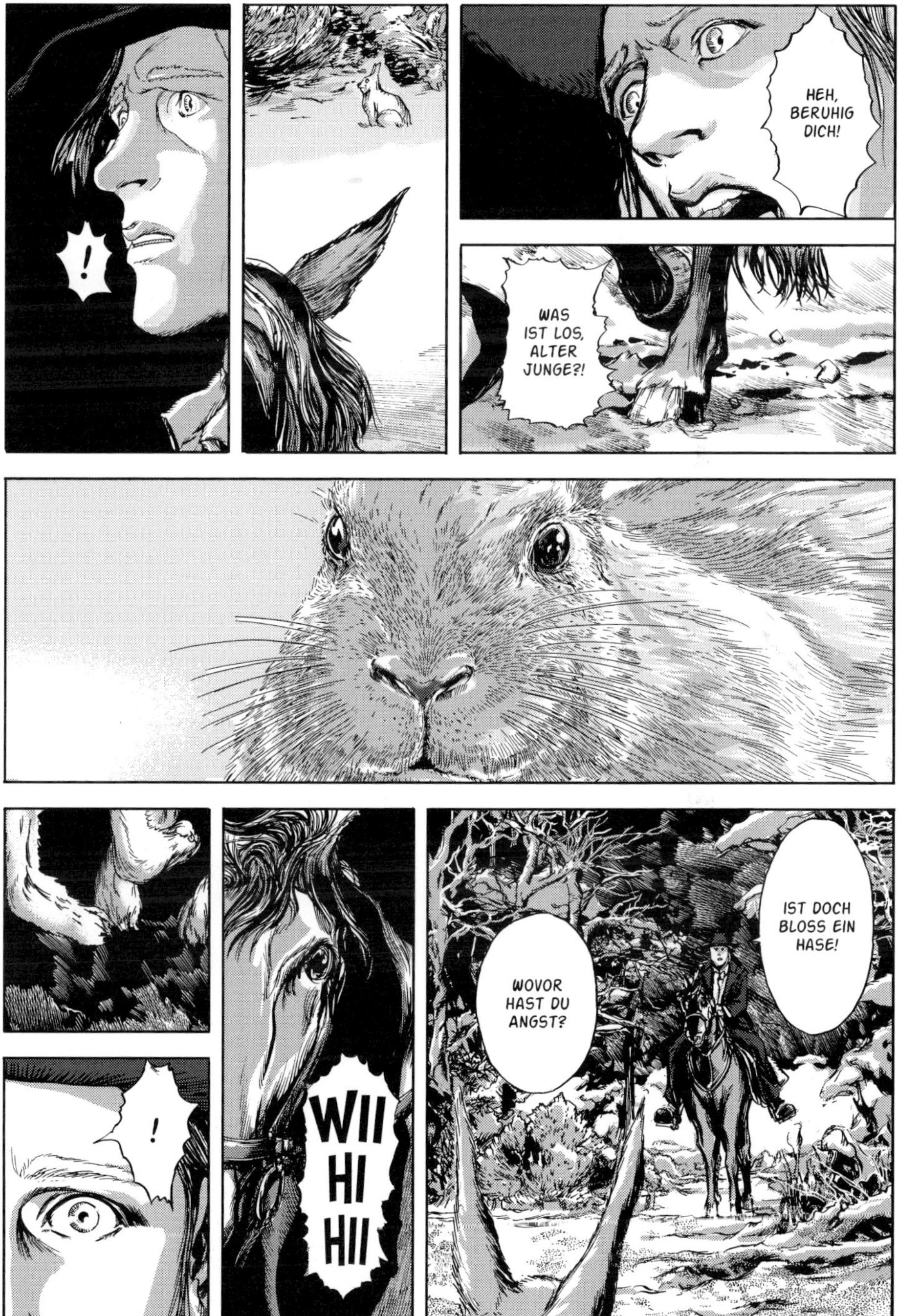
!
HEH, BERUHIG DICH!
WAS IST LOS, ALTER JUNGE?!
!
WII HI HII
IST DOCH BLOSS EIN HASE!
WOVOR HAST DU ANGST?

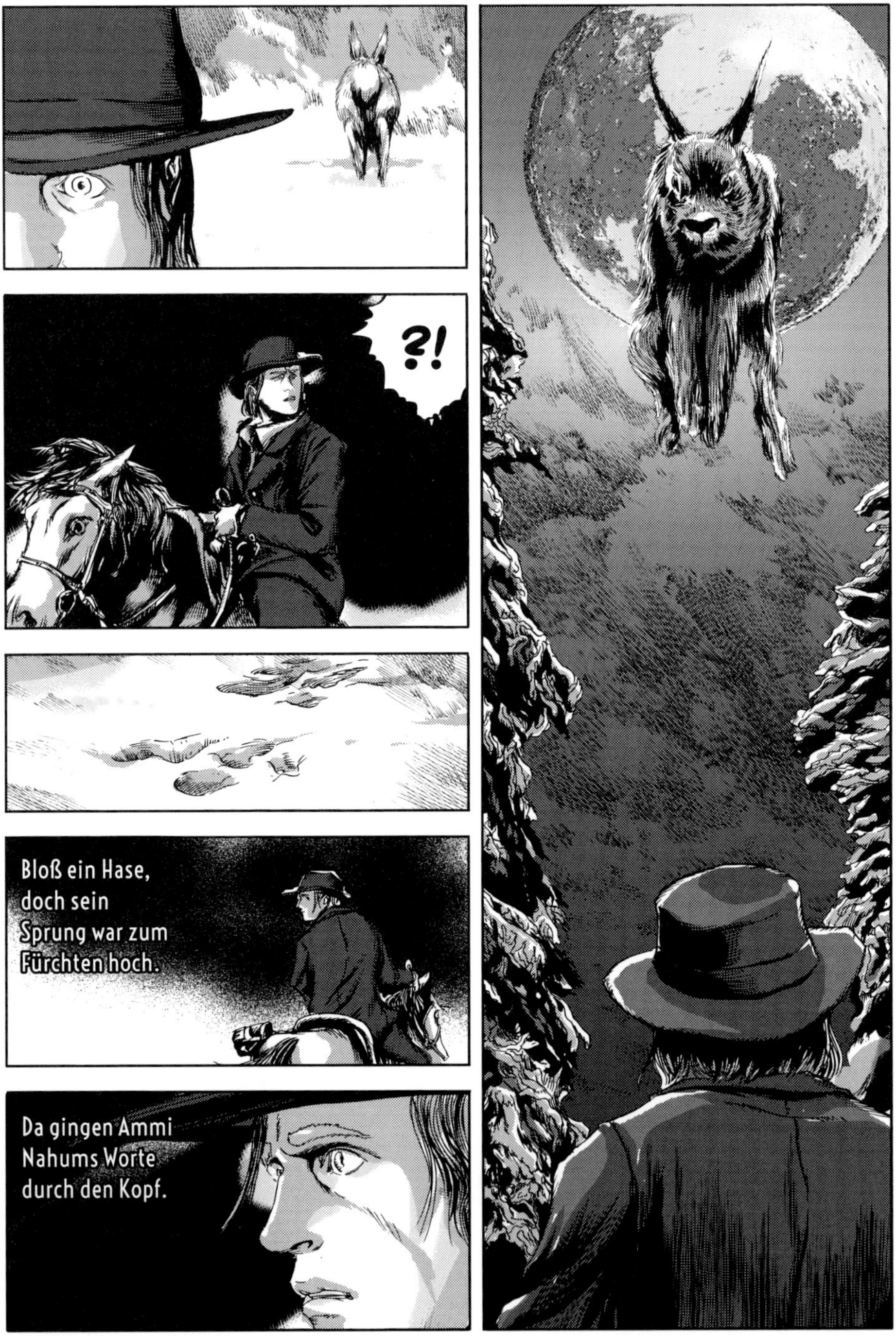
?!
Bloß ein Hase, doch sein Sprung war zum Fürchten hoch.
Da gingen Ammi Nahums Worte durch den Kopf.

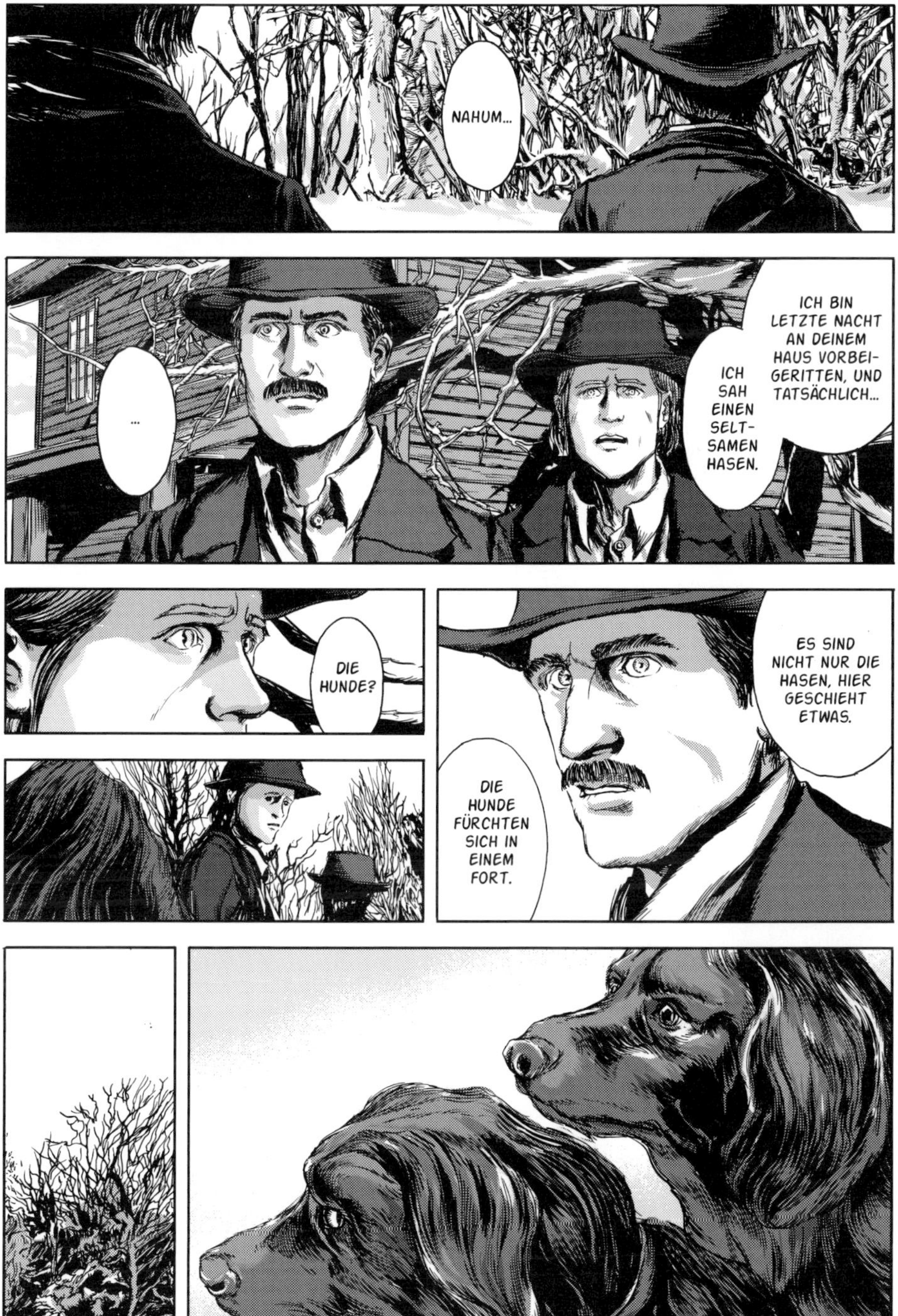
NAHUM...
...
ICH BIN LETZTE NACHT AN DEINEM HAUS VORBEIGERITTEN, UND TATSÄCHLICH...
ICH SAH EINEN SELTSAMEN HASEN.
DIE HUNDE?
ES SIND NICHT NUR DIE HASEN, HIER GESCHIEHT ETWAS.
DIE HUNDE FÜRCHTEN SICH IN EINEM FORT.

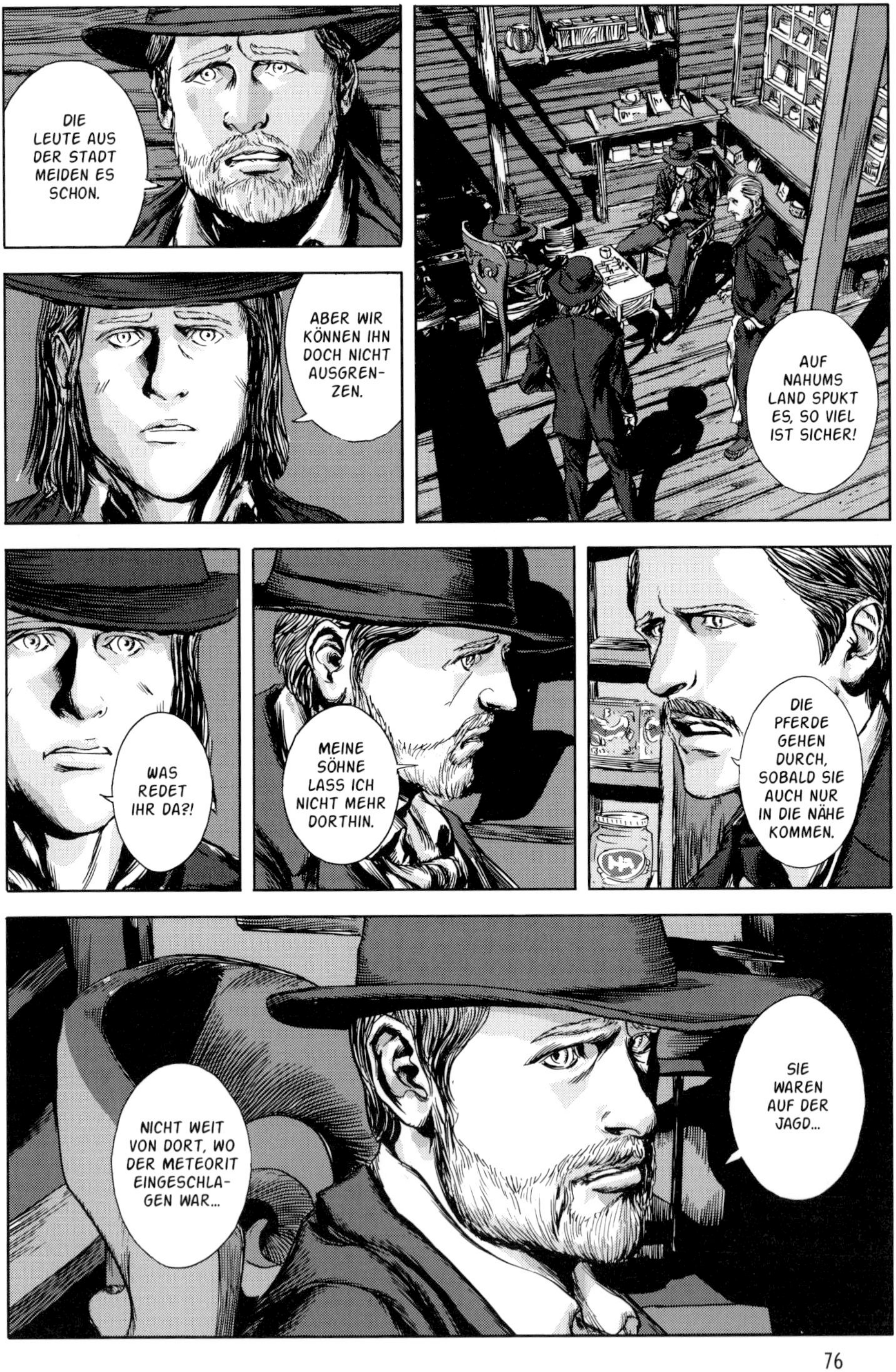
DIE LEUTE AUS DER STADT MEIDEN ES SCHON.
AUF NAHUMS LAND SPUKT ES, SO VIEL IST SICHER!
ABER WIR KÖNNEN IHN DOCH NICHT AUSGREN-ZEN.
WAS REDET IHR DA?!
MEINE SÖHNE LASS ICH NICHT MEHR DORTHIN.
DIE PFERDE GEHEN DURCH, SOBALD SIE AUCH NUR IN DIE NÄHE KOMMEN.
SIE WAREN AUF DER JAGD...
NICHT WEIT VON DORT, WO DER METEORIT EINGESCHLA-GEN WAR...

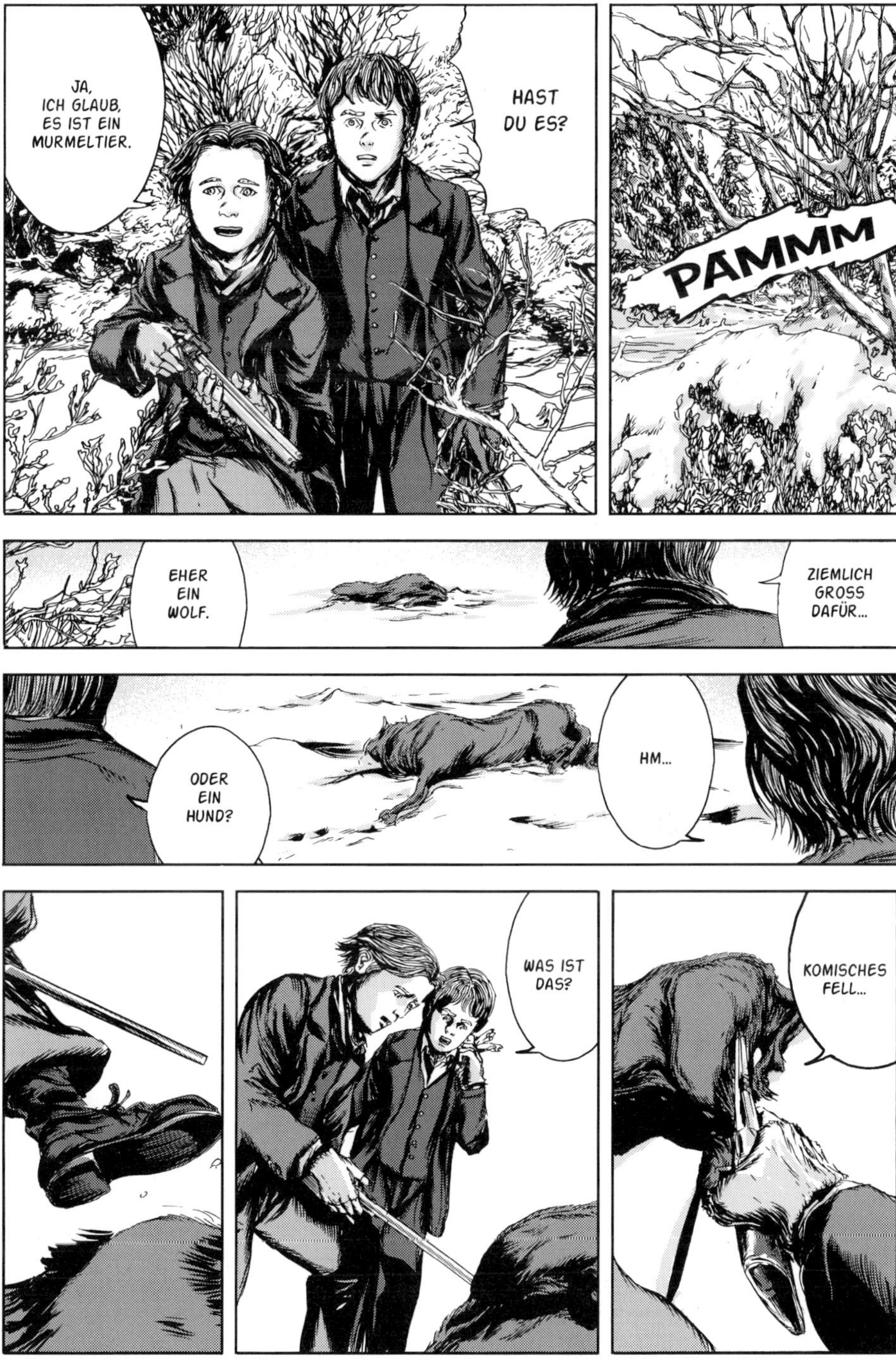
PAMMM
HAST DU ES?
JA, ICH GLAUB, ES IST EIN MURMELTIER.
ZIEMLICH GROSS DAFÜR...
EHER EIN WOLF.
HM...
ODER EIN HUND?
KOMISCHES FELL...
WAS IST DAS?

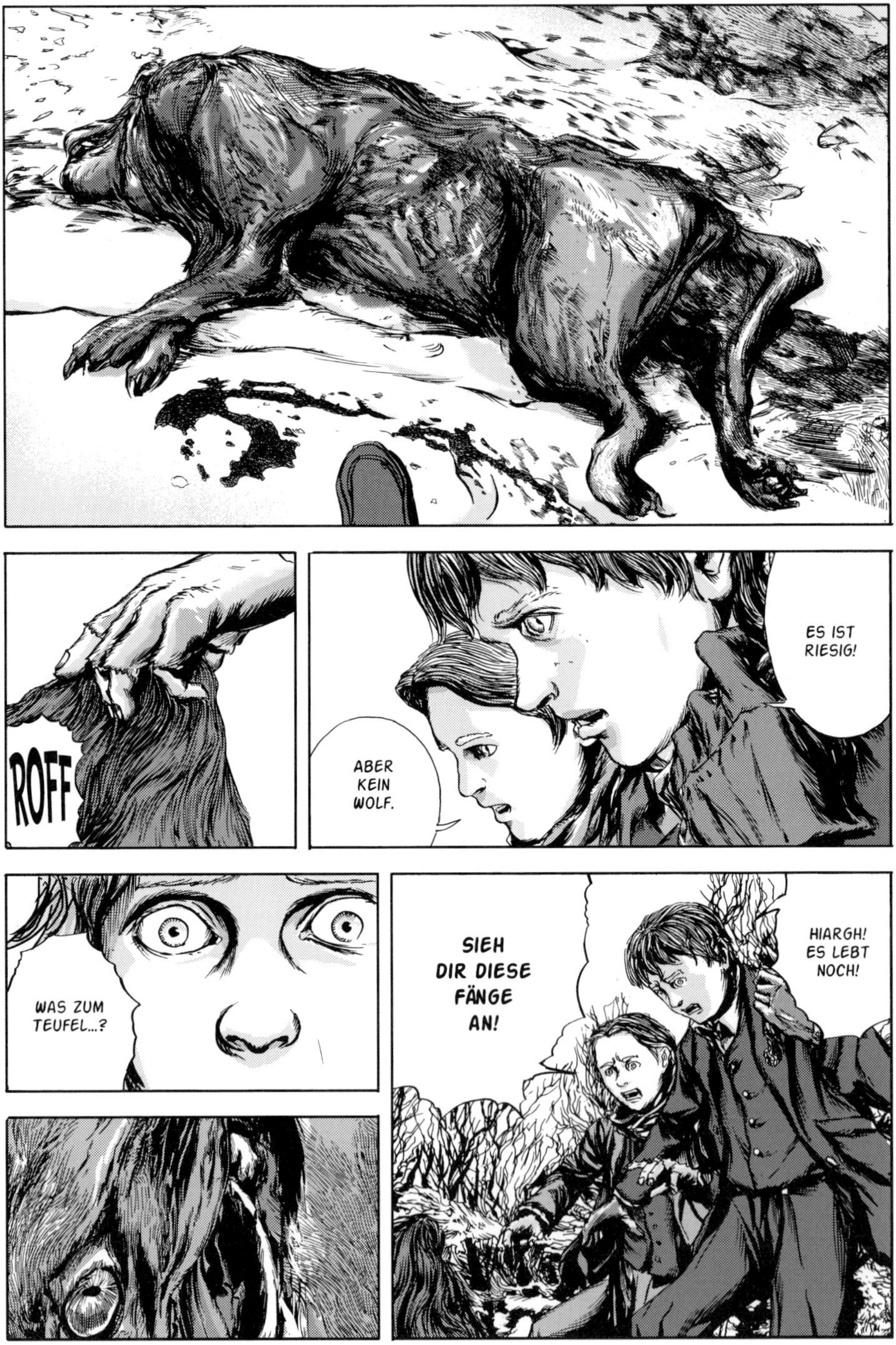
ROFF
ES IST RIESIG!
ABER KEIN WOLF.
WAS ZUM TEUFEL...?
SIEH DIR DIESE FÄNGE AN!
HIARGH! ES LEBT NOCH!

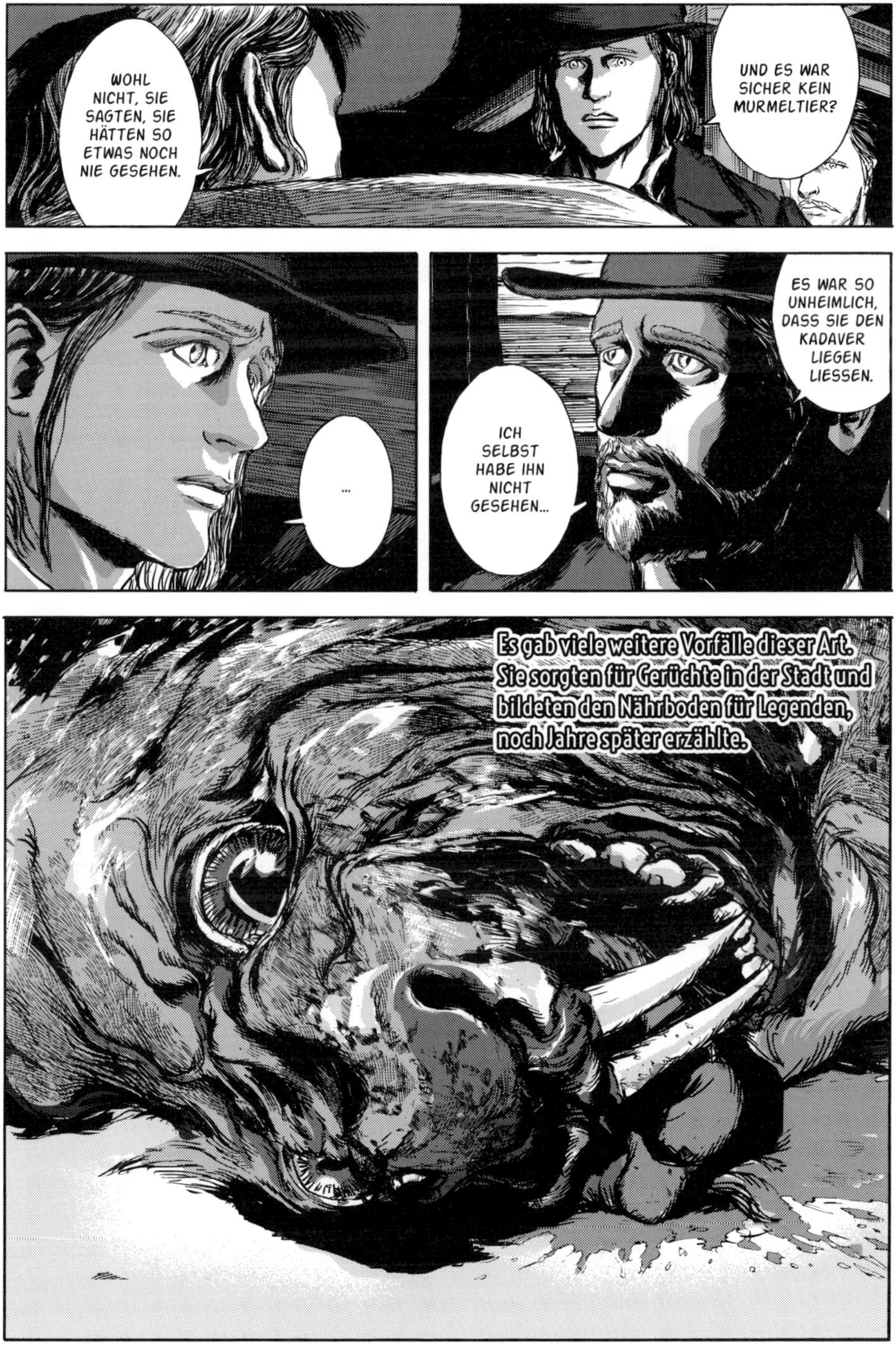
UND ES WAR SICHER KEIN MURMELTIER?
WOHL NICHT, SIE SAGTEN, SIE HÄTTEN SO ETWAS NOCH NIE GESEHEN.
ES WAR SO UNHEIMLICH, DASS SIE DEN KADAVER LIEGEN LIESSEN.
ICH SELBST HABE IHN NICHT GESEHEN...
...
Es gab viele weitere Vorfälle dieser Art. Sie sorgten für Gerüchte in der Stadt und bildeten den Nährboden für Legenden, noch Jahre später erzählte.

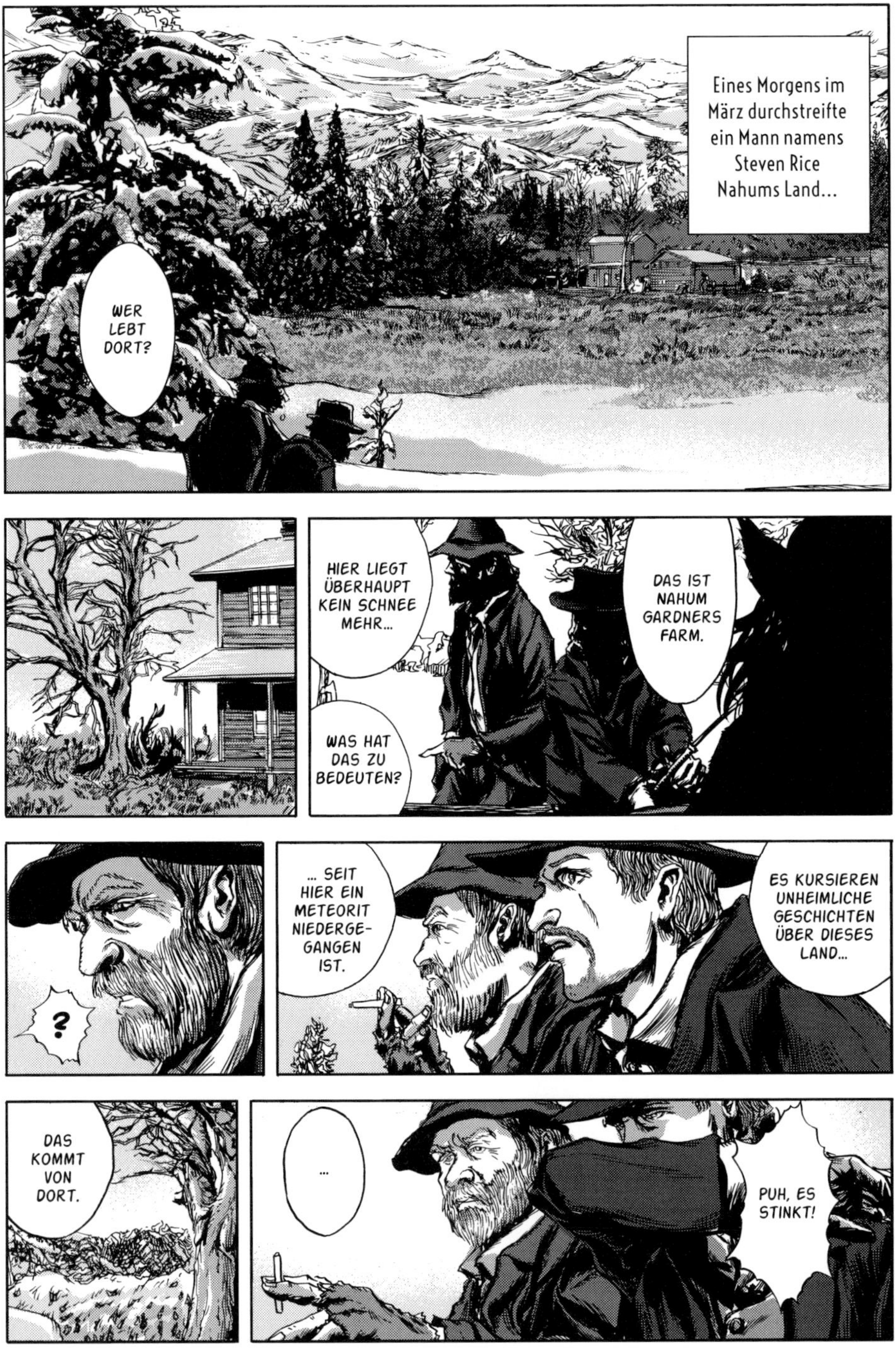
Eines Morgens im März durchstreifte ein Mann namens Steven Rice Nahums Land…
WER LEBT DORT?
HIER LIEGT ÜBERHAUPT KEIN SCHNEE MEHR…
WAS HAT DAS ZU BEDEUTEN?
DAS IST NAHUM GARDNERS FARM.
?
ES KURSIEREN UNHEIMLICHE GESCHICHTEN ÜBER DIESES LAND…
… SEIT HIER EIN METEORIT NIEDERGEGANGEN IST.
DAS KOMMT VON DORT.
PUH, ES STINKT!
…

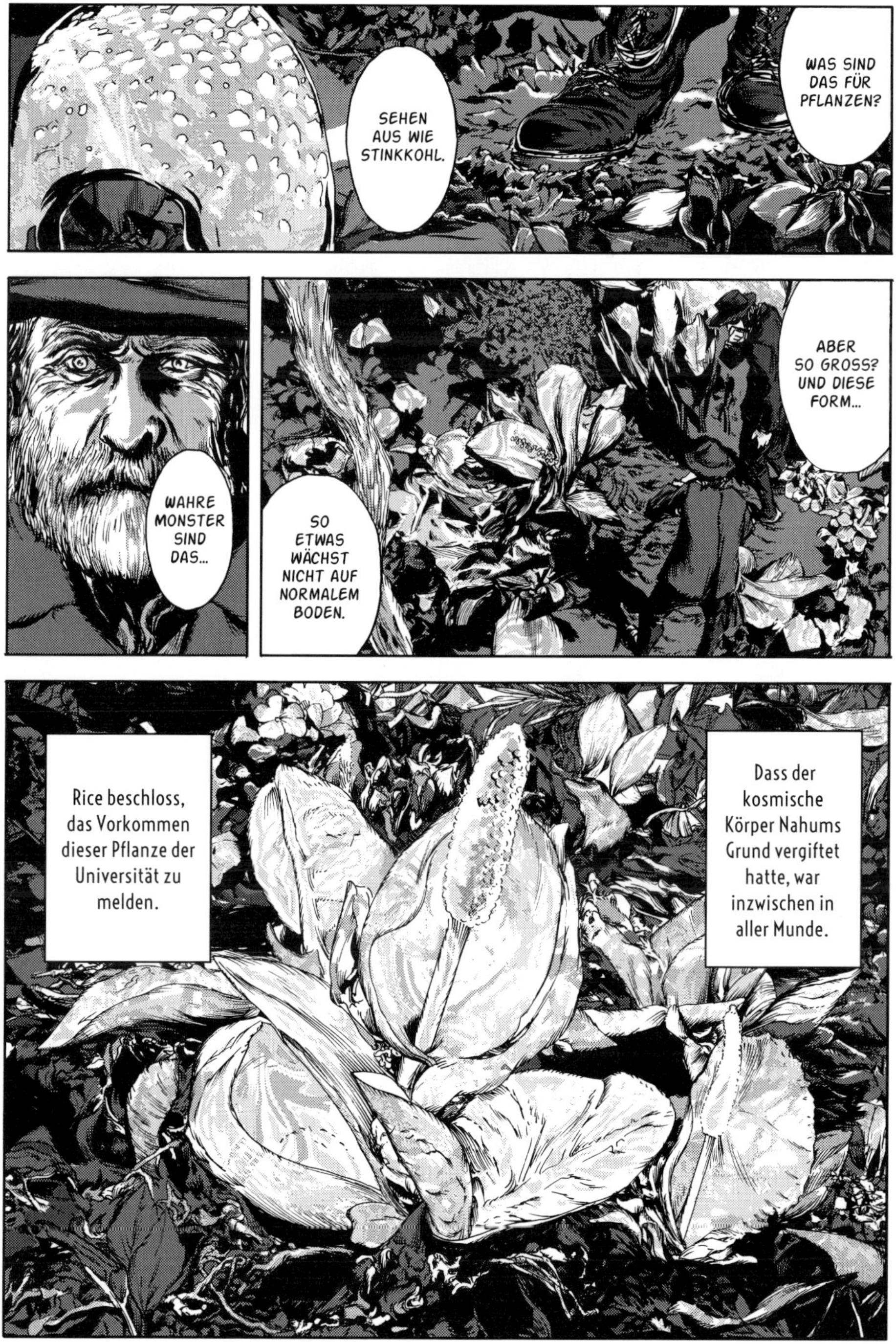
WAS SIND DAS FÜR PFLANZEN?
SEHEN AUS WIE STINKKOHL.
ABER SO GROSS? UND DIESE FORM...
SO ETWAS WÄCHST NICHT AUF NORMALEM BODEN.
WAHRE MONSTER SIND DAS...
Rice beschloss, das Vorkommen dieser Pflanze der Universität zu melden.
Dass der kosmische Körper Nahums Grund vergiftet hatte, war inzwischen in aller Munde.

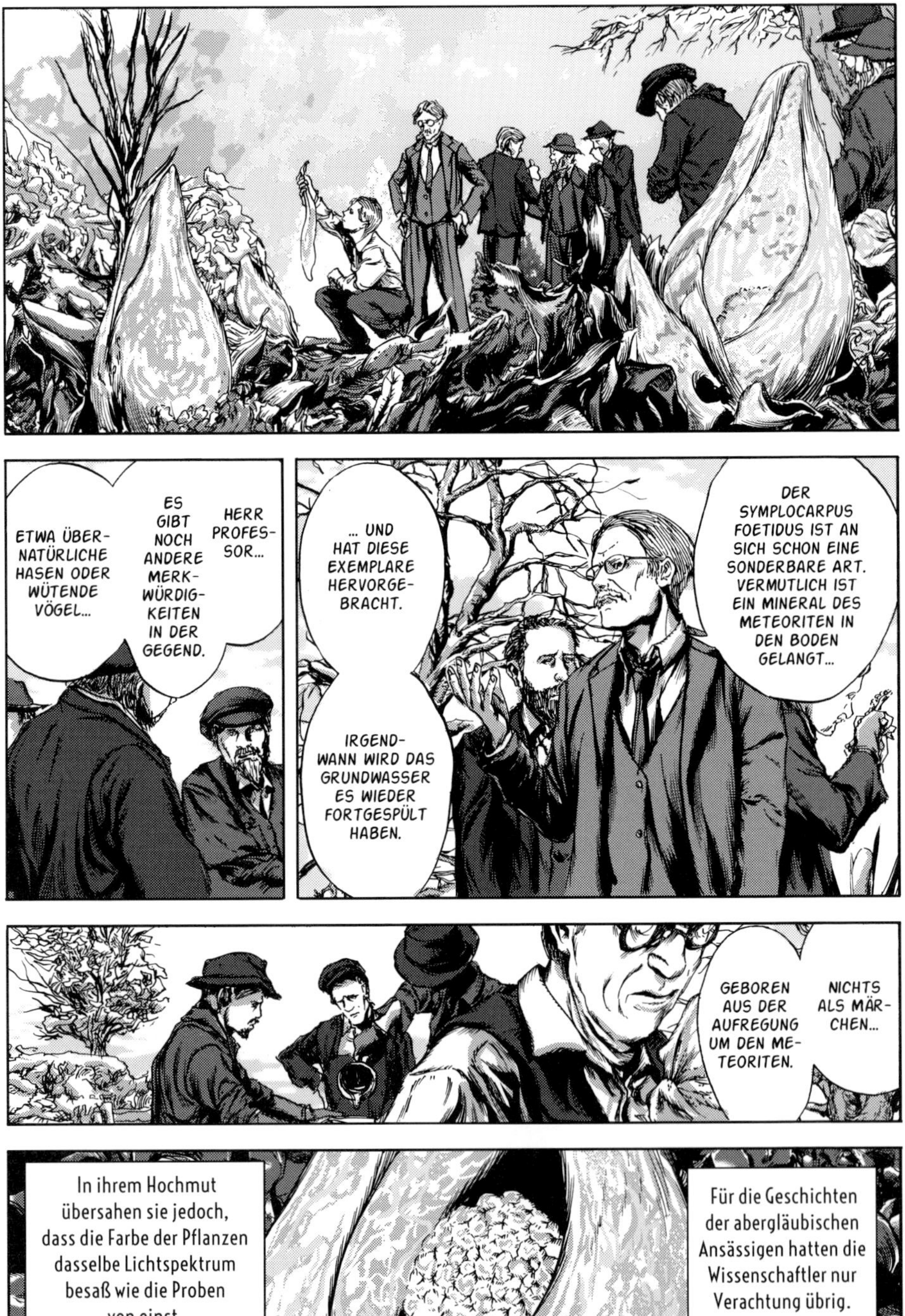
Der Symplocarpus foetidus ist an sich schon eine sonderbare Art. Vermutlich ist ein Mineral des Meteoriten in den Boden gelangt...
... und hat diese Exemplare hervorgebracht.
Irgendwann wird das Grundwasser es wieder fortgespült haben.
Herr Professor...
Es gibt noch andere Merkwürdigkeiten in der Gegend.
Etwa übernatürliche Hasen oder wütende Vögel...
Nichts als Märchen...
Geboren aus der Aufregung um den Meteoriten.
Für die Geschichten der abergläubischen Ansässigen hatten die Wissenschaftler nur Verachtung übrig.
In ihrem Hochmut übersahen sie jedoch, dass die Farbe der Pflanzen dasselbe Lichtspektrum besaß wie die Proben von einst.

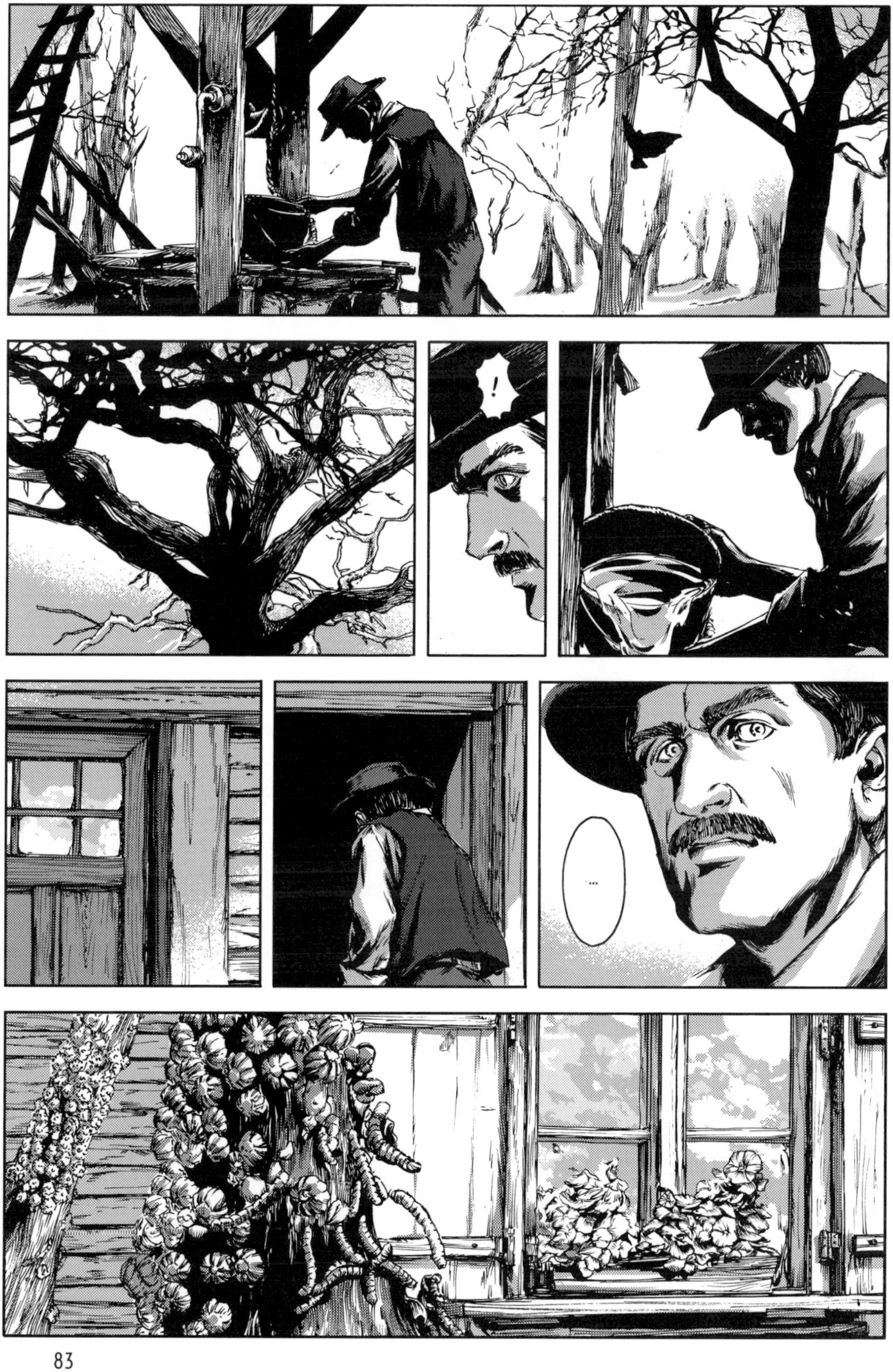

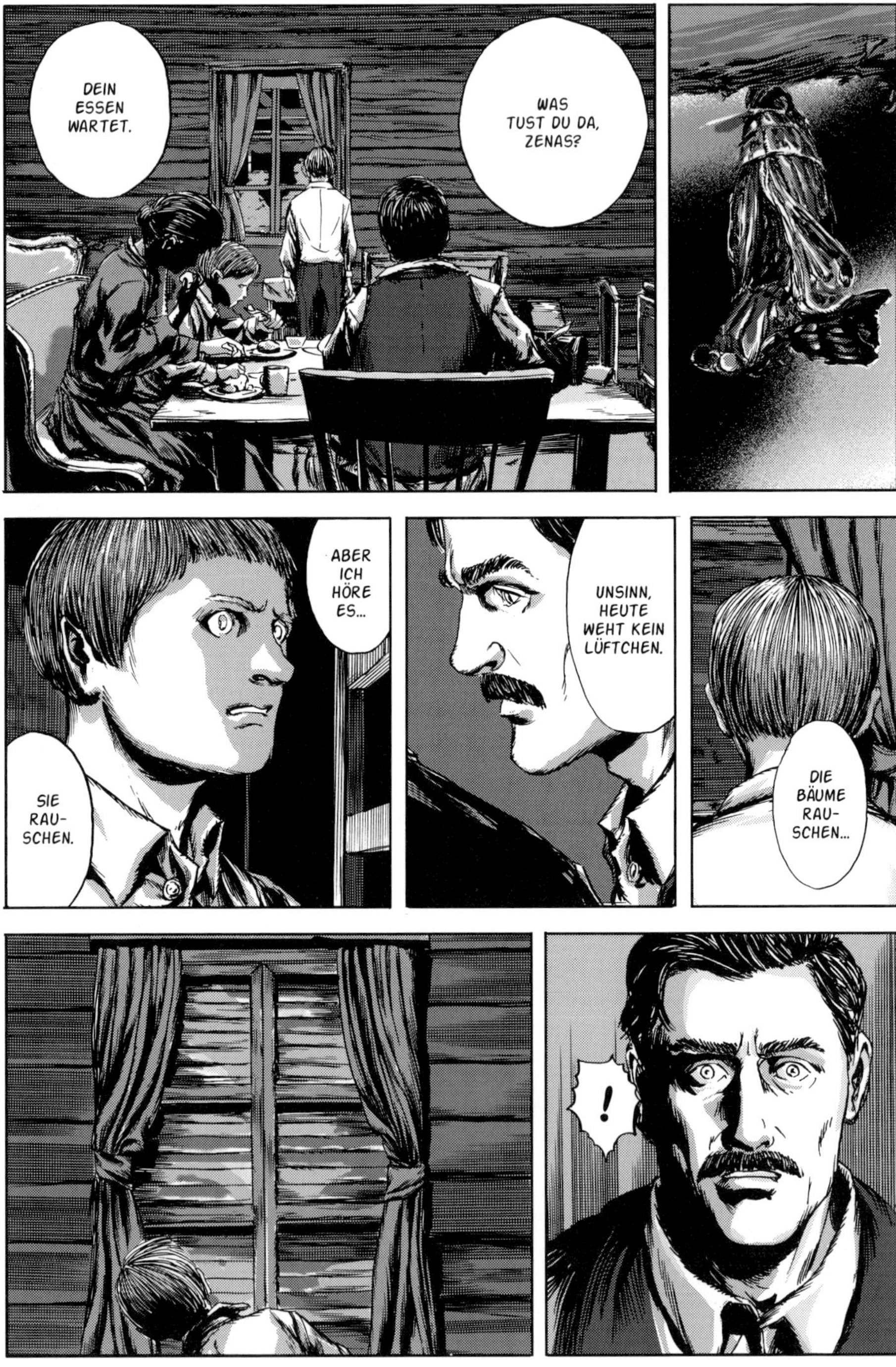
WAS TUST DU DA, ZENAS?
DEIN ESSEN WARTET.
DIE BÄUME RAUSCHEN...
UNSINN, HEUTE WEHT KEIN LÜFTCHEN.
ABER ICH HÖRE ES...
SIE RAUSCHEN.
!

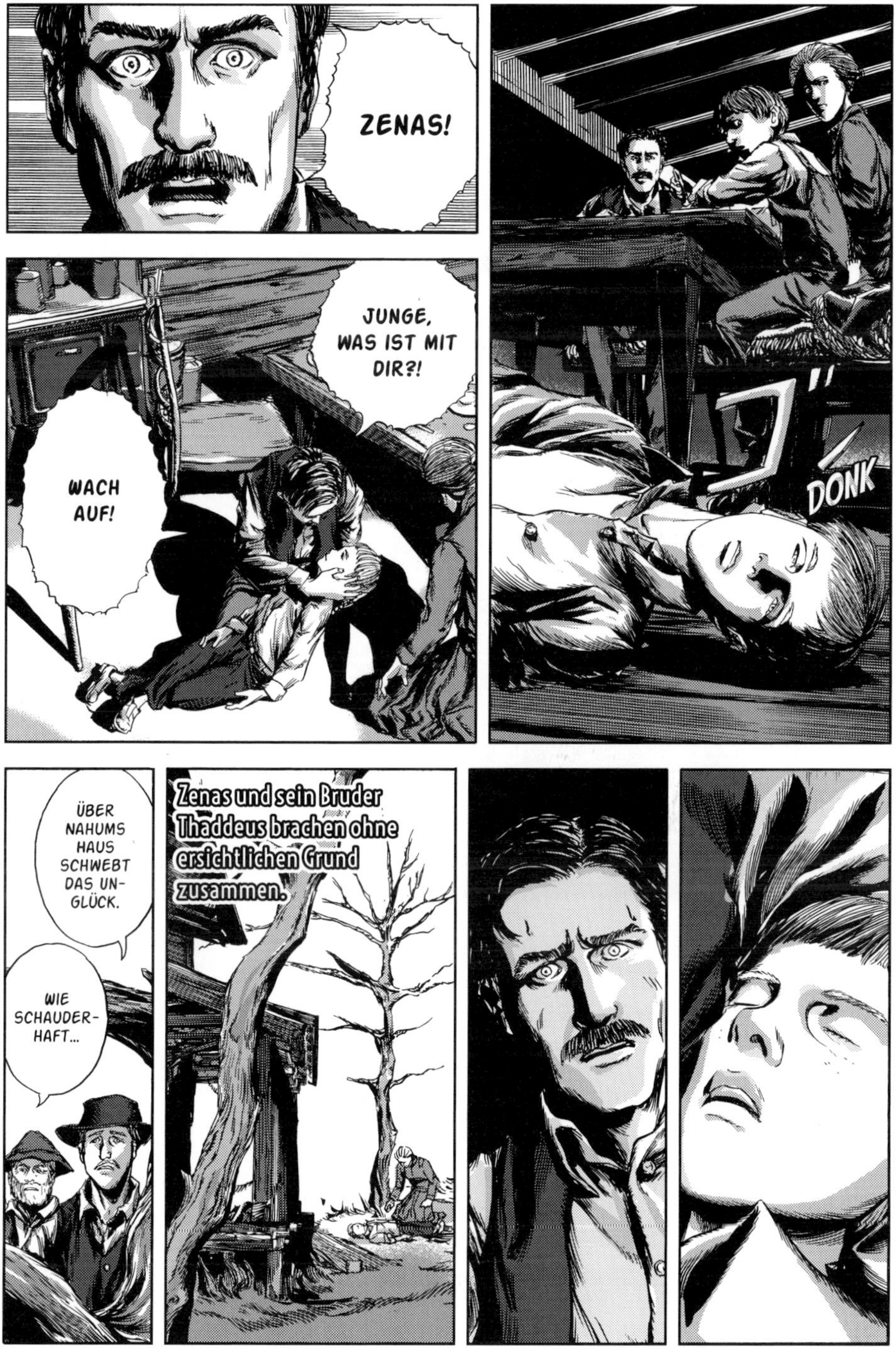
ZENAS!
JUNGE, WAS IST MIT DIR?!
WACH AUF!
DONK
ÜBER NAHUMS HAUS SCHWEBT DAS UN-GLÜCK.
WIE SCHAUDER-HAFT...
Zenas und sein Bruder Thaddeus brachen ohne ersichtlichen Grund zusammen.

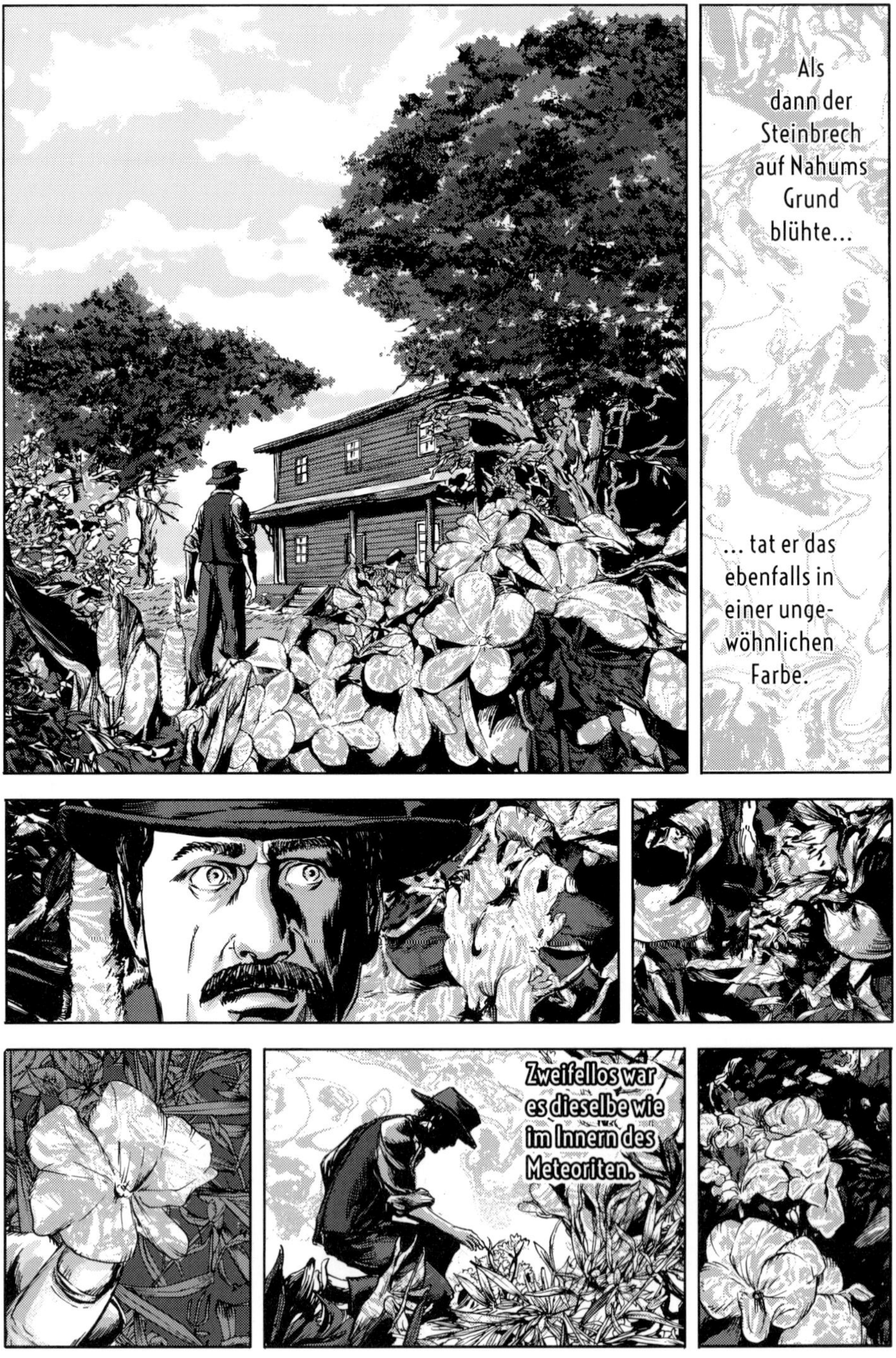
Als dann der Steinbrech auf Nahums Grund blühte…
… tat er das ebenfalls in einer unge-wöhnlichen Farbe.
Zweifellos war es dieselbe wie im Innern des Meteoriten.

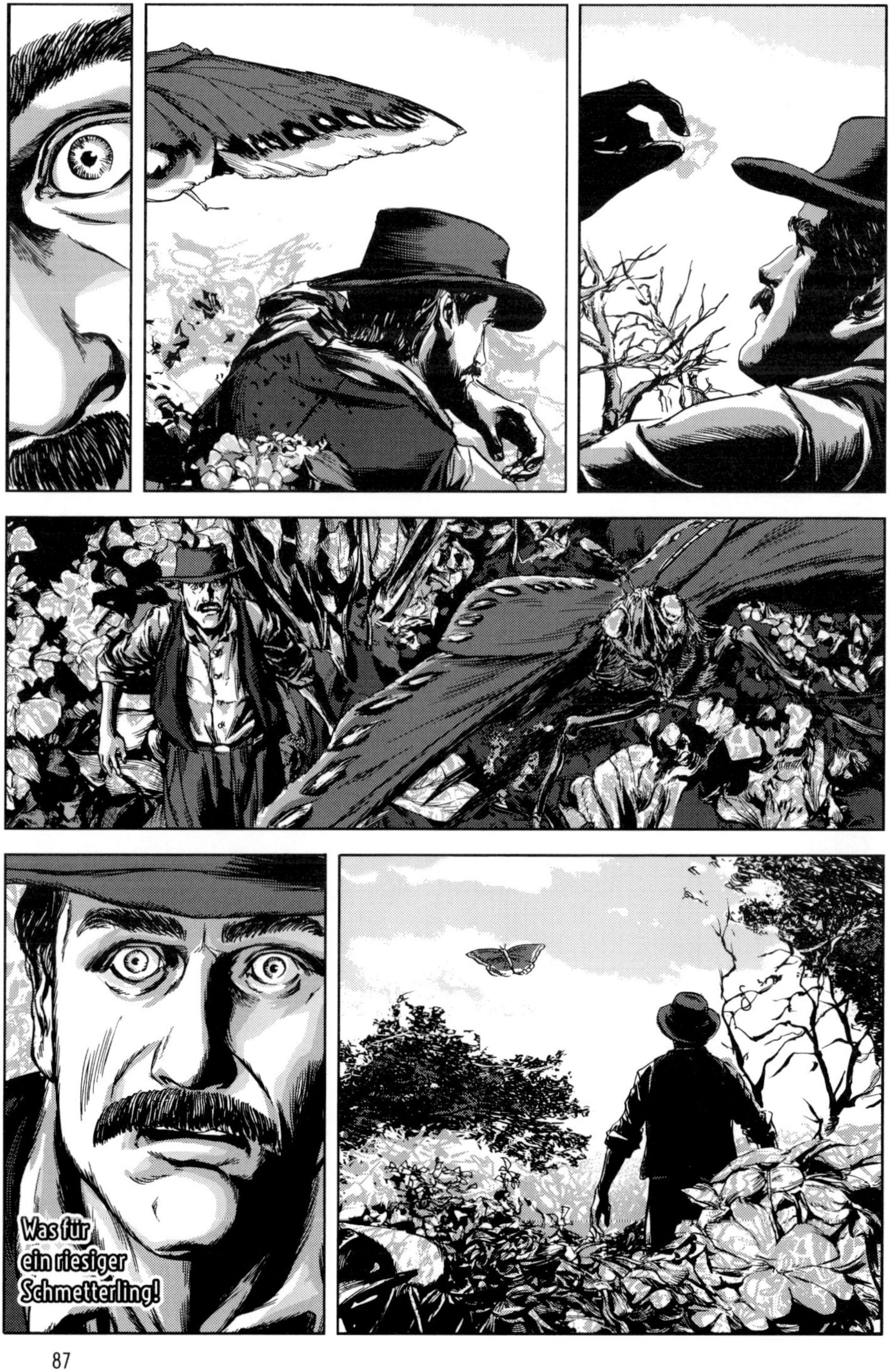
Was für ein riesiger Schmetterling!

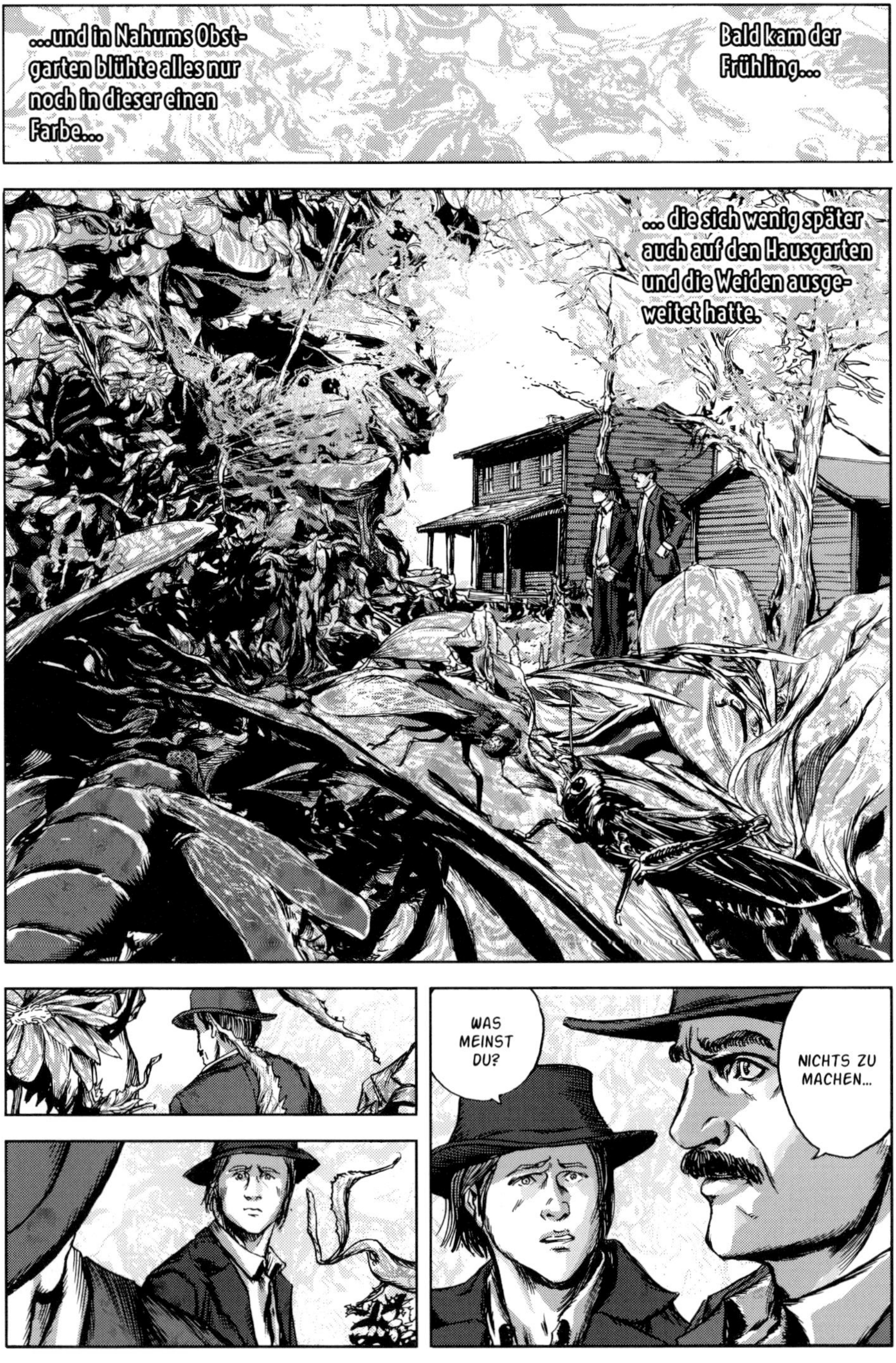
Bald kam der Frühling...
...und in Nahums Obstgarten blühte alles nur noch in dieser einen Farbe...
... die sich wenig später auch auf den Hausgarten und die Weiden ausgeweitet hatte.
WAS MEINST DU?
NICHTS ZU MACHEN...

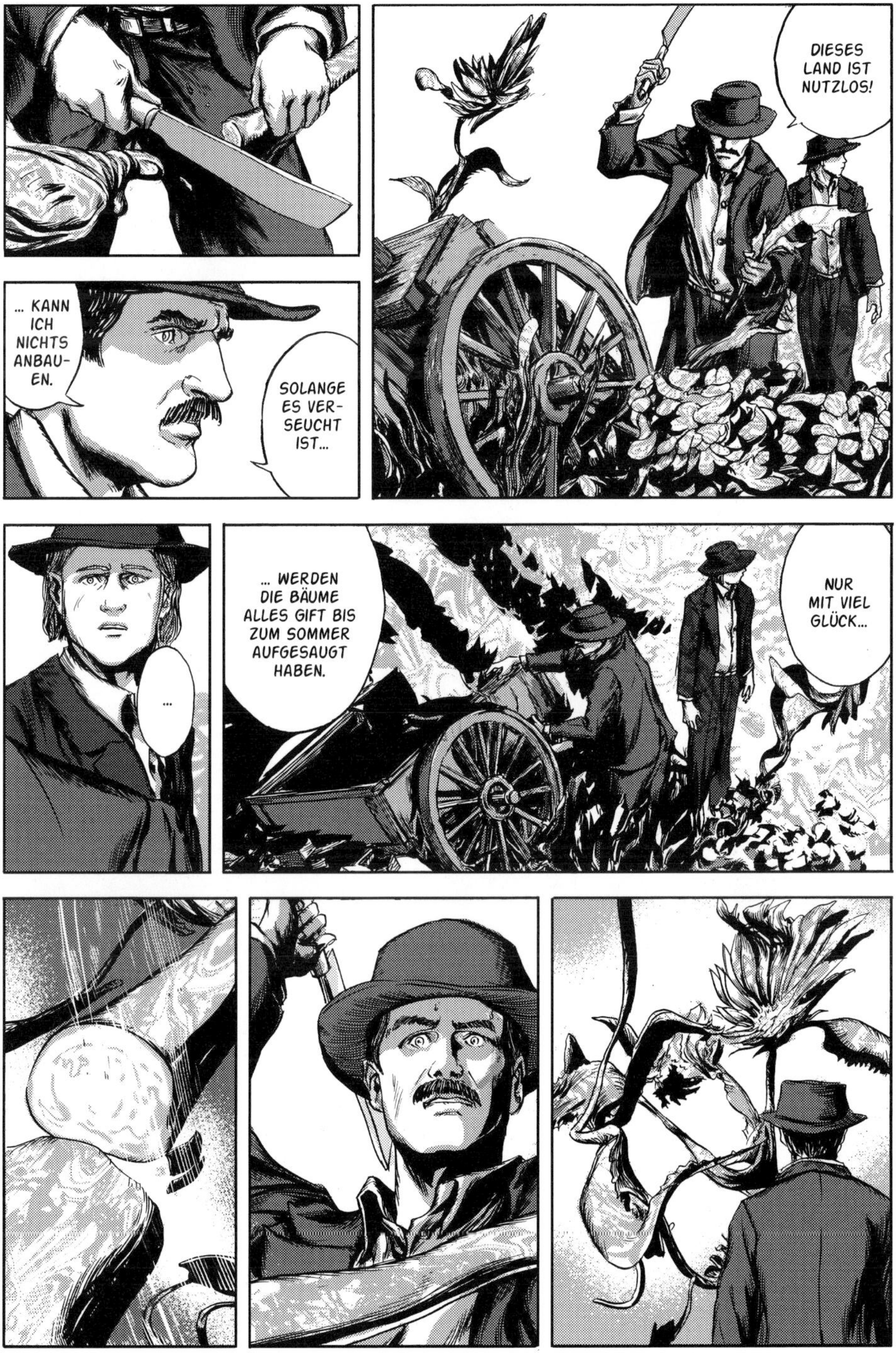
DIESES LAND IST NUTZLOS!
SOLANGE ES VERSEUCHT IST...
... KANN ICH NICHTS ANBAU-EN.
NUR MIT VIEL GLÜCK...
... WERDEN DIE BÄUME ALLES GIFT BIS ZUM SOMMER AUFGESAUGT HABEN.
...

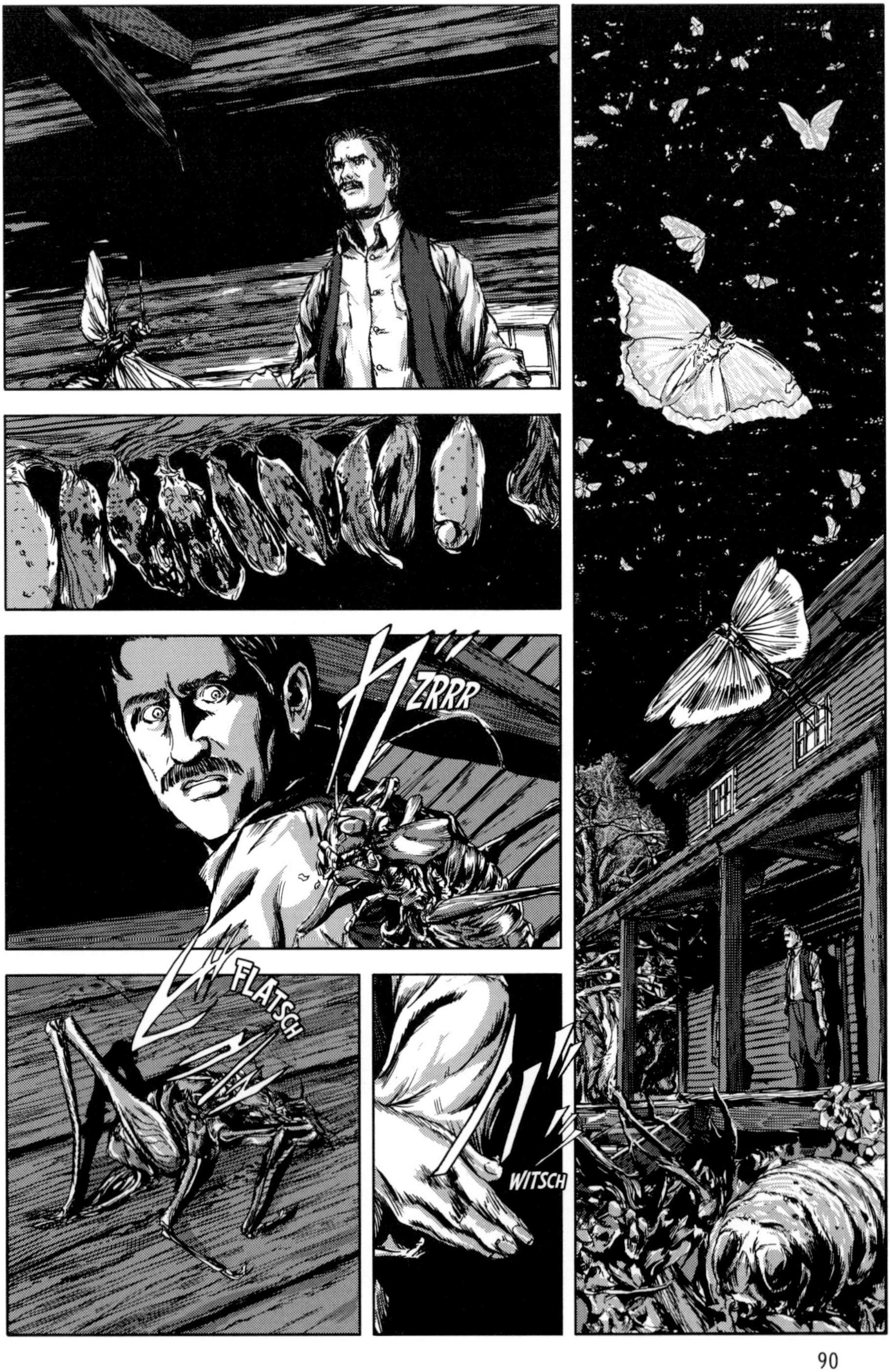
ZRRR
FLATSCH
WITSCH

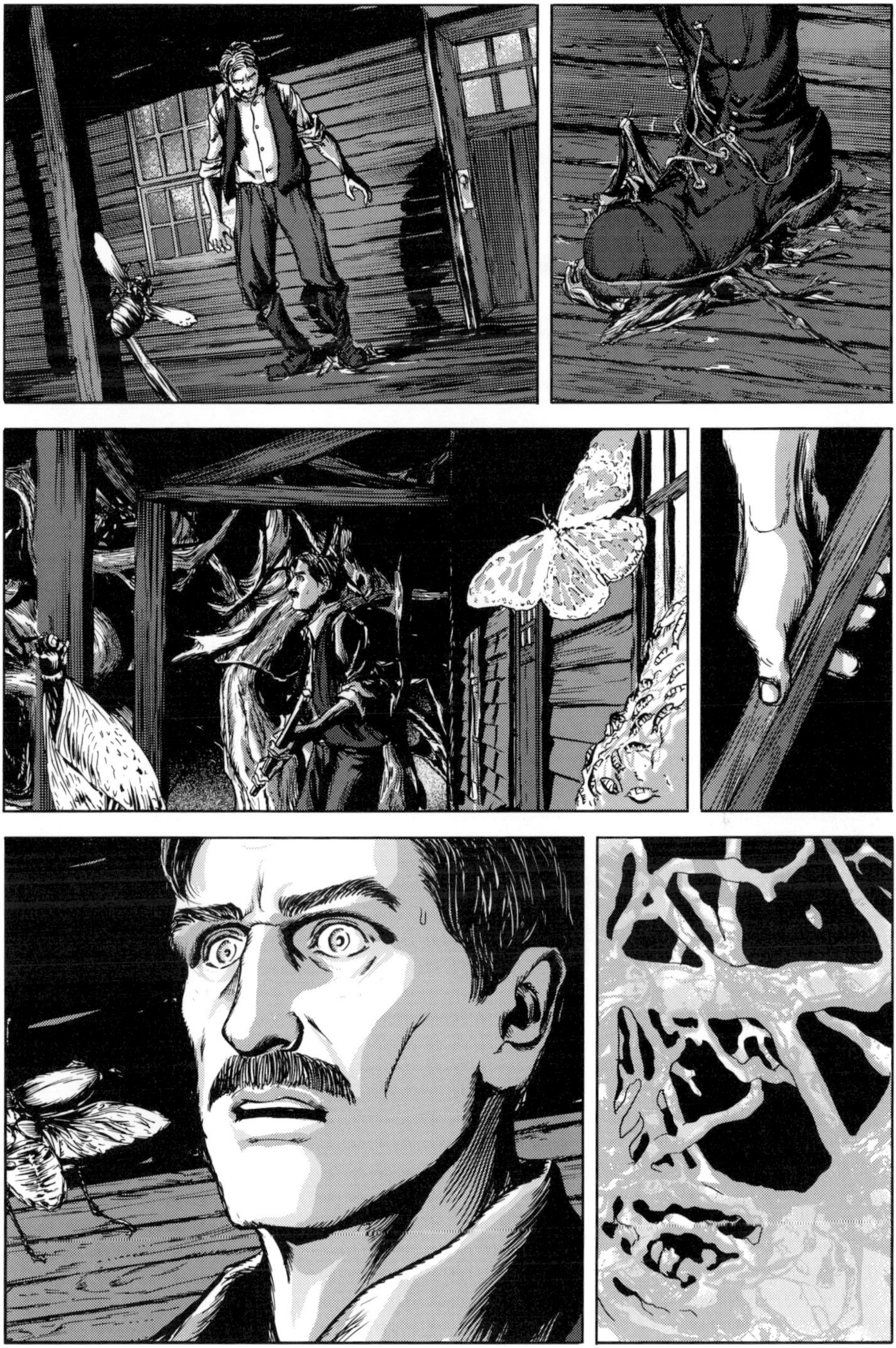

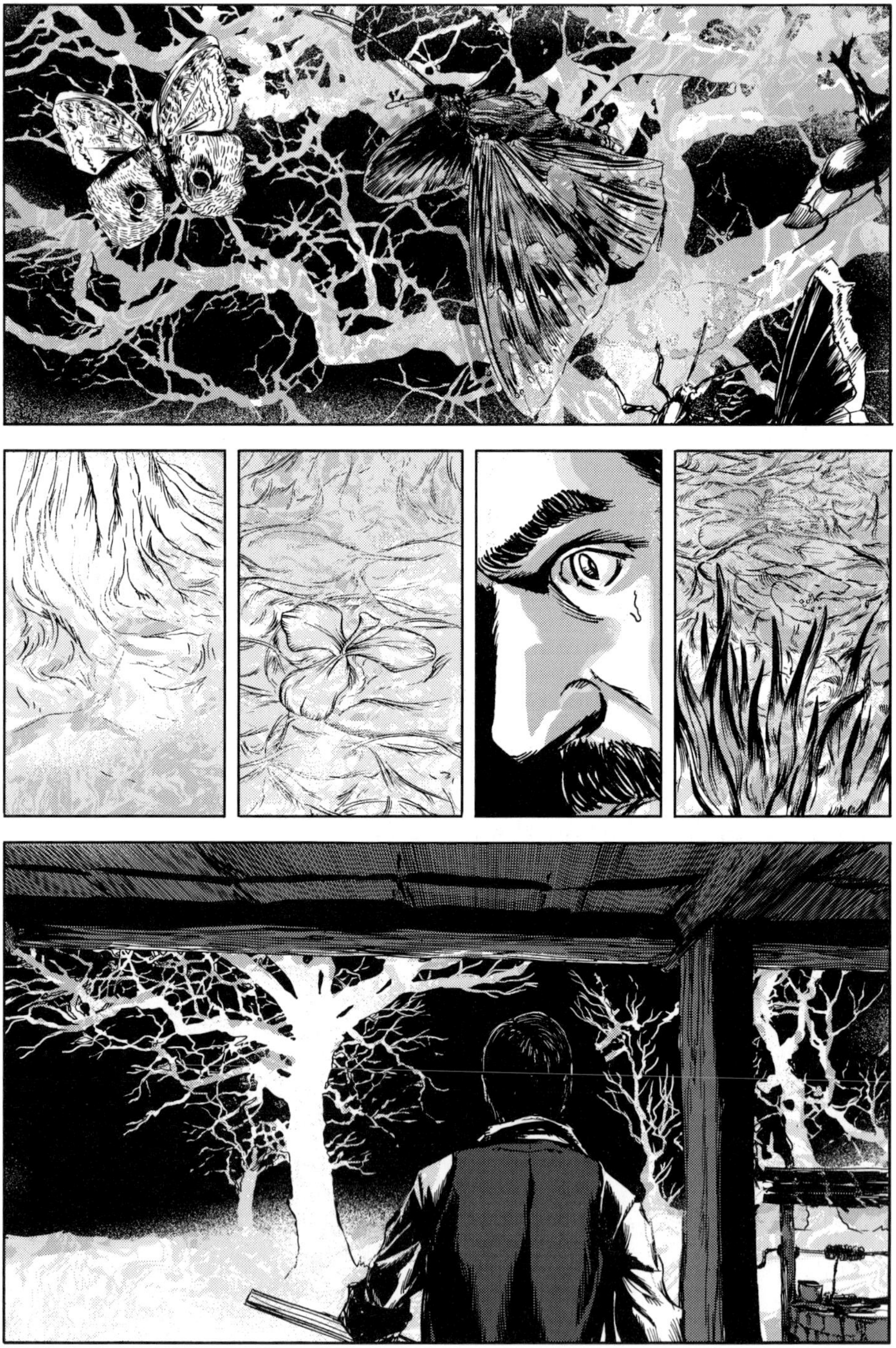

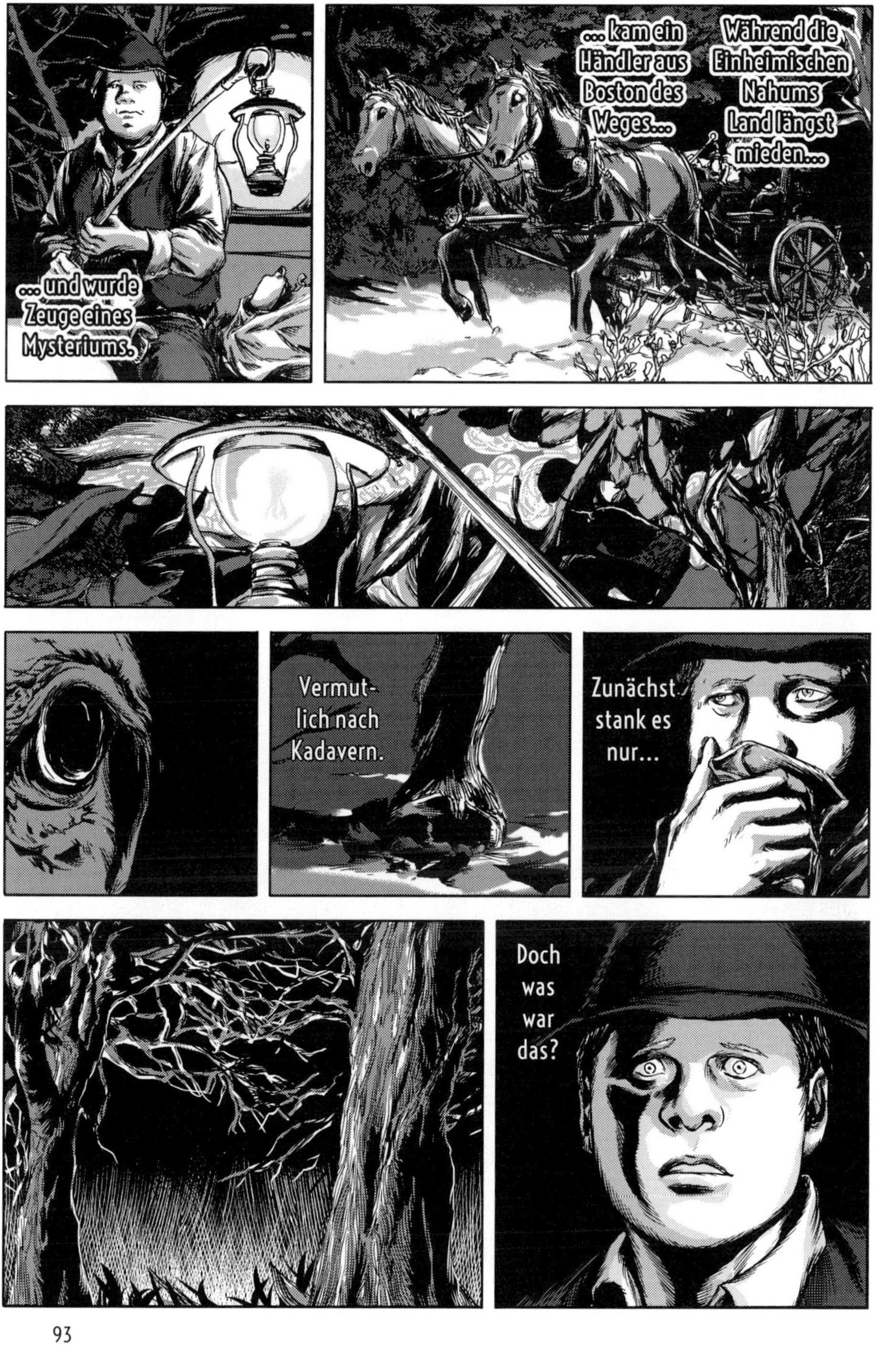
Während die Einheimischen Nahums Land längst mieden...
... kam ein Händler aus Boston des Weges...
... und wurde Zeuge eines Mysteriums.
Vermutlich nach Kadavern.
Zunächst stank es nur...
Doch was war das?

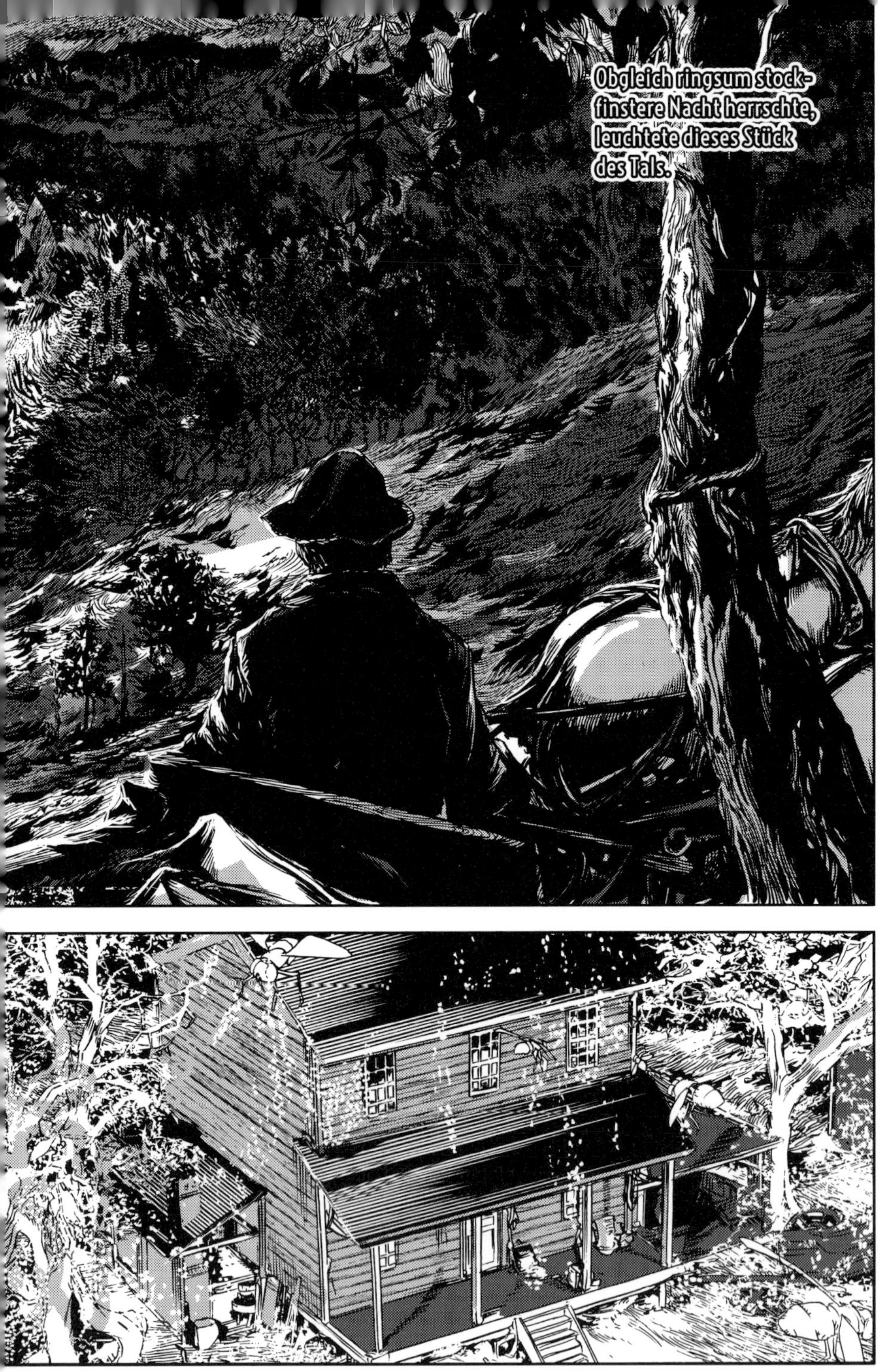
Obgleich ringsum stockfinstere Nacht herrschte, leuchtete dieses Stück des Tals.

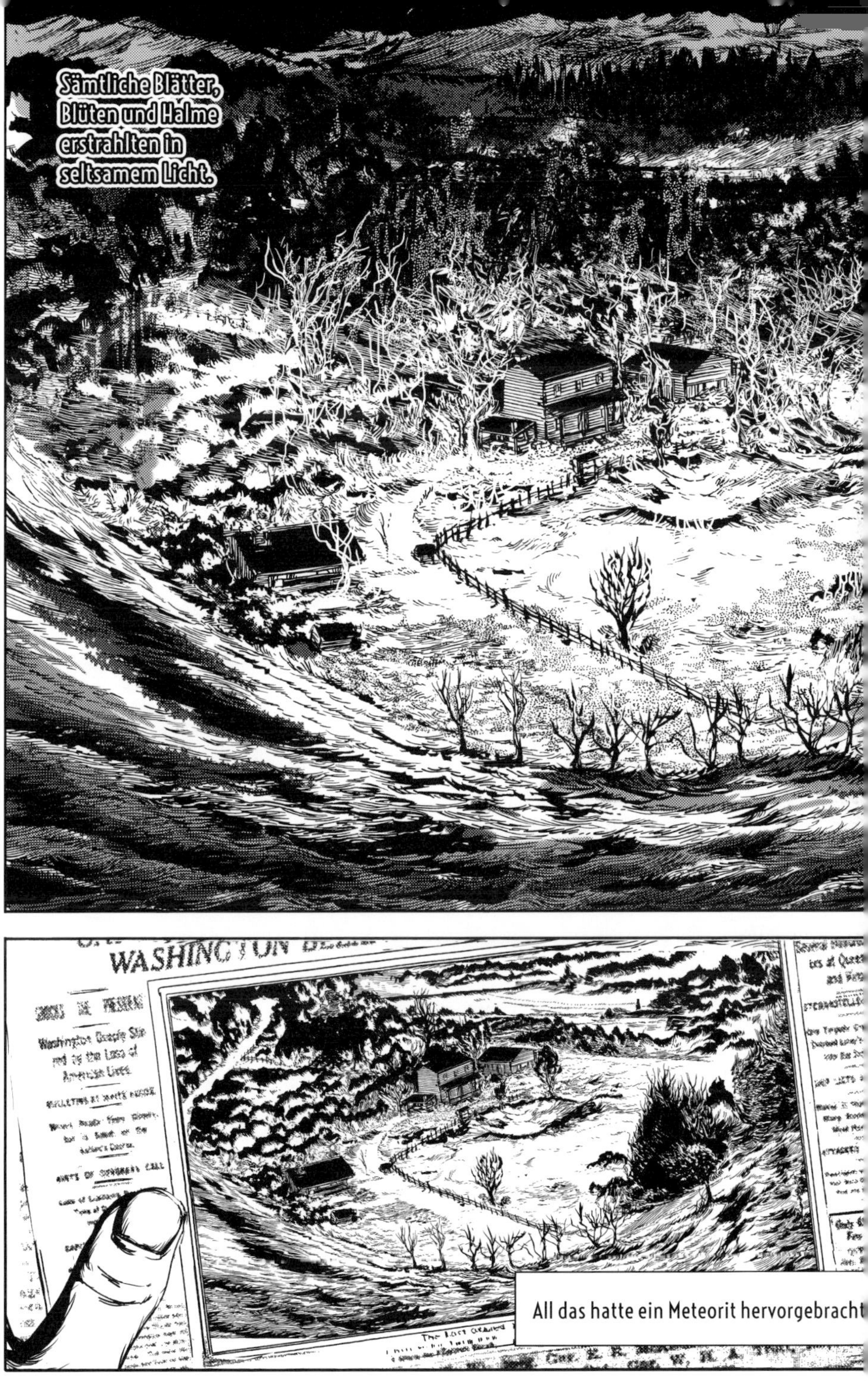
Sämtliche Blätter, Blüten und Halme erstrahlten in seltsamem Licht.
WASHINGTON
All das hatte ein Meteorit hervorgebracht

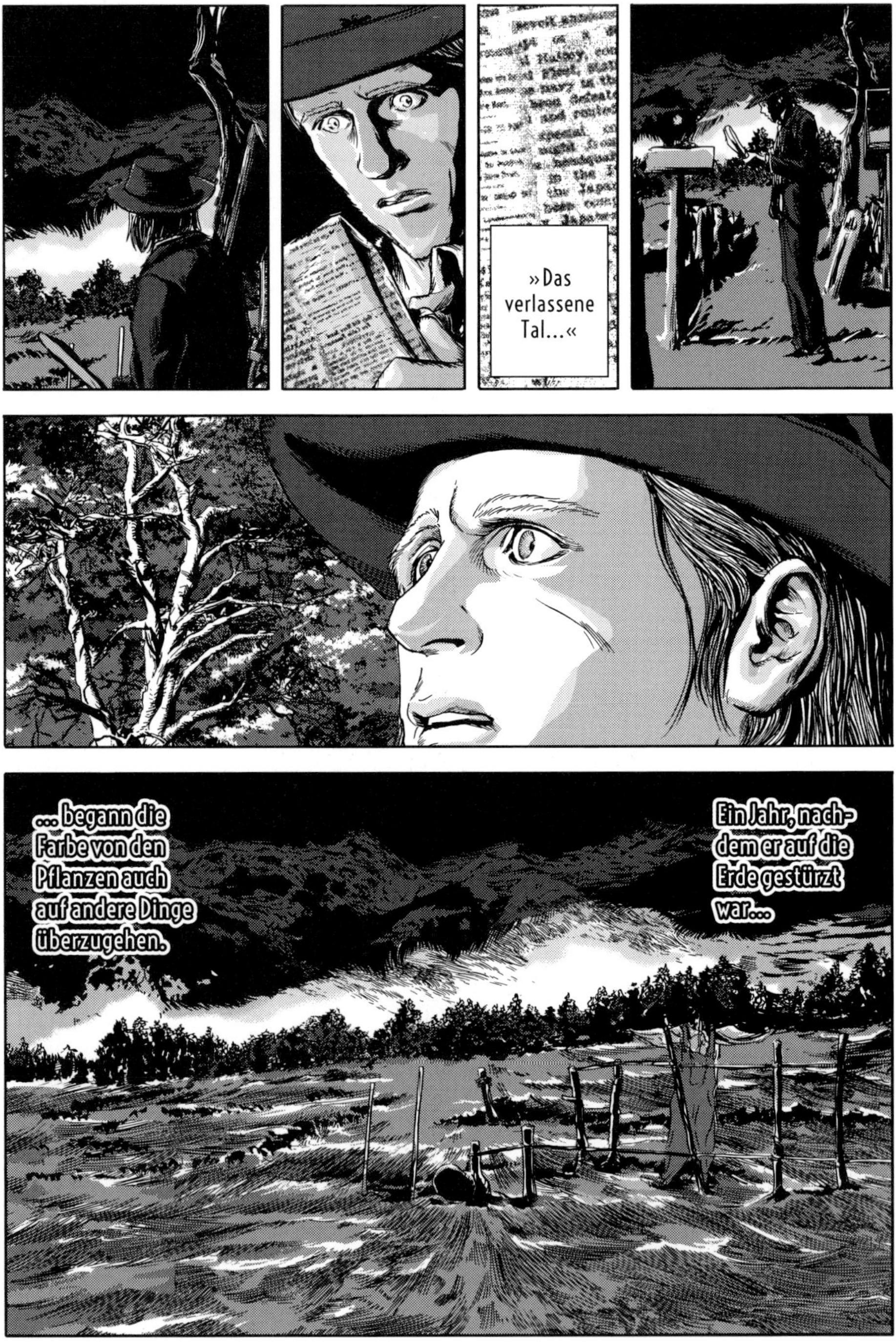
»Das verlassene Tal...«
Ein Jahr, nach-dem er auf die Erde gestürzt war...
... begann die Farbe von den Pflanzen auch auf andere Dinge überzugehen.

4 ETWAS BÖSES

Something Wicked

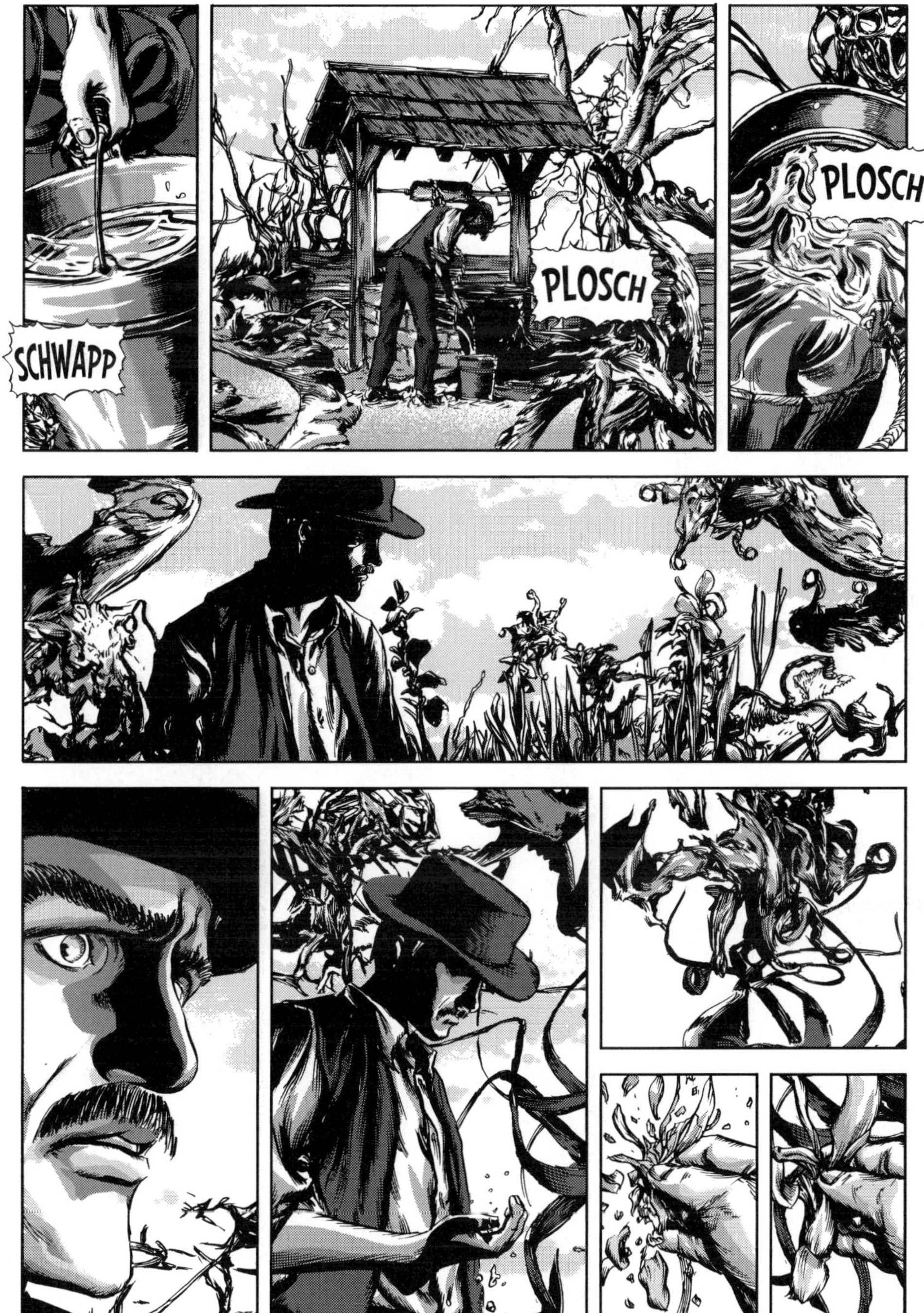
SCHWAPP
PLOSCH
PLOSCH

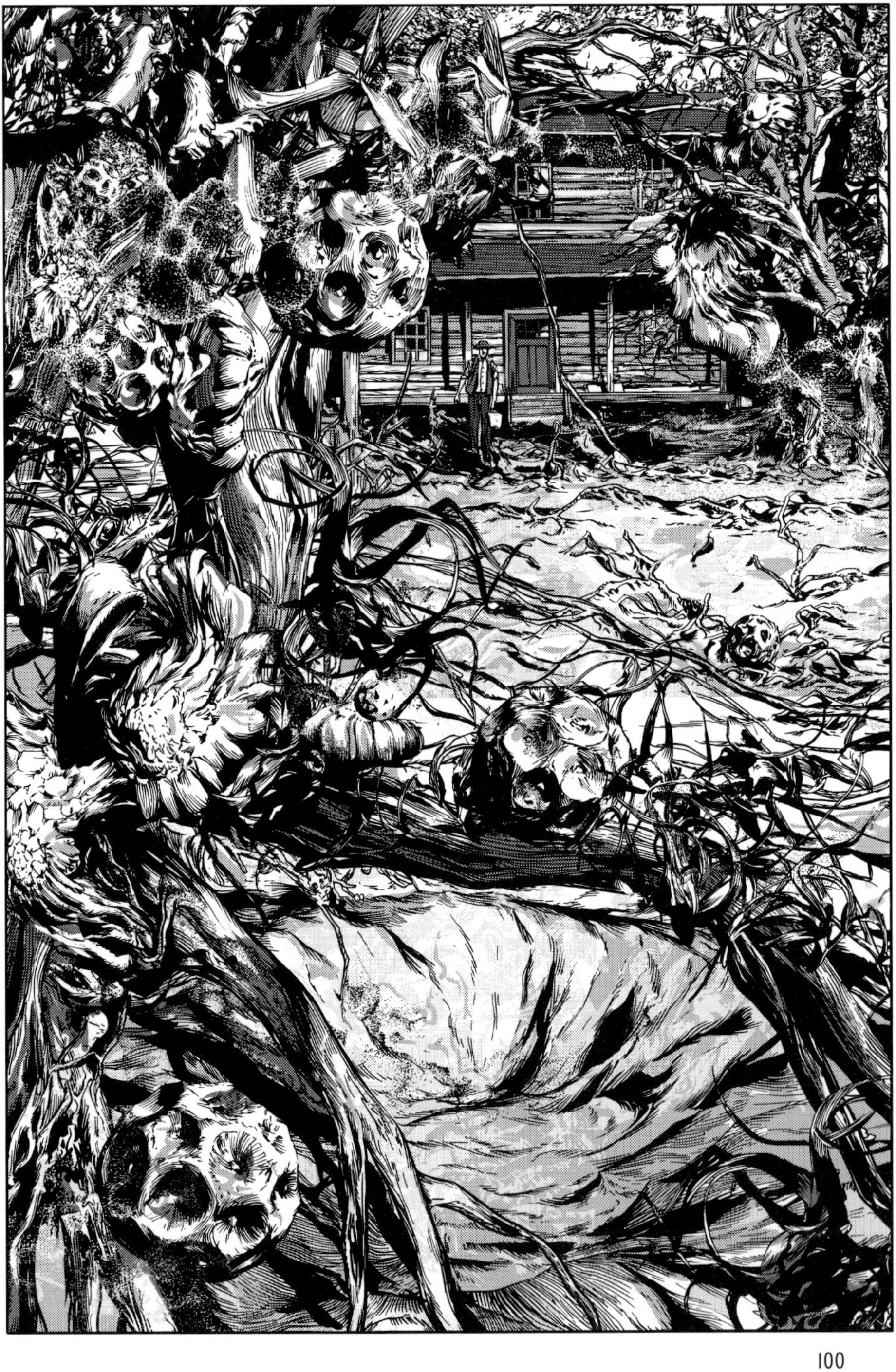

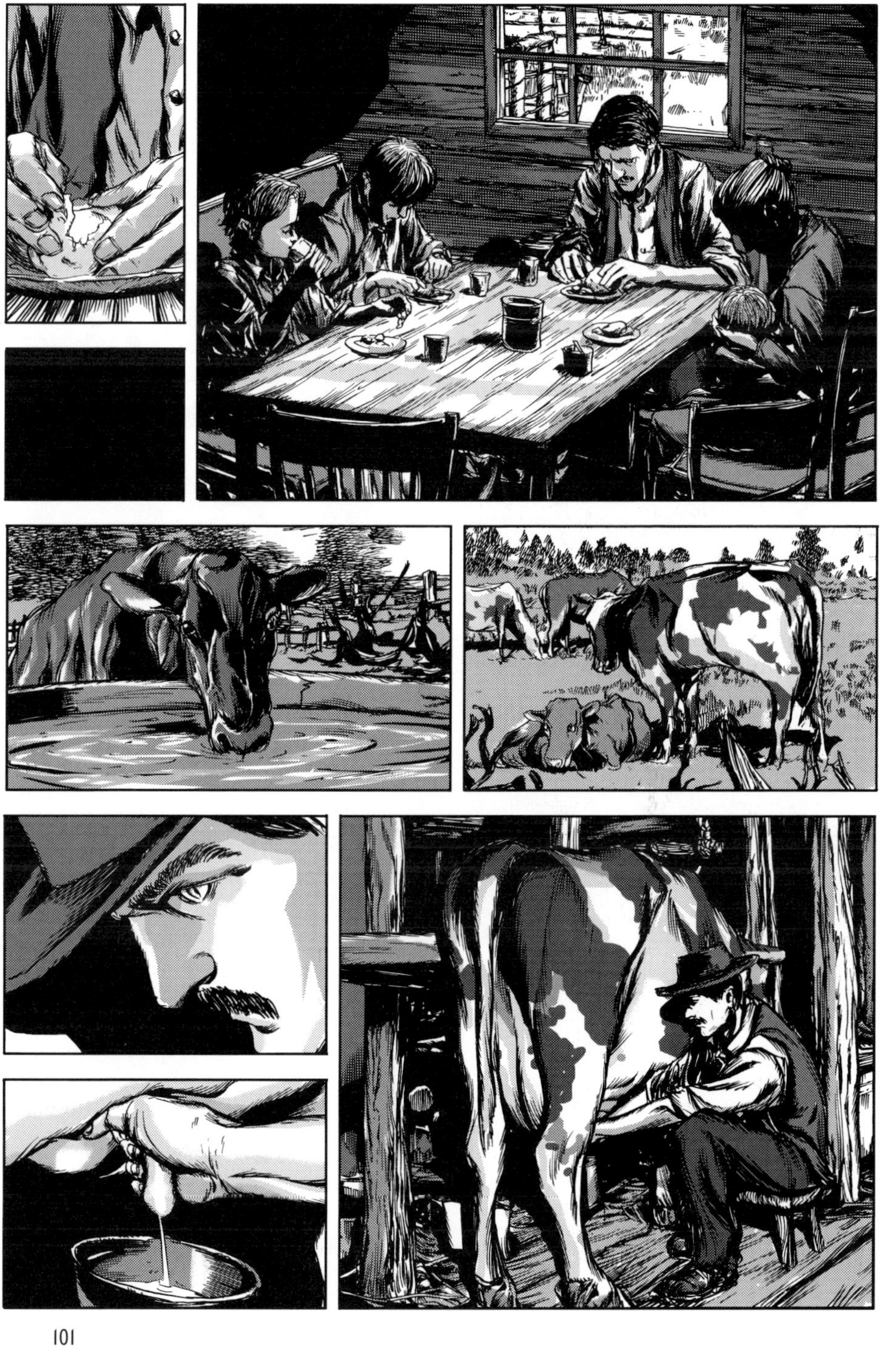

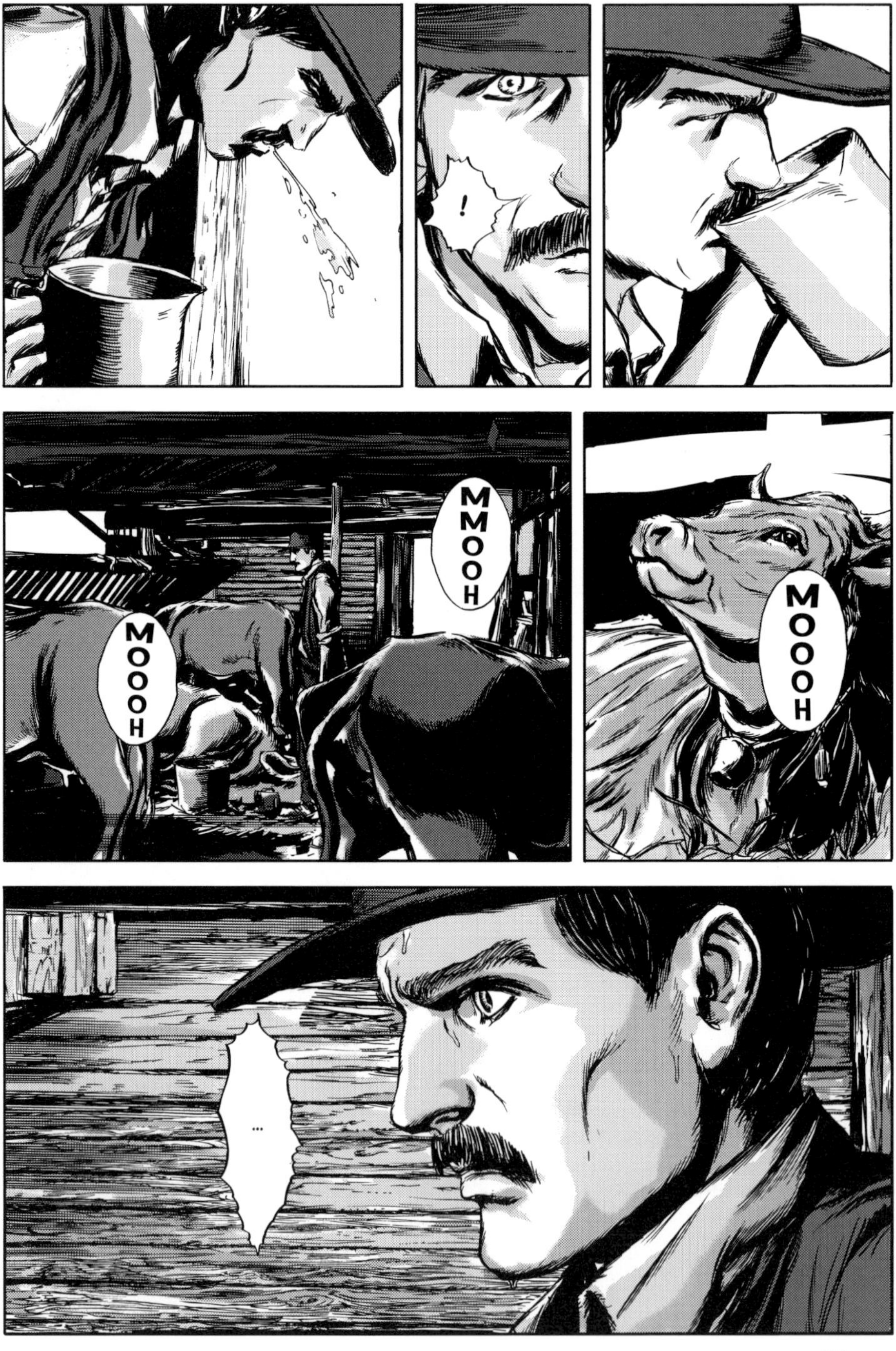
!
MMOOH
MOOOH
MOOOH
...

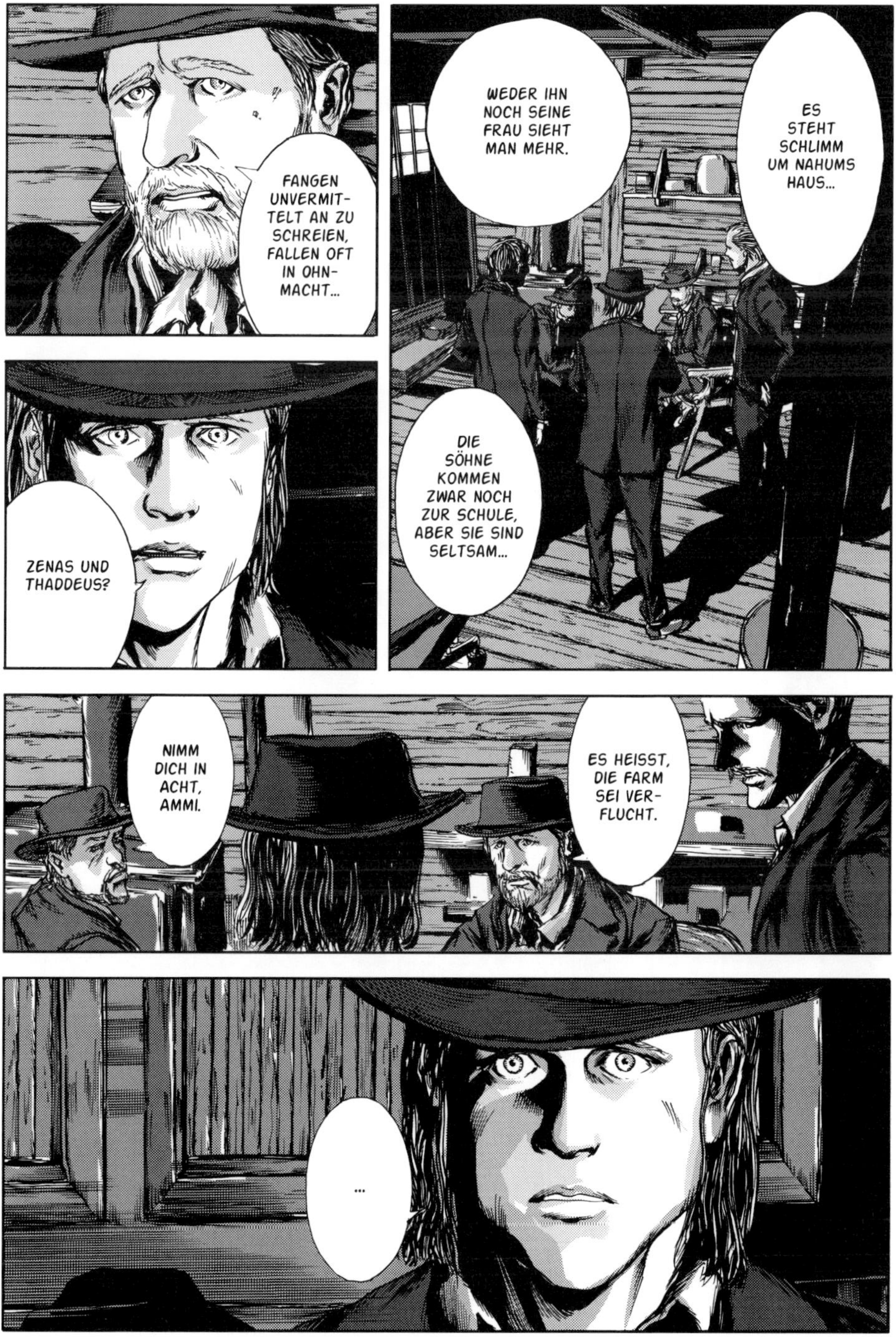
ES STEHT SCHLIMM UM NAHUMS HAUS...
WEDER IHN NOCH SEINE FRAU SIEHT MAN MEHR.
DIE SÖHNE KOMMEN ZWAR NOCH ZUR SCHULE, ABER SIE SIND SELTSAM...
FANGEN UNVERMITTELT AN ZU SCHREIEN, FALLEN OFT IN OHNMACHT...
ZENAS UND THADDEUS?
ES HEISST, DIE FARM SEI VERFLUCHT.
NIMM DICH IN ACHT, AMMI.
...

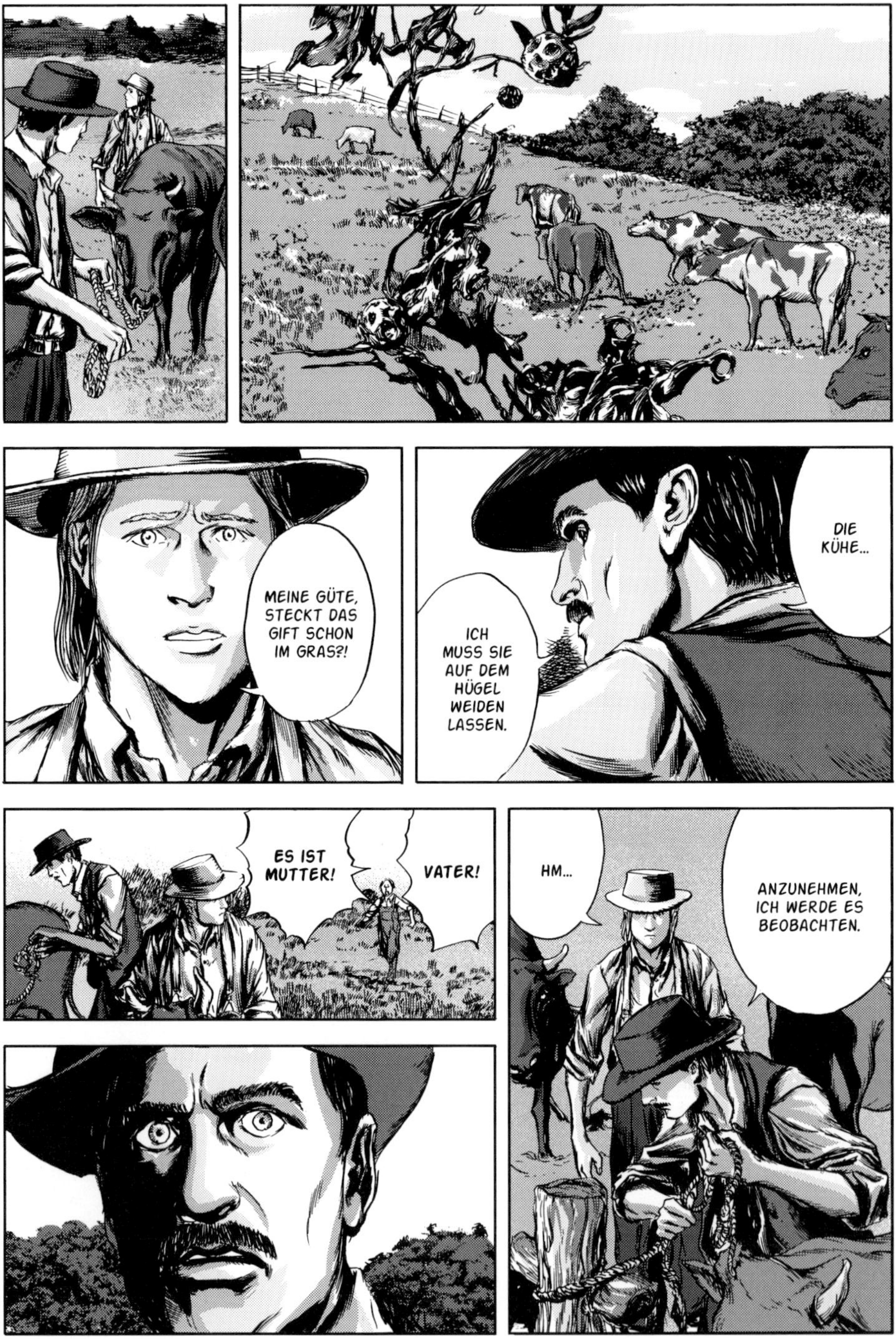
MEINE GÜTE, STECKT DAS GIFT SCHON IM GRAS?!
DIE KÜHE...
ICH MUSS SIE AUF DEM HÜGEL WEIDEN LASSEN.
ES IST MUTTER!
VATER!
HM...
ANZUNEHMEN, ICH WERDE ES BEOBACHTEN.

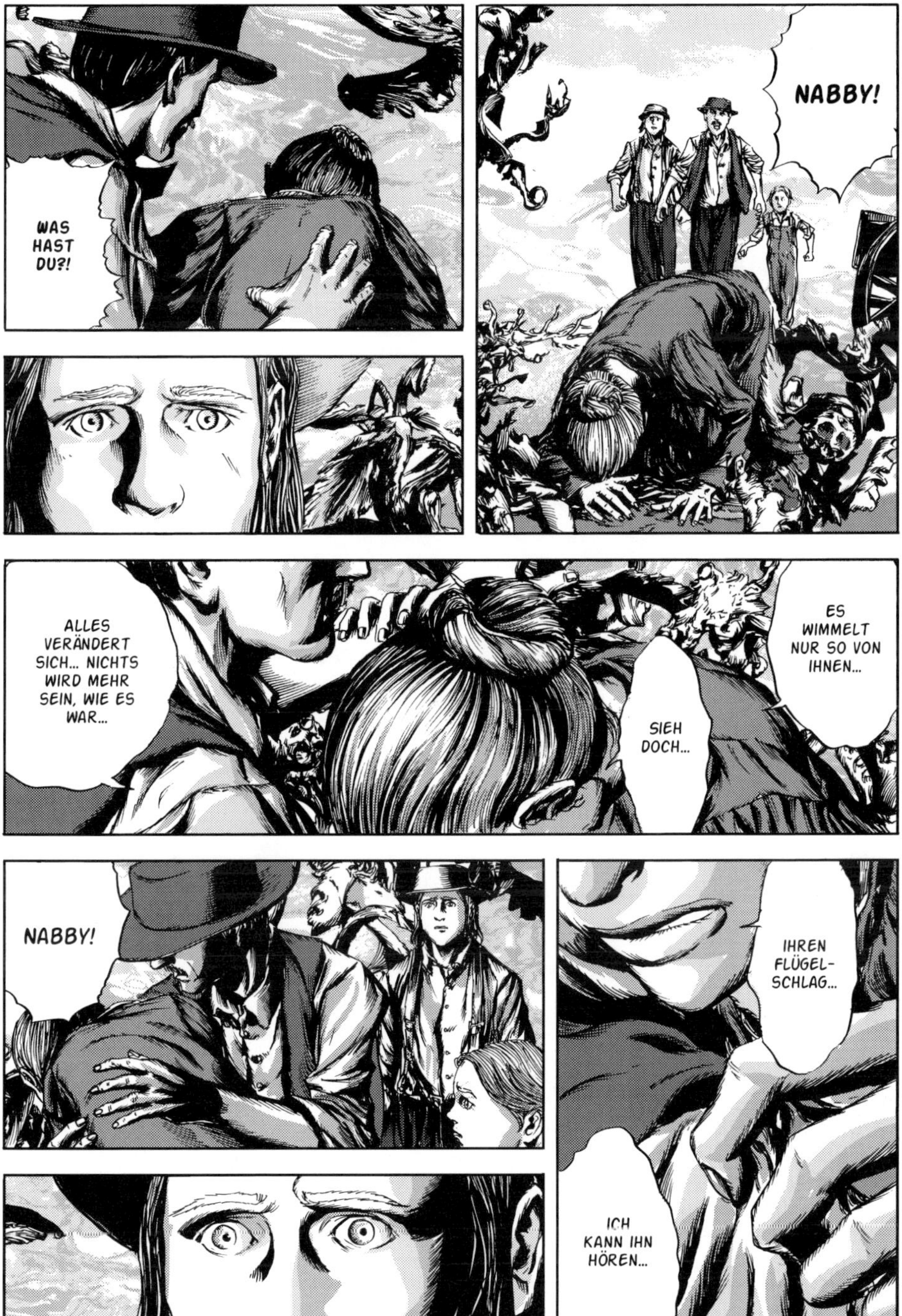
WAS HAST DU?!
NABBY!
ALLES VERÄNDERT SICH... NICHTS WIRD MEHR SEIN, WIE ES WAR...
ES WIMMELT NUR SO VON IHNEN...
SIEH DOCH...
NABBY!
IHREN FLÜGEL-SCHLAG...
ICH KANN IHN HÖREN...

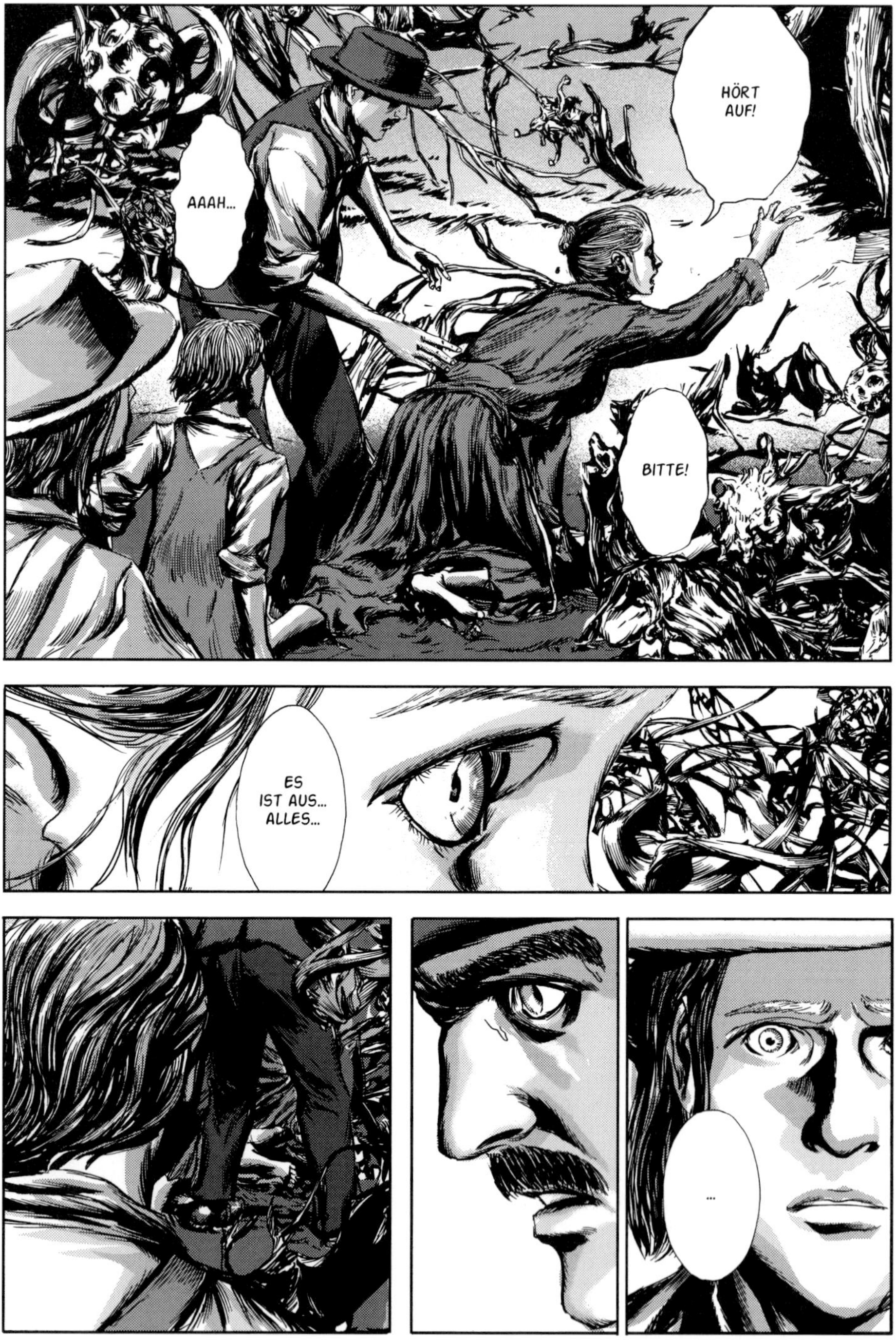
HÖRT AUF!
BITTE!
AAAH...
ES IST AUS... ALLES...
...

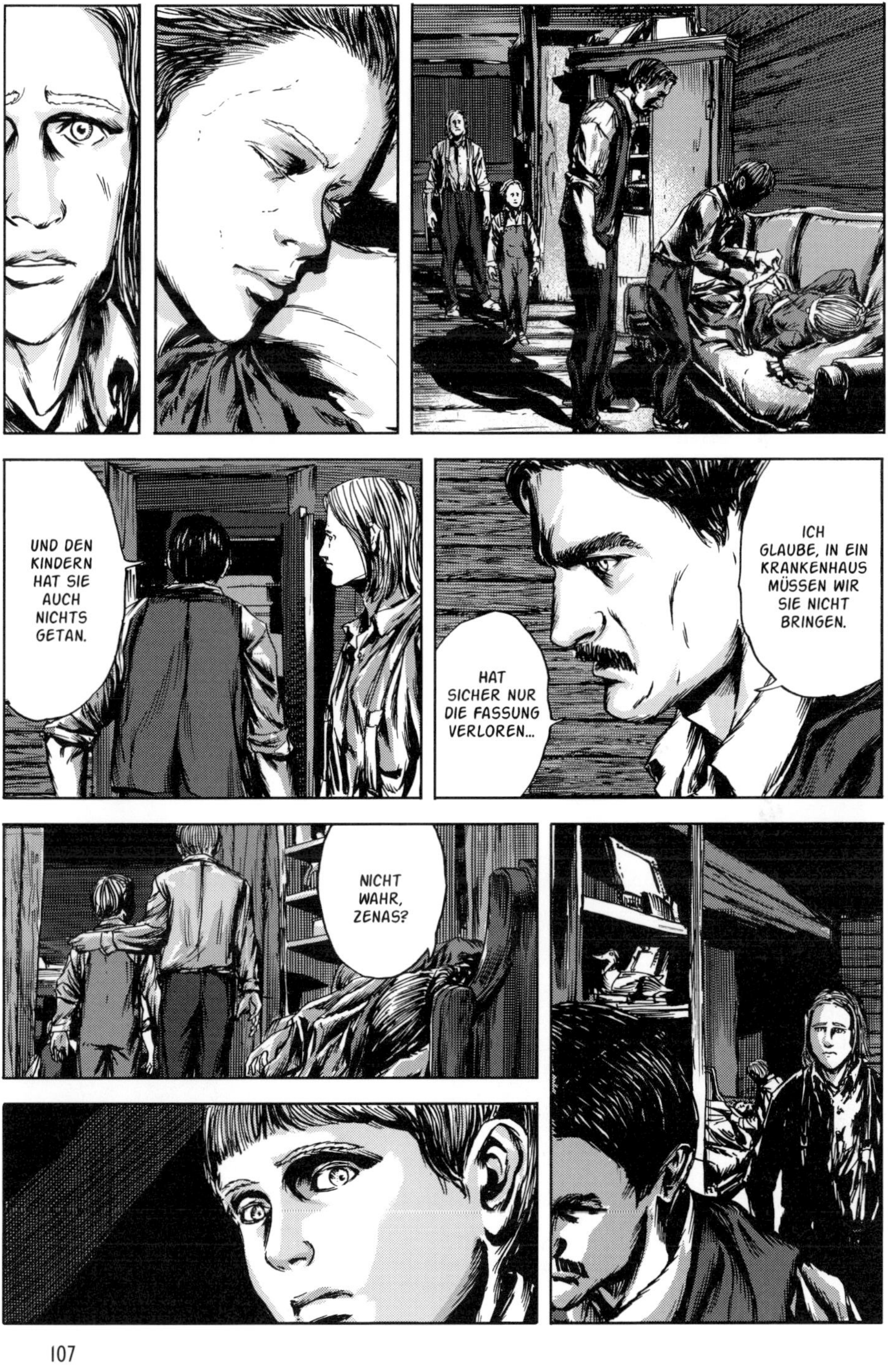
UND DEN KINDERN HAT SIE AUCH NICHTS GETAN.
ICH GLAUBE, IN EIN KRANKENHAUS MÜSSEN WIR SIE NICHT BRINGEN.
HAT SICHER NUR DIE FASSUNG VERLOREN...
NICHT WAHR, ZENAS?

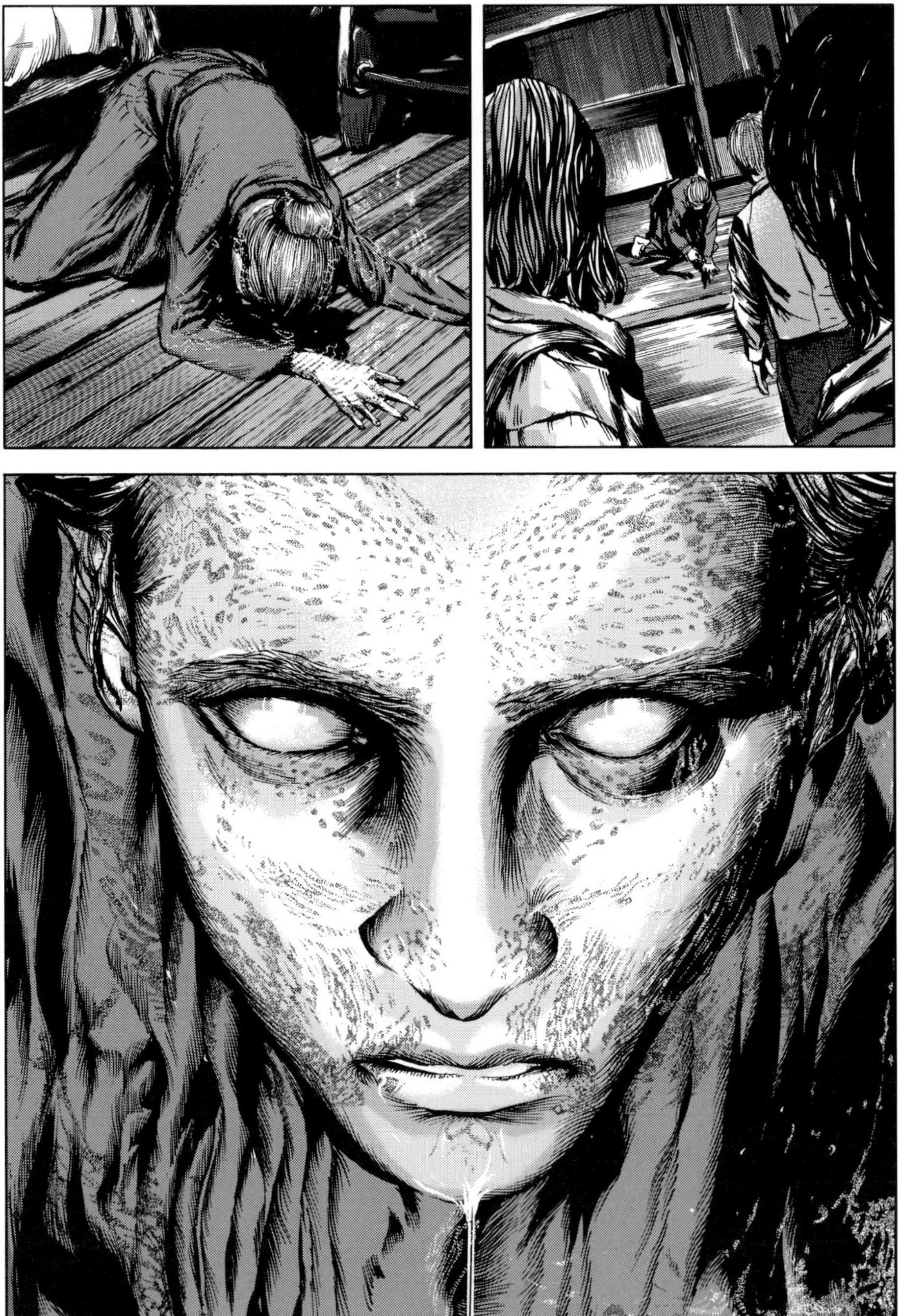

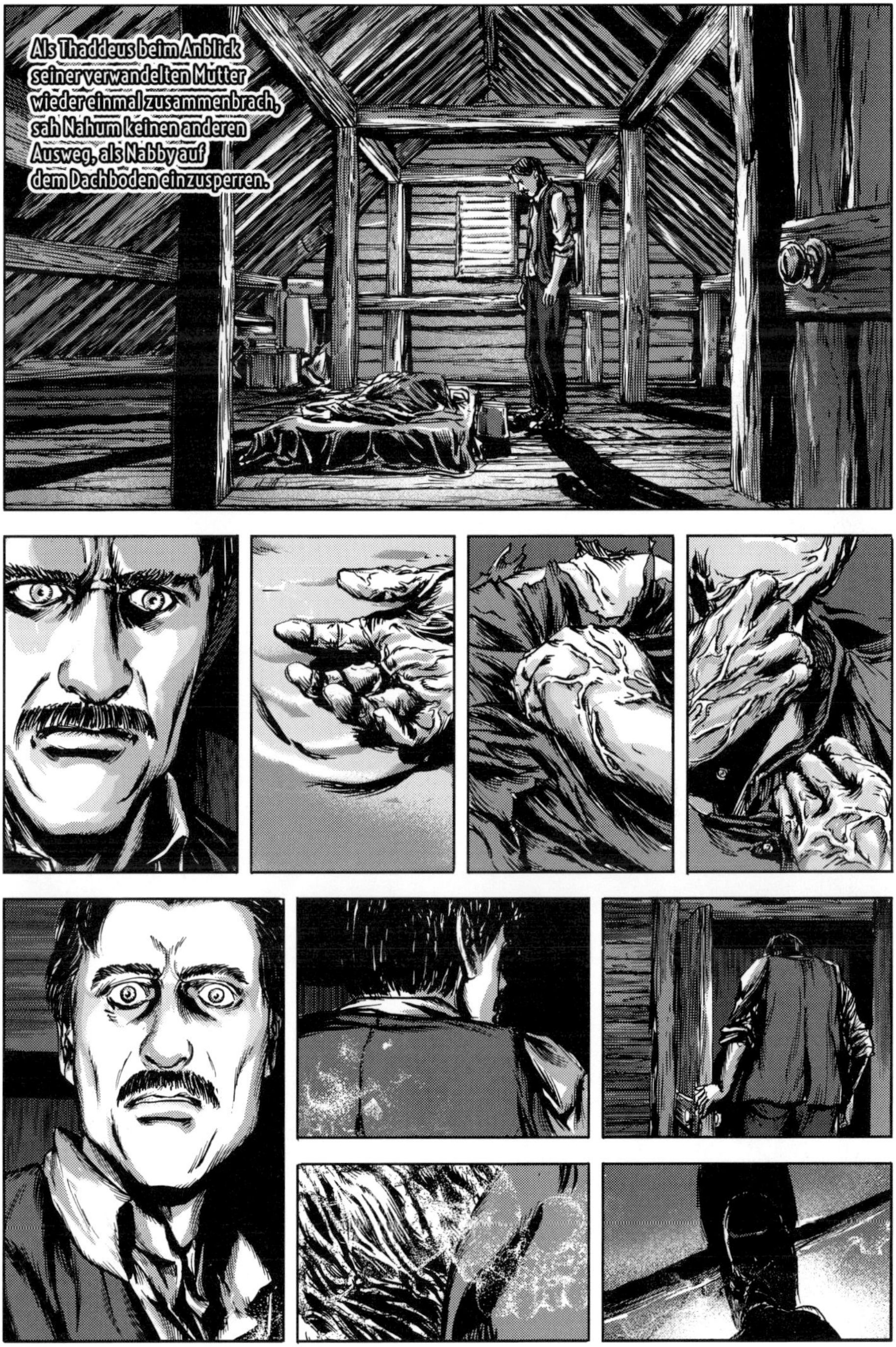
Als Thaddeus beim Anblick seiner verwandelten Mutter wieder einmal zusammenbrach, sah Nahum keinen anderen Ausweg, als Nabby auf dem Dachboden einzusperren.

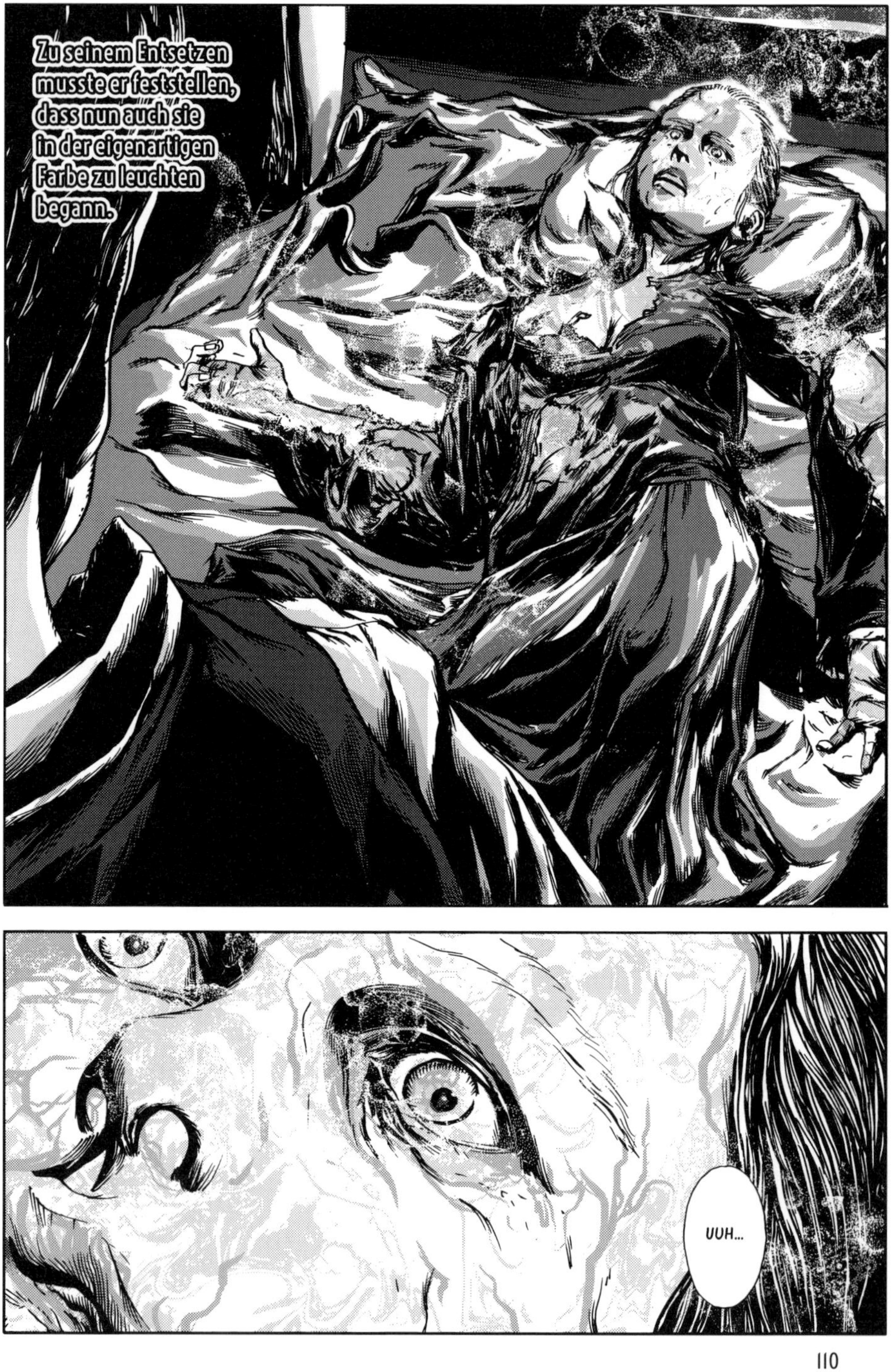
Zu seinem Entsetzen musste er feststellen, dass nun auch sie in der eigenartigen Farbe zu leuchten begann.
UUH...

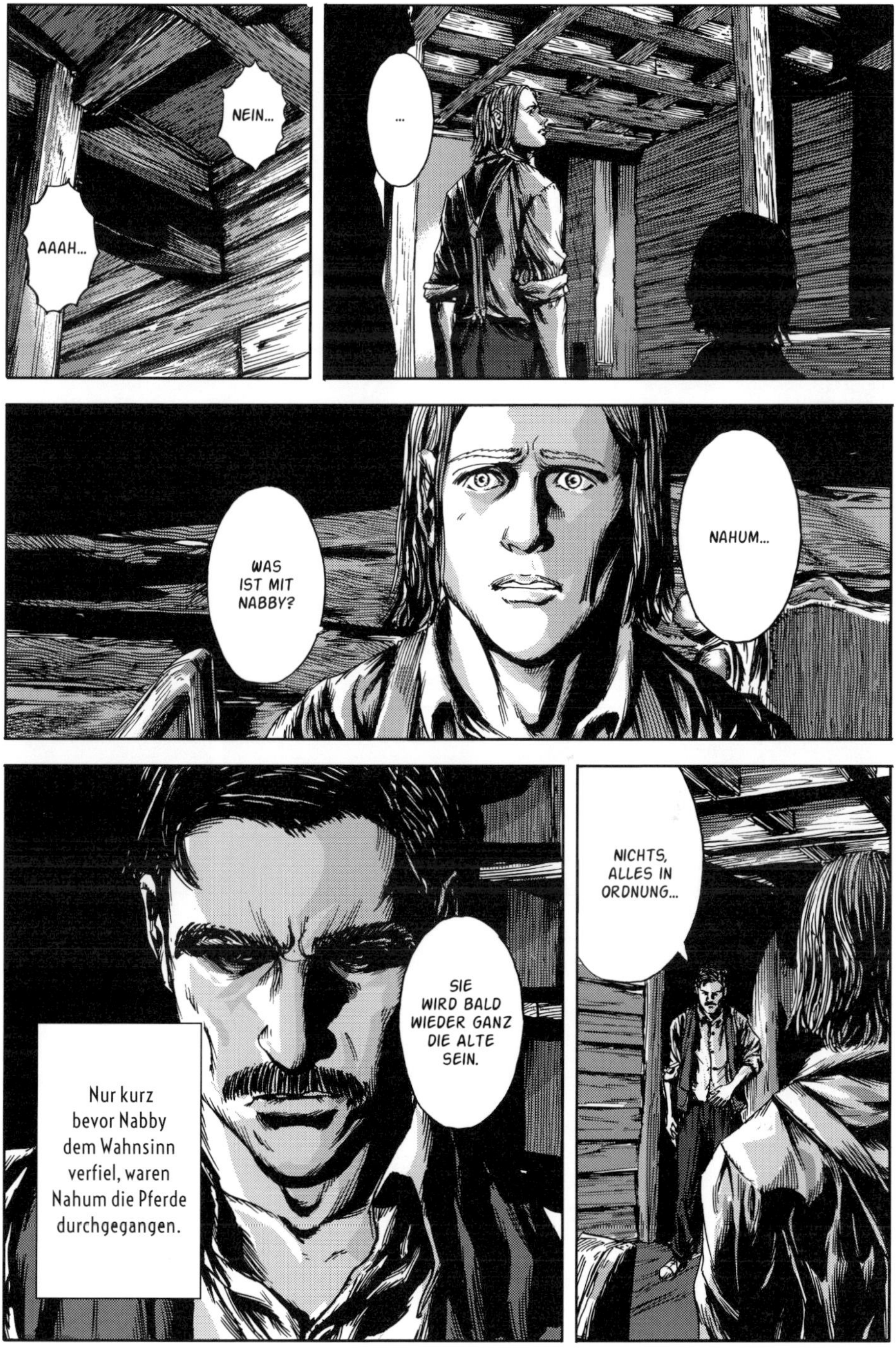
NEIN...
AAAH...
...
WAS IST MIT NABBY?
NAHUM...
SIE WIRD BALD WIEDER GANZ DIE ALTE SEIN.
Nur kurz bevor Nabby dem Wahnsinn verfiel, waren Nahum die Pferde durchgegangen.
NICHTS, ALLES IN ORDNUNG...

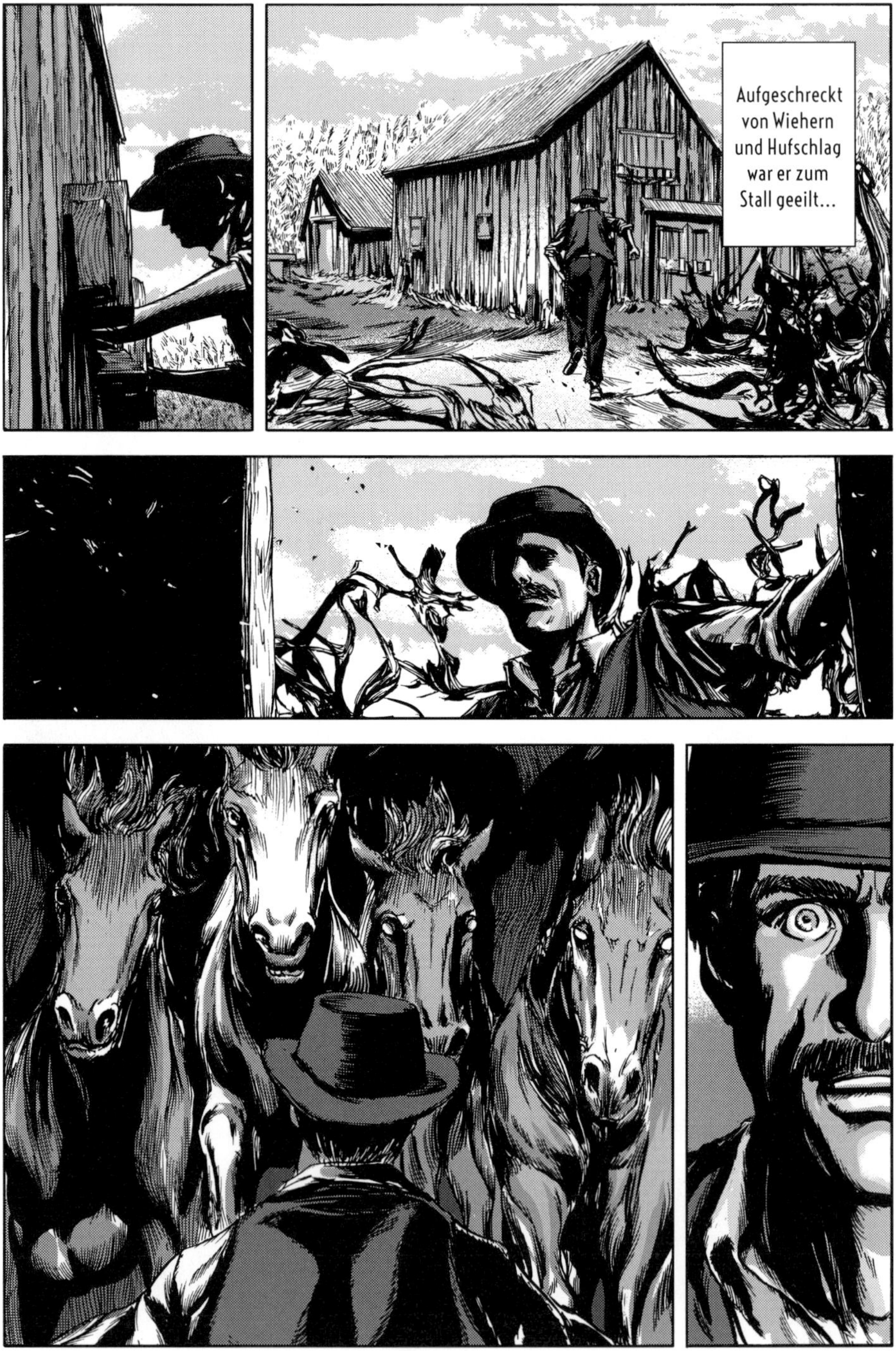
Aufgeschreckt
von Wiehern
und Hufschlag
war er zum
Stall geeilt…

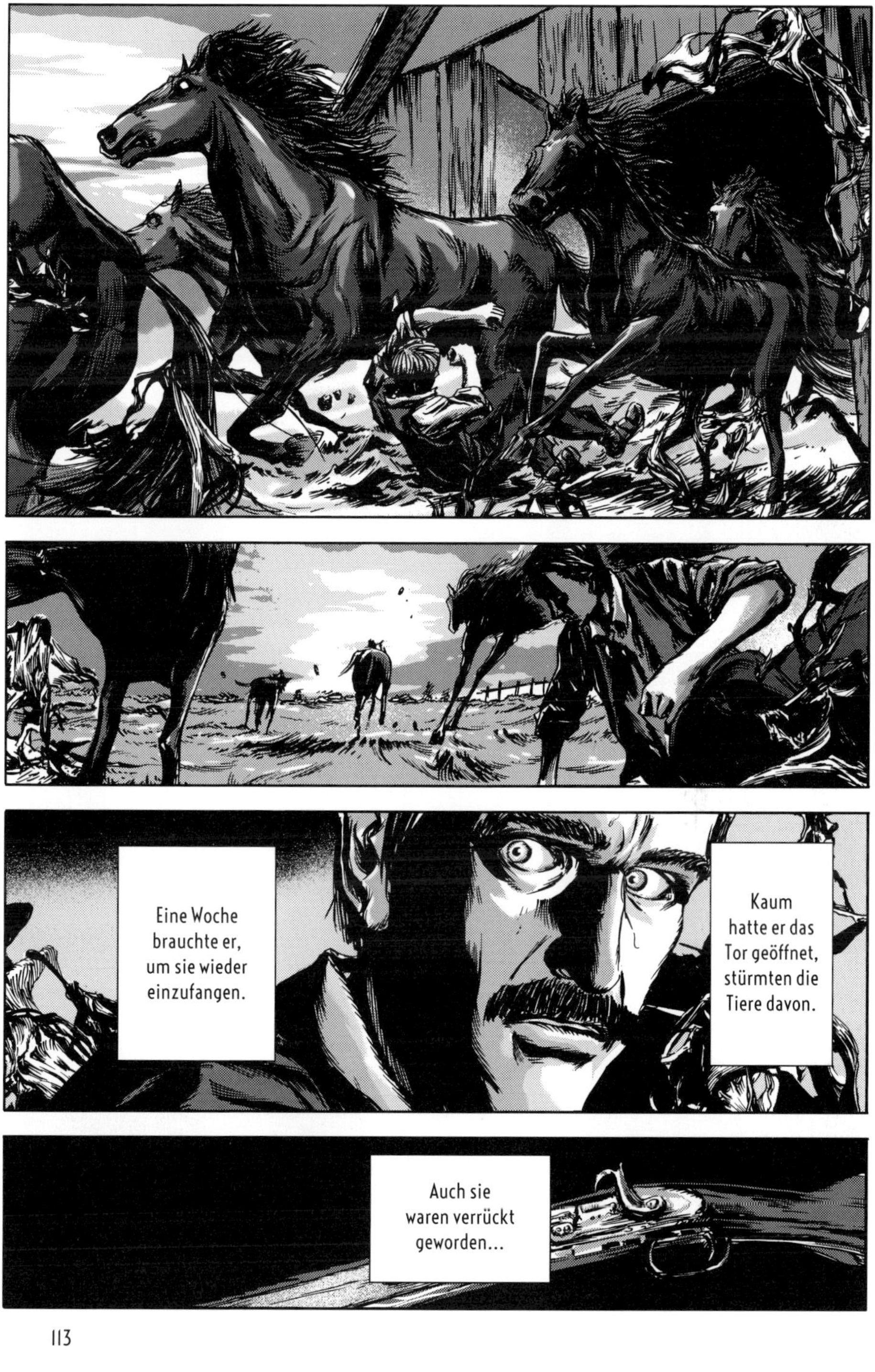
Eine Woche brauchte er, um sie wieder einzufangen.
Kaum hatte er das Tor geöffnet, stürmten die Tiere davon.
Auch sie waren verrückt geworden…

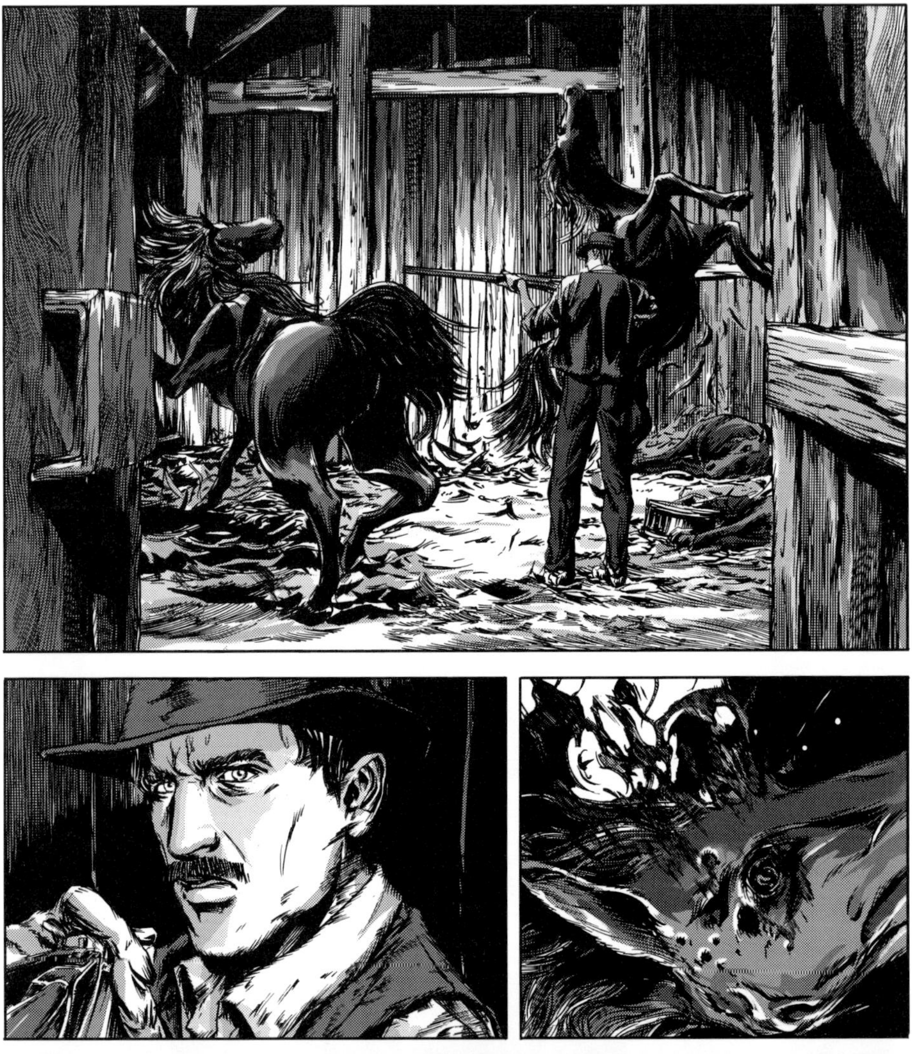
Und er
musste sie alle
erschießen.

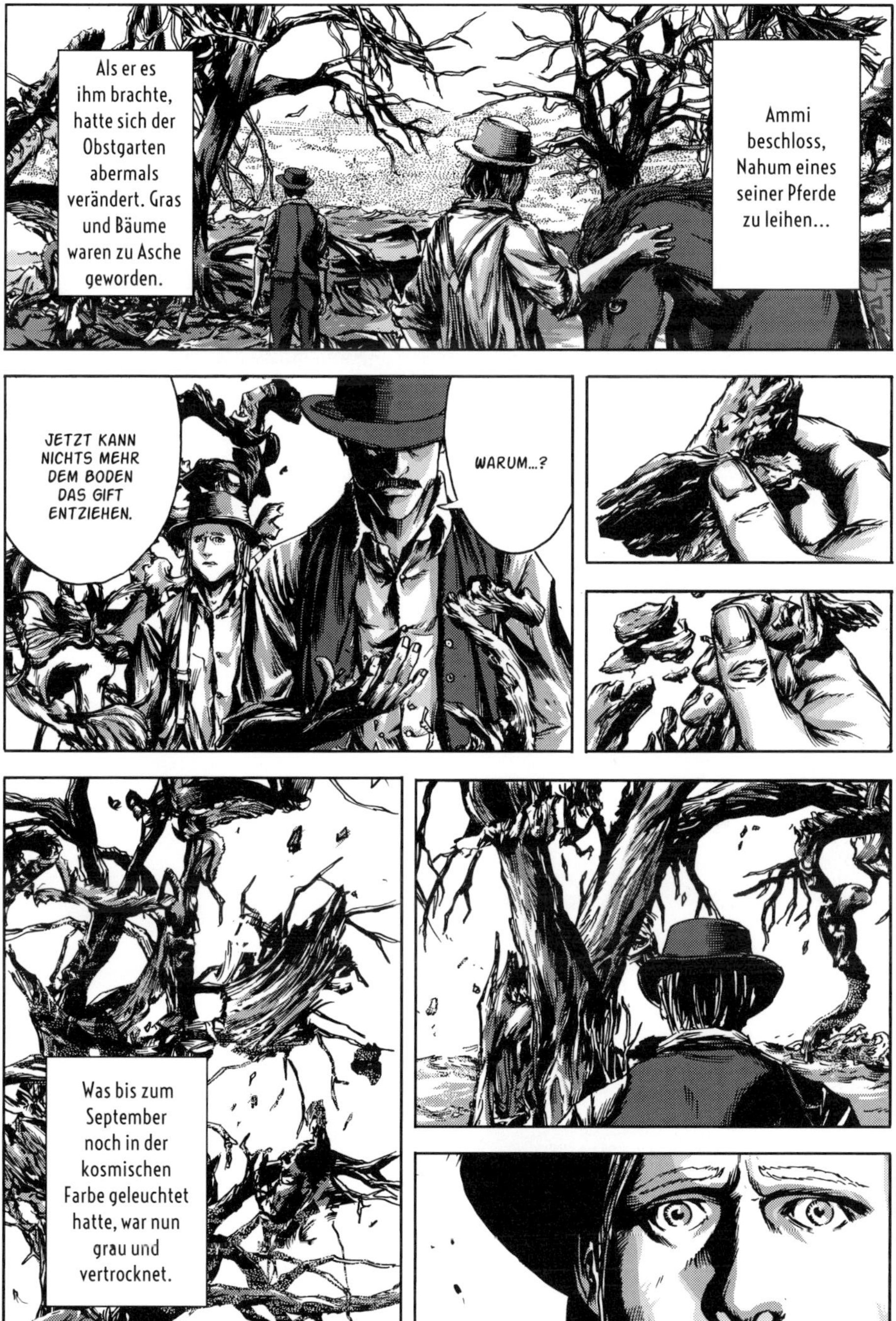
Als er es ihm brachte, hatte sich der Obstgarten abermals verändert. Gras und Bäume waren zu Asche geworden.
Ammi beschloss, Nahum eines seiner Pferde zu leihen...
JETZT KANN NICHTS MEHR DEM BODEN DAS GIFT ENTZIEHEN.
WARUM...?
Was bis zum September noch in der kosmischen Farbe geleuchtet hatte, war nun grau und vertrocknet.

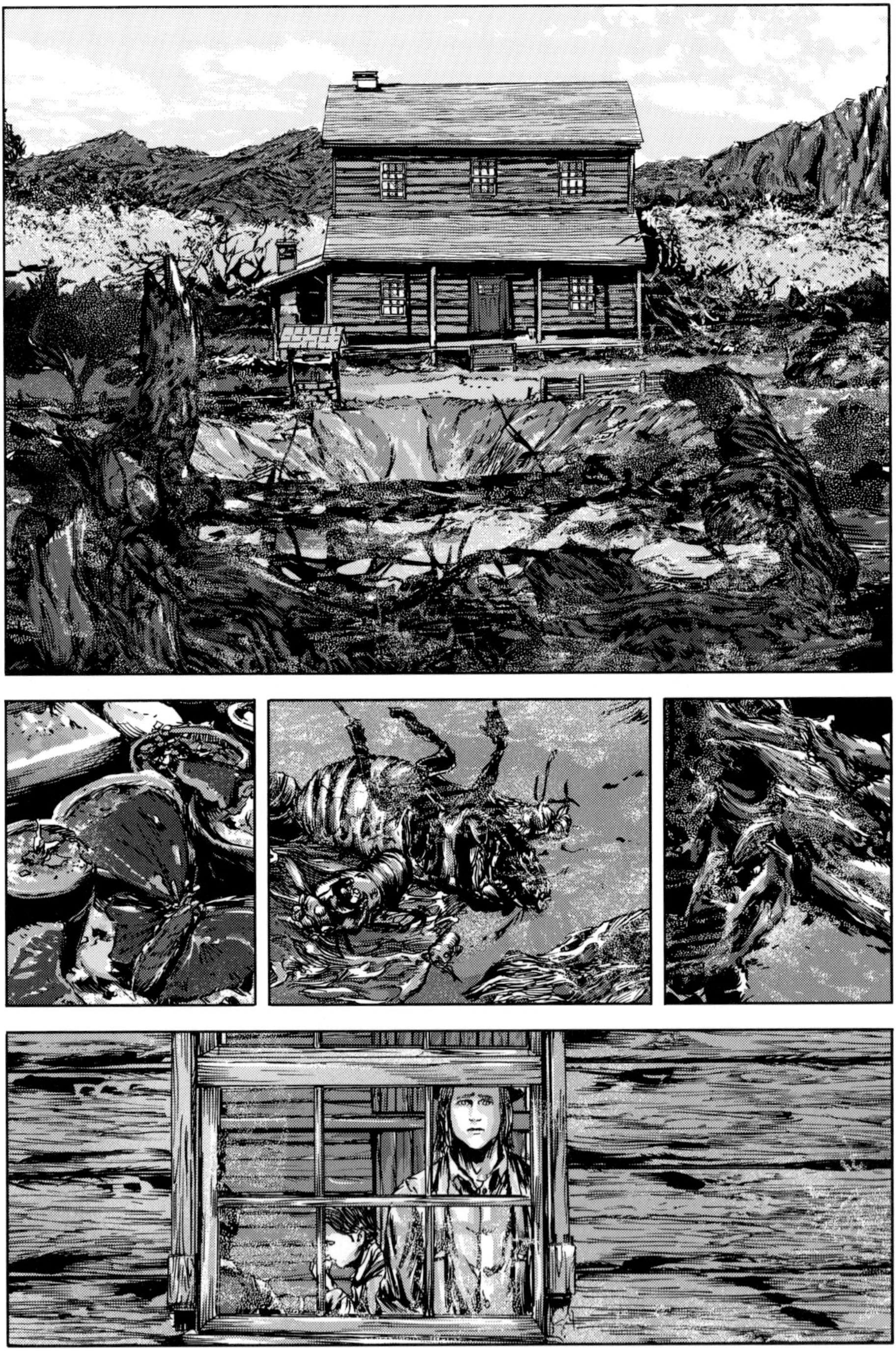

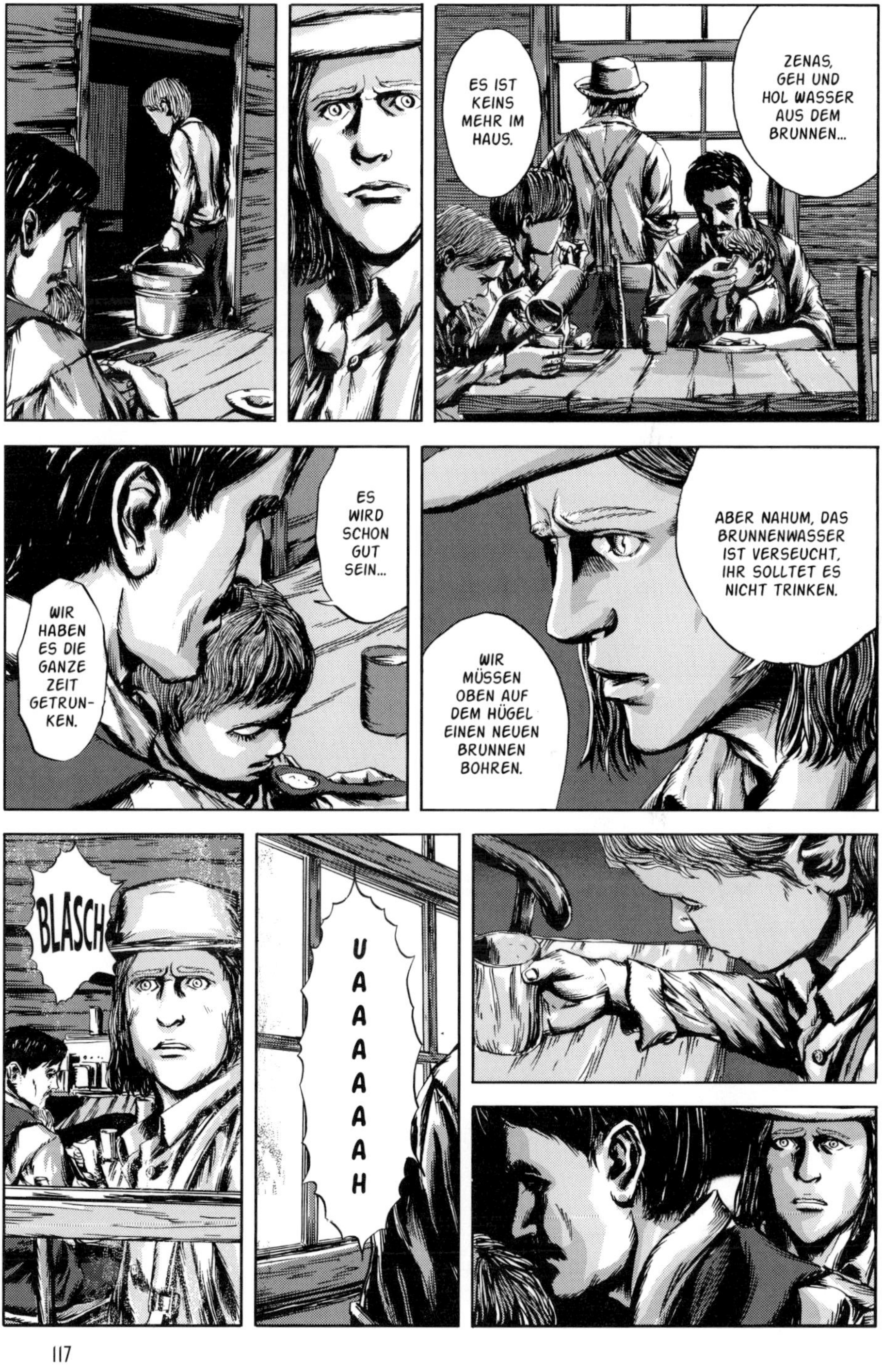
ZENAS, GEH UND HOL WASSER AUS DEM BRUNNEN...
ES IST KEINS MEHR IM HAUS.
ES WIRD SCHON GUT SEIN...
WIR HABEN ES DIE GANZE ZEIT GETRUN-KEN.
ABER NAHUM, DAS BRUNNENWASSER IST VERSEUCHT, IHR SOLLTET ES NICHT TRINKEN.
WIR MÜSSEN OBEN AUF DEM HÜGEL EINEN NEUEN BRUNNEN BOHREN.
BLASCH
UAAAAAAAH

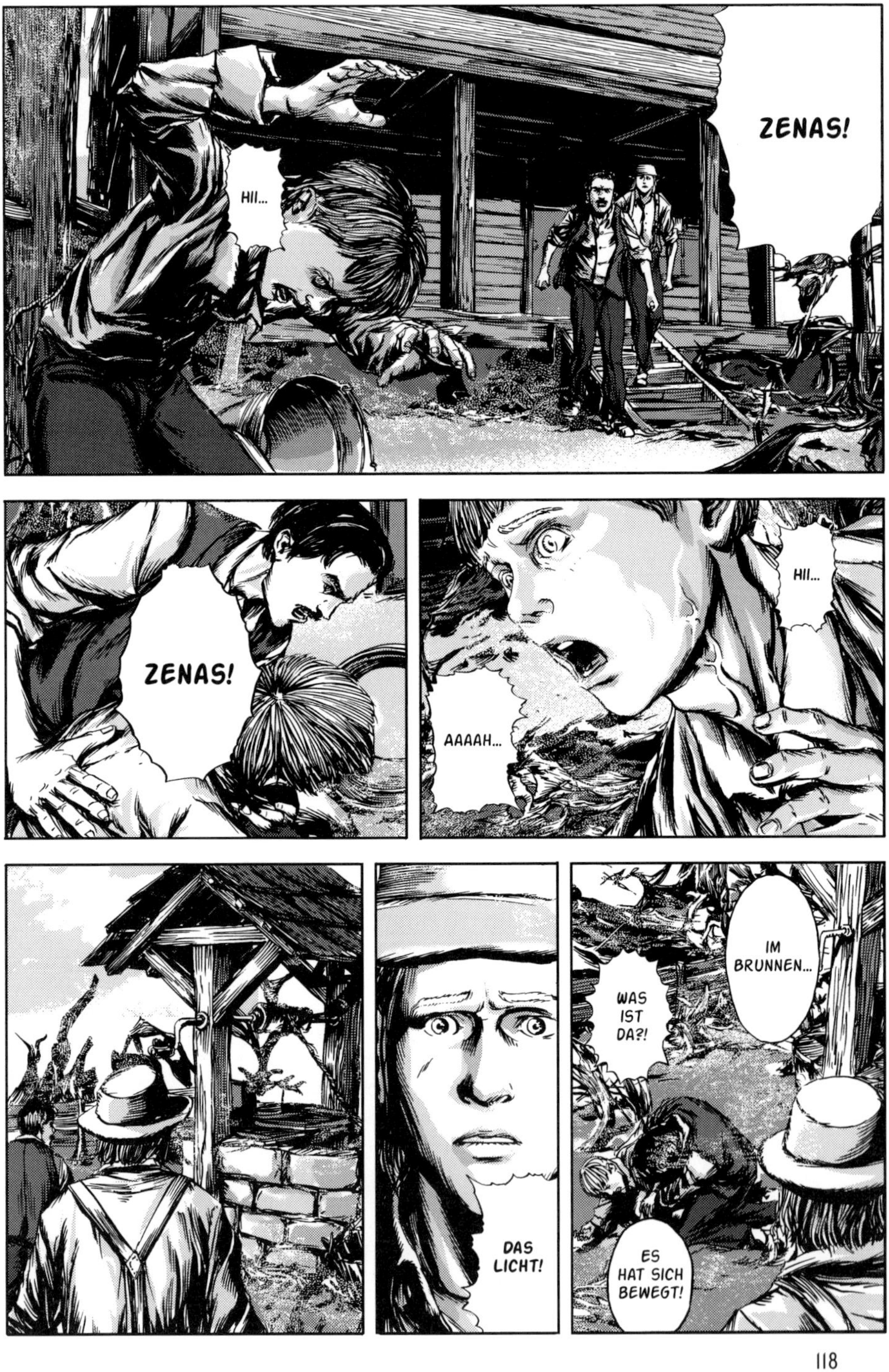
ZENAS!
HII...
ZENAS!
HII...
AAAAH...
DAS LICHT!
IM BRUNNEN...
WAS IST DA?!
ES HAT SICH BEWEGT!

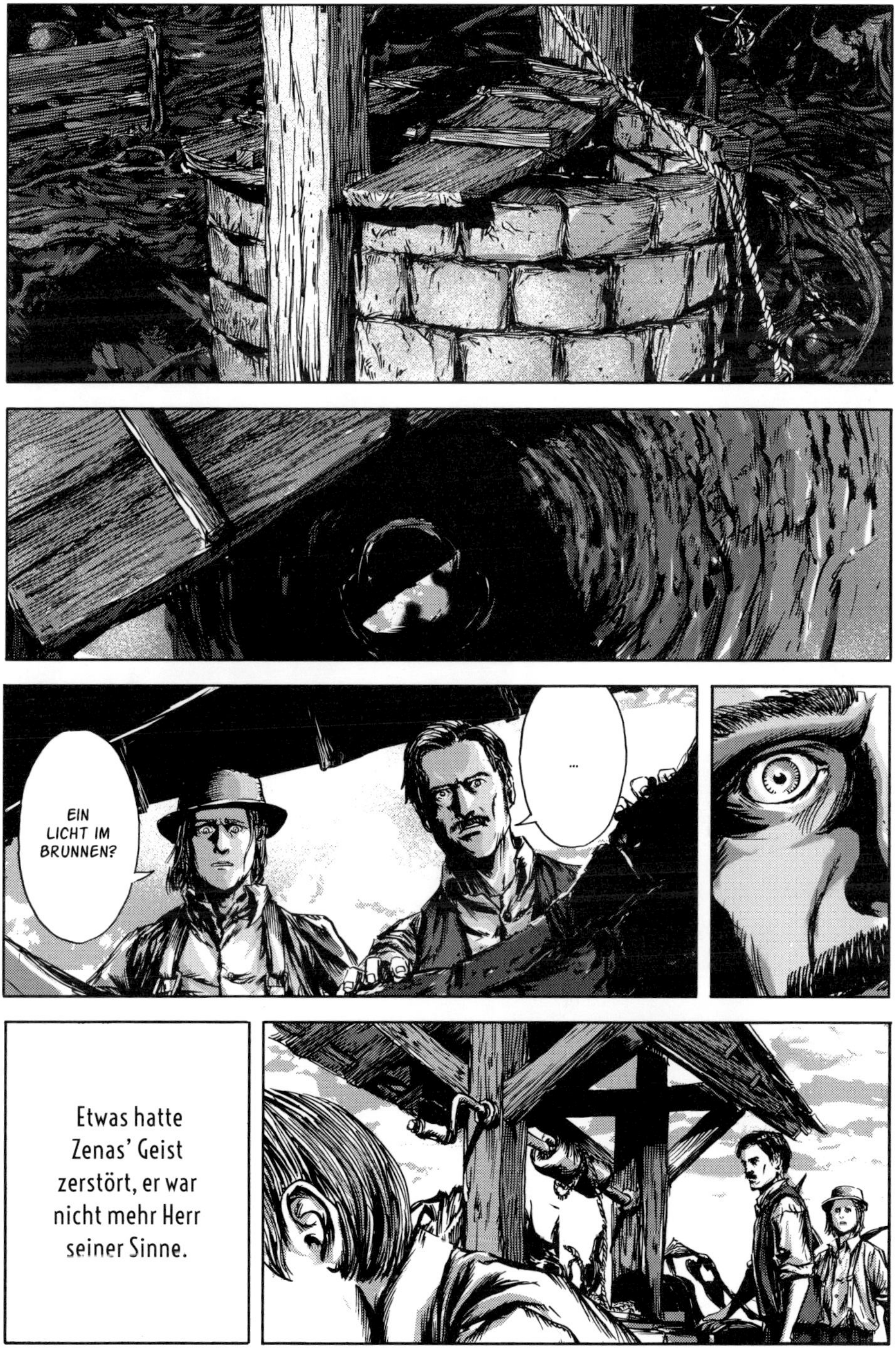
EIN LICHT IM BRUNNEN?
...
Etwas hatte Zenas' Geist zerstört, er war nicht mehr Herr seiner Sinne.

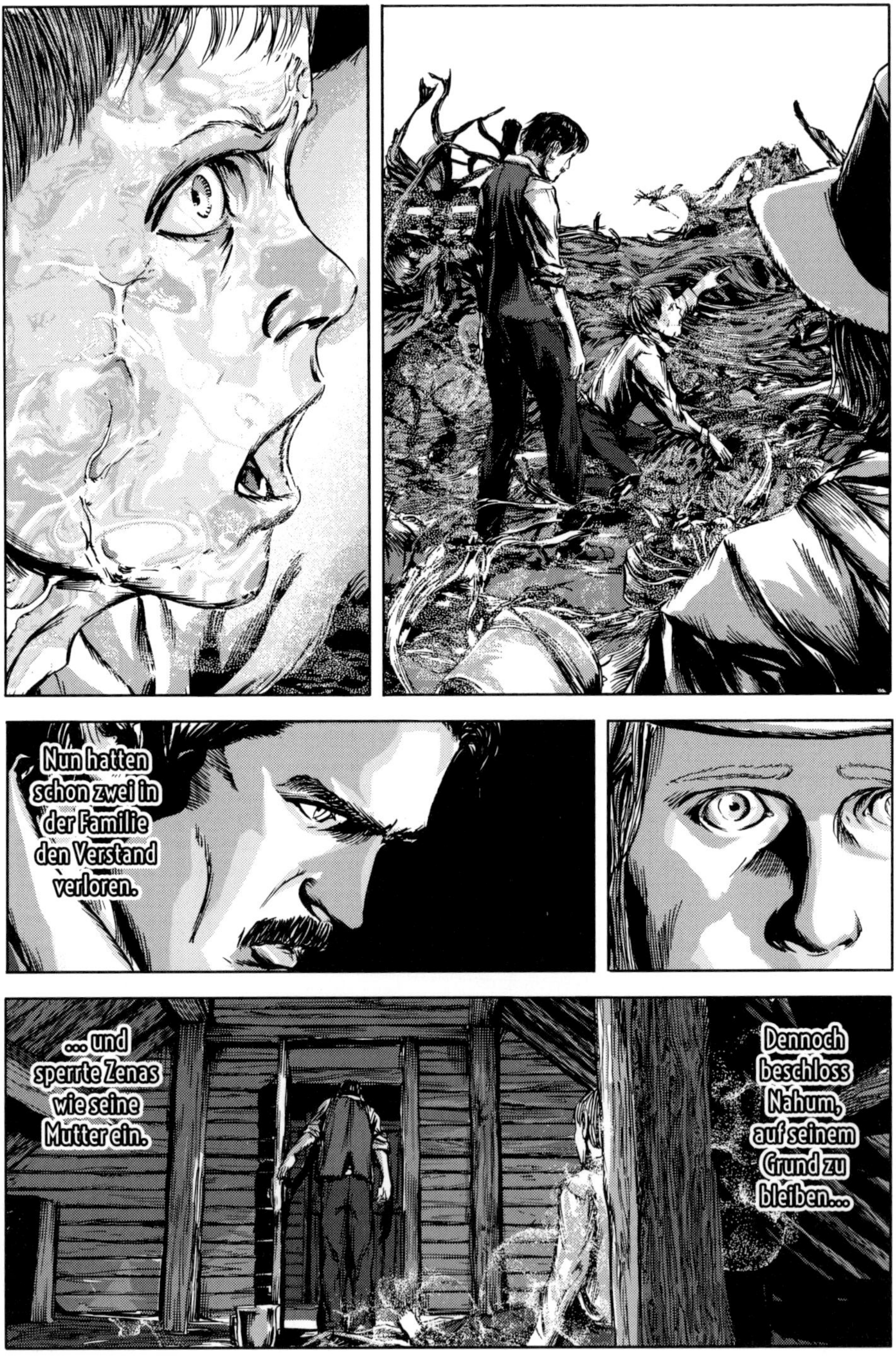

Nun hatten schon zwei in der Familie den Verstand verloren.
Dennoch beschloss Nahum, auf seinem Grund zu bleiben...
... und sperrte Zenas wie seine Mutter ein.

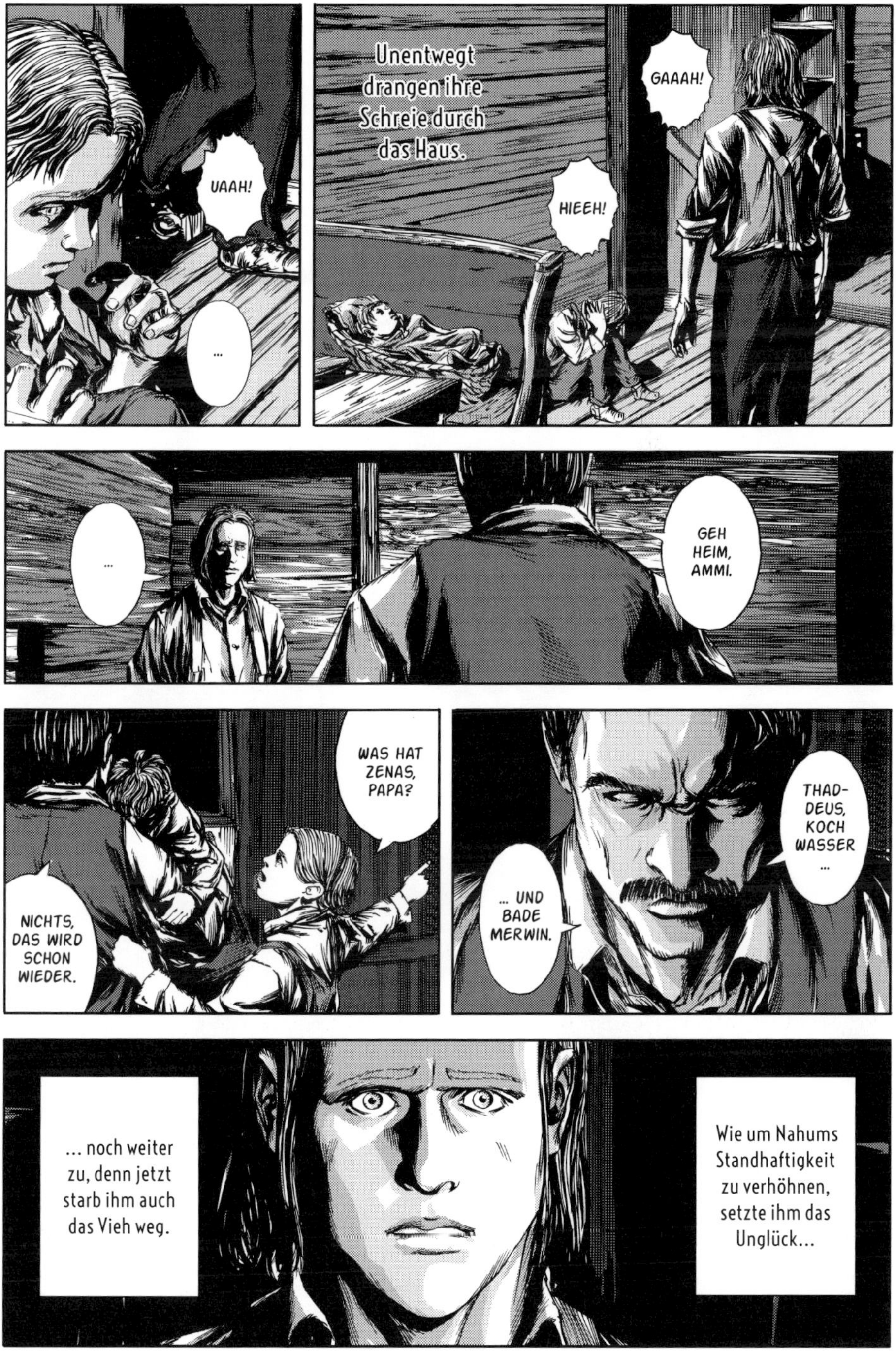
UAAH!
...
Unentwegt drangen ihre Schreie durch das Haus.
GAAAH!
HIEEH!
GEH HEIM, AMMI.
...
WAS HAT ZENAS, PAPA?
NICHTS, DAS WIRD SCHON WIEDER.
THAD-DEUS, KOCH WASSER ...
... UND BADE MERWIN.
Wie um Nahums Standhaftigkeit zu verhöhnen, setzte ihm das Unglück...
... noch weiter zu, denn jetzt starb ihm auch das Vieh weg.

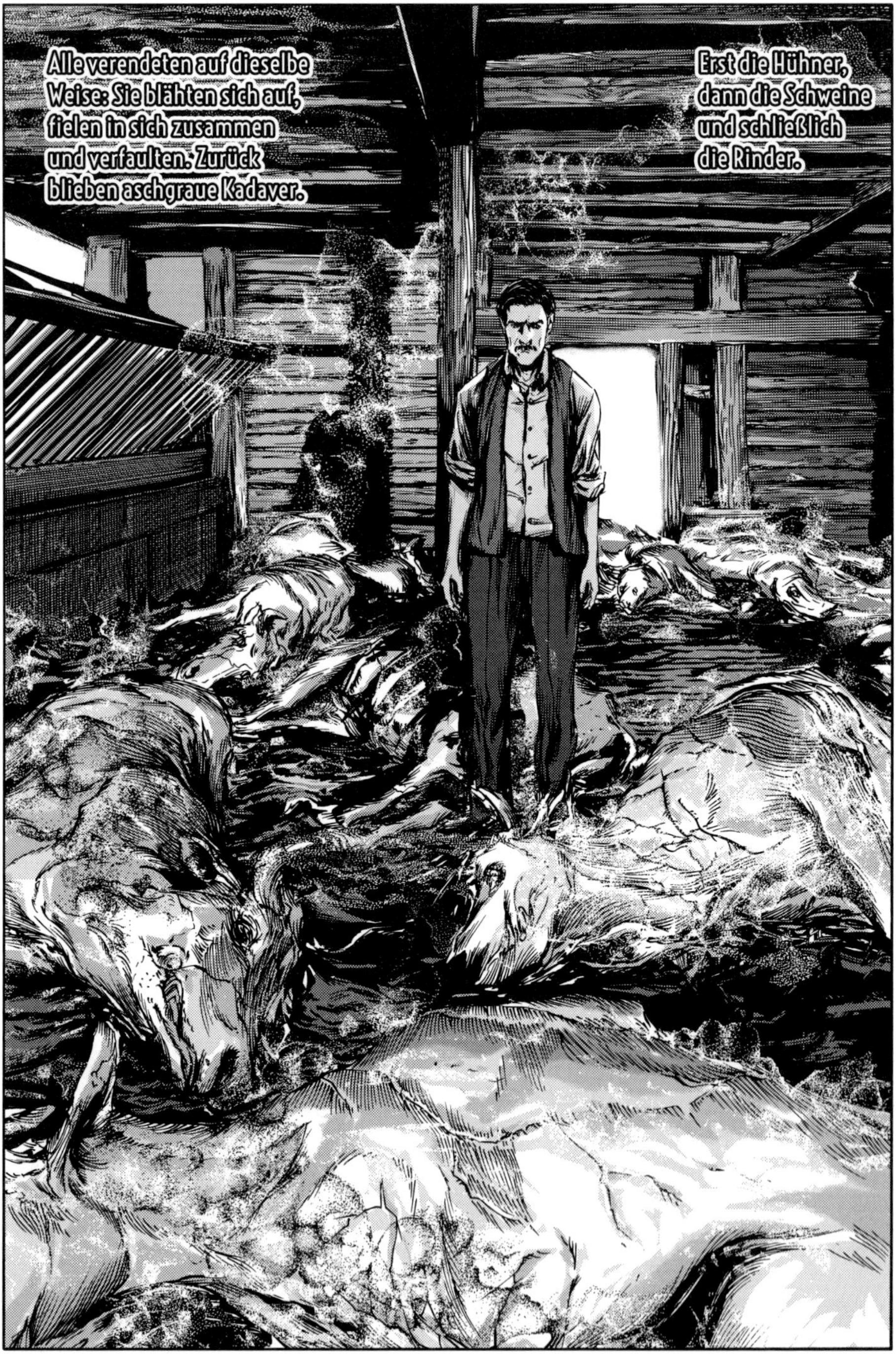
Erst die Hühner, dann die Schweine und schließlich die Rinder.
Alle verendeten auf dieselbe Weise: Sie blähten sich auf, fielen in sich zusammen und verfaulten. Zurück blieben aschgraue Kadaver.

5 IM BRUNNEN

In the Well

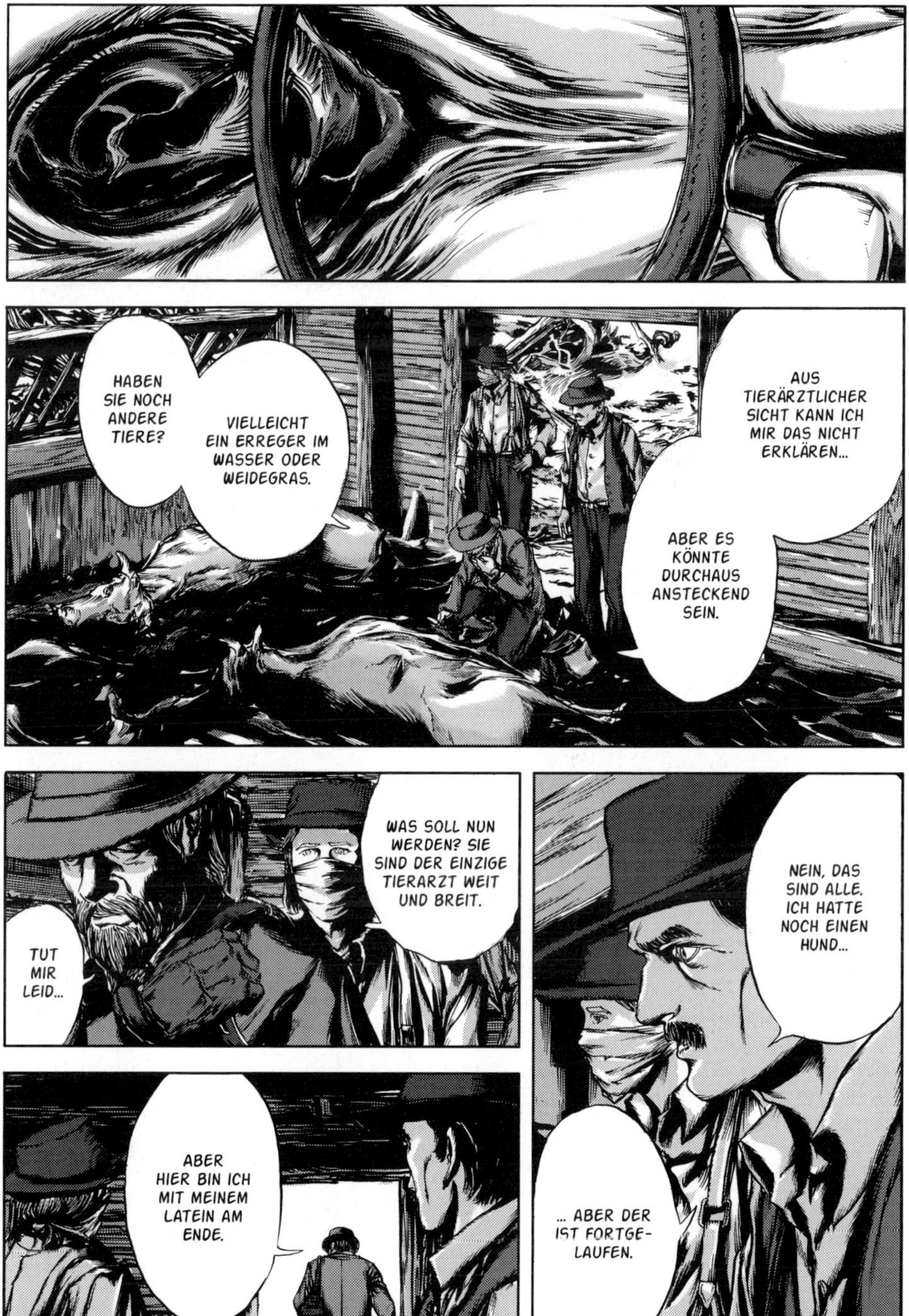
AUS TIERÄRZTLICHER SICHT KANN ICH MIR DAS NICHT ERKLÄREN...
ABER ES KÖNNTE DURCHAUS ANSTECKEND SEIN.
VIELLEICHT EIN ERREGER IM WASSER ODER WEIDEGRAS.
HABEN SIE NOCH ANDERE TIERE?
NEIN, DAS SIND ALLE. ICH HATTE NOCH EINEN HUND...
... ABER DER IST FORTGE-LAUFEN.
WAS SOLL NUN WERDEN? SIE SIND DER EINZIGE TIERARZT WEIT UND BREIT.
TUT MIR LEID...
ABER HIER BIN ICH MIT MEINEM LATEIN AM ENDE.

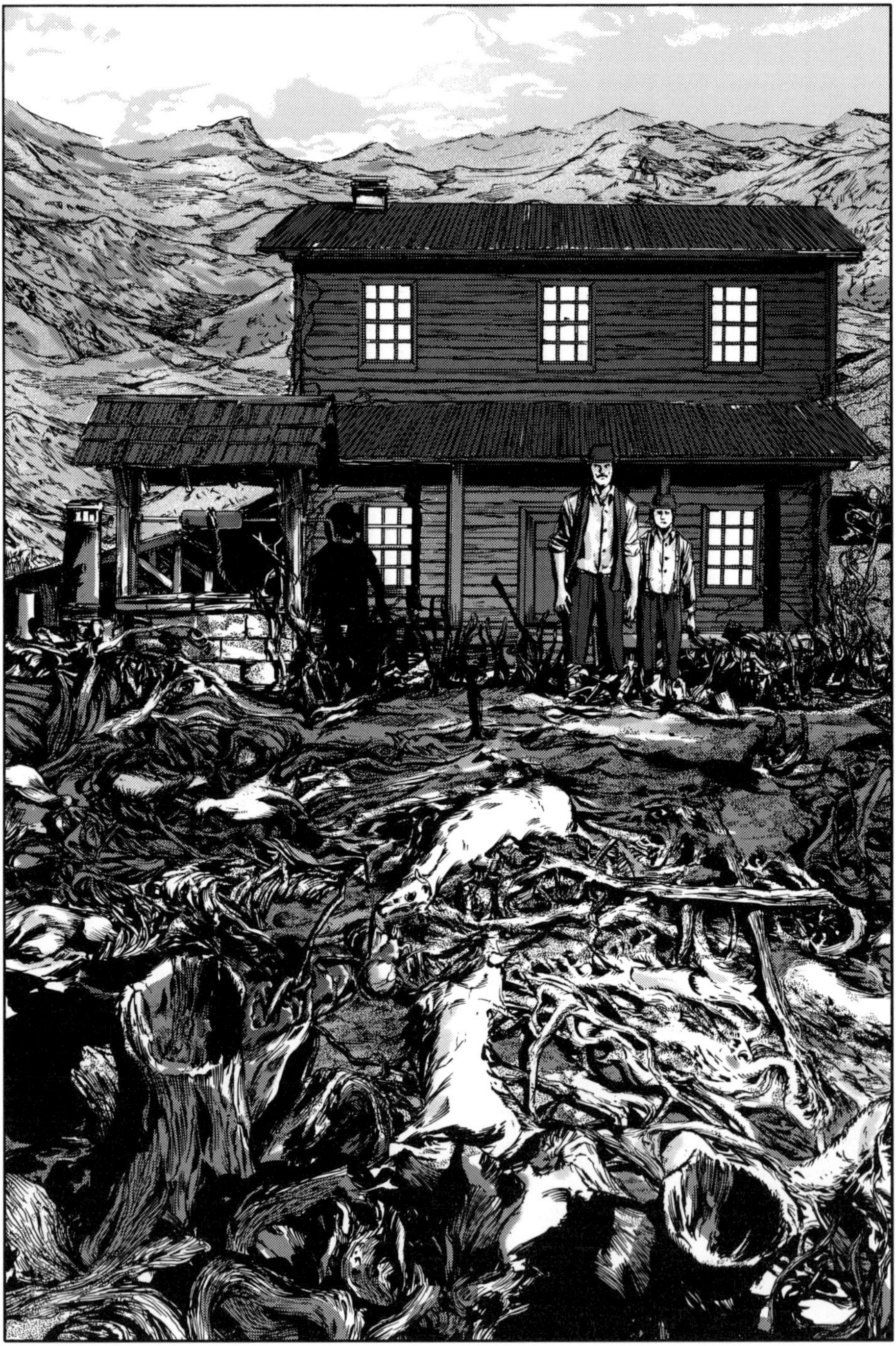

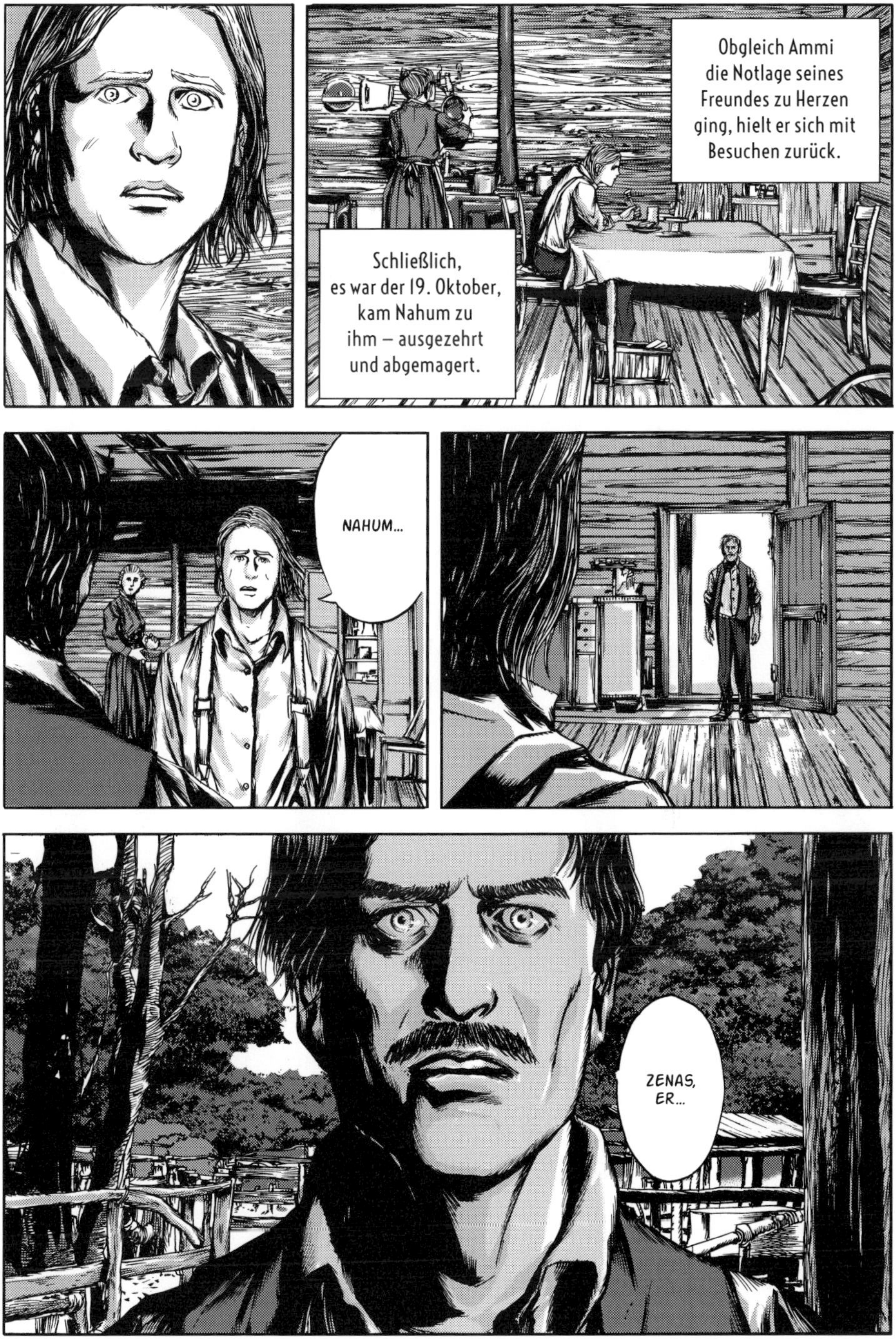
Obgleich Ammi die Notlage seines Freundes zu Herzen ging, hielt er sich mit Besuchen zurück.
Schließlich, es war der 19. Oktober, kam Nahum zu ihm – ausgezehrt und abgemagert.
NAHUM...
ZENAS, ER...

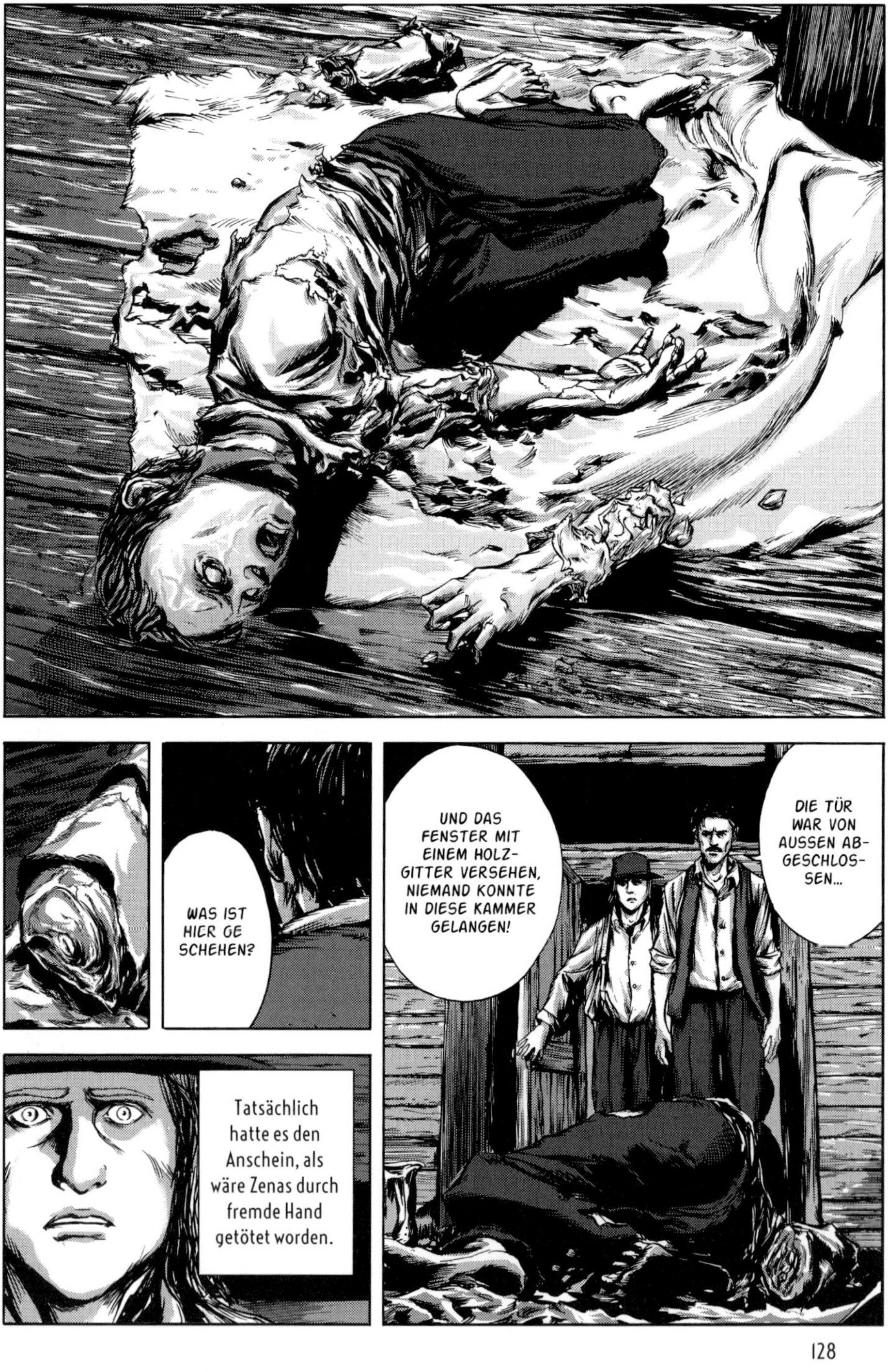
WAS IST HIER GE SCHEHEN?
DIE TÜR WAR VON AUSSEN ABGESCHLOSSEN...
UND DAS FENSTER MIT EINEM HOLZGITTER VERSEHEN, NIEMAND KONNTE IN DIESE KAMMER GELANGEN!
Tatsächlich hatte es den Anschein, als wäre Zenas durch fremde Hand getötet worden.

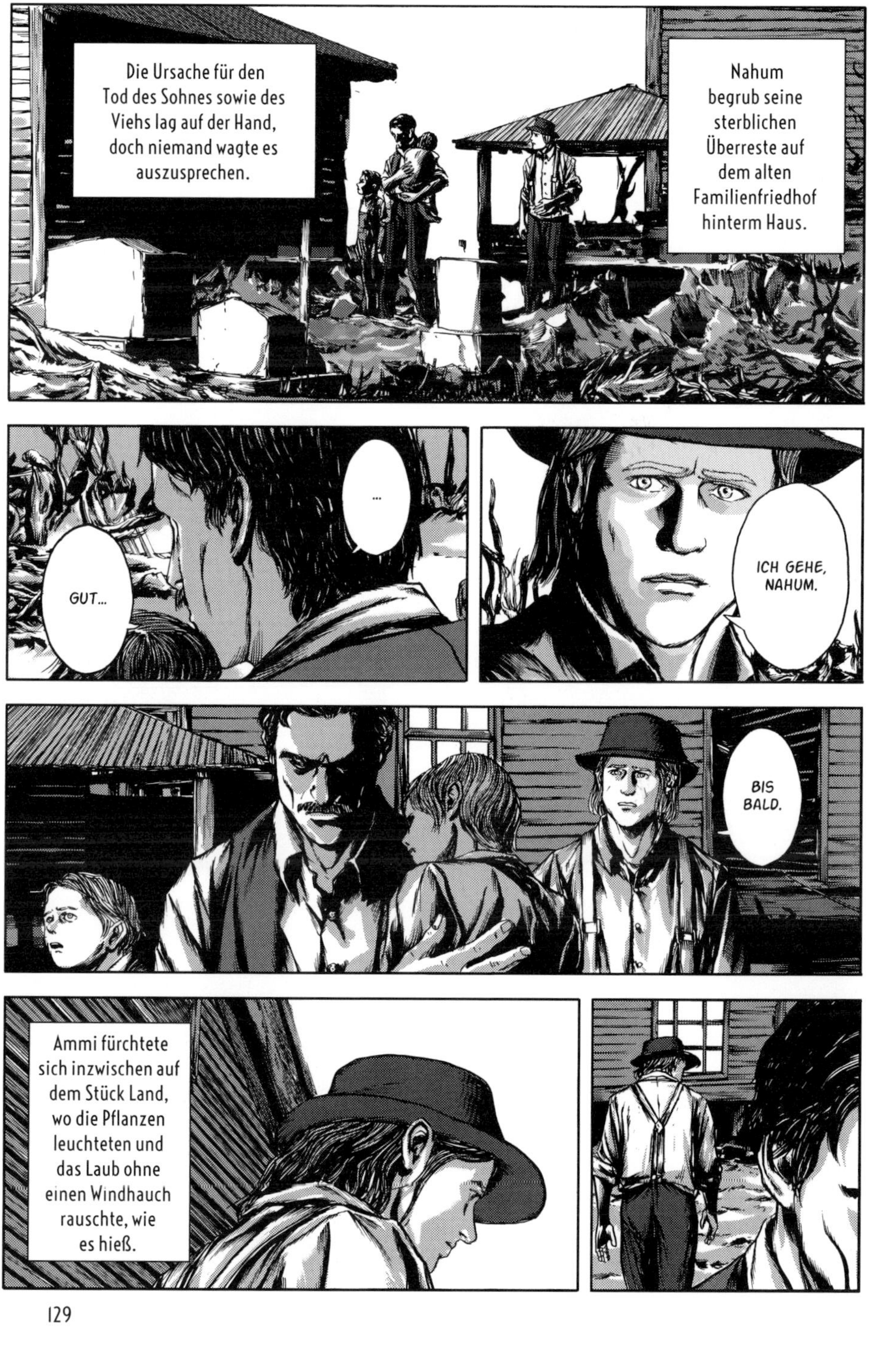

Die Ursache für den Tod des Sohnes sowie des Viehs lag auf der Hand, doch niemand wagte es auszusprechen.
Nahum begrub seine sterblichen Überreste auf dem alten Familienfriedhof hinterm Haus.
...
GUT...
ICH GEHE, NAHUM.
BIS BALD.
Ammi fürchtete sich inzwischen auf dem Stück Land, wo die Pflanzen leuchteten und das Laub ohne einen Windhauch rauschte, wie es hieß.

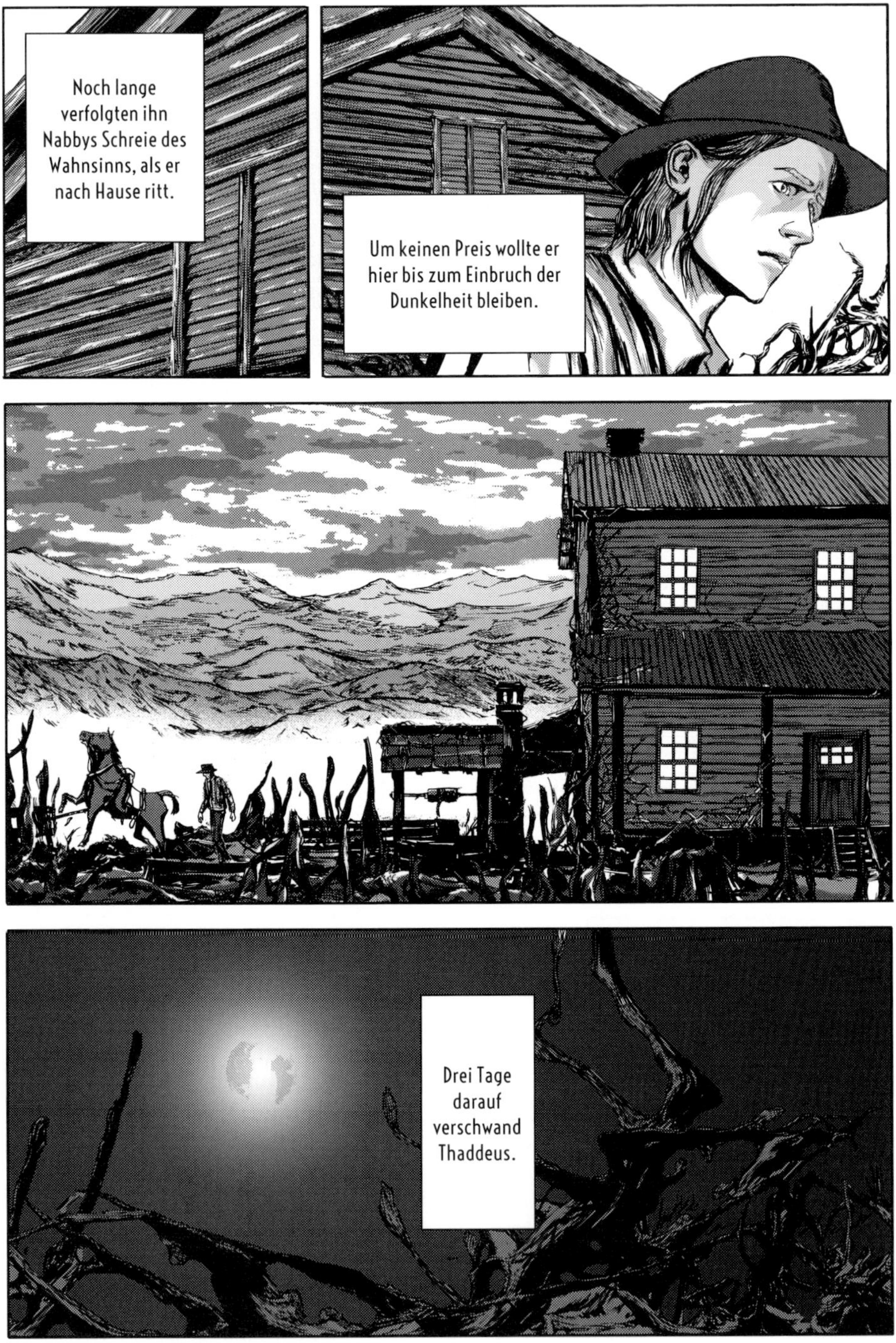
Noch lange verfolgten ihn Nabbys Schreie des Wahnsinns, als er nach Hause ritt.
Um keinen Preis wollte er hier bis zum Einbruch der Dunkelheit bleiben.
Drei Tage darauf verschwand Thaddeus.

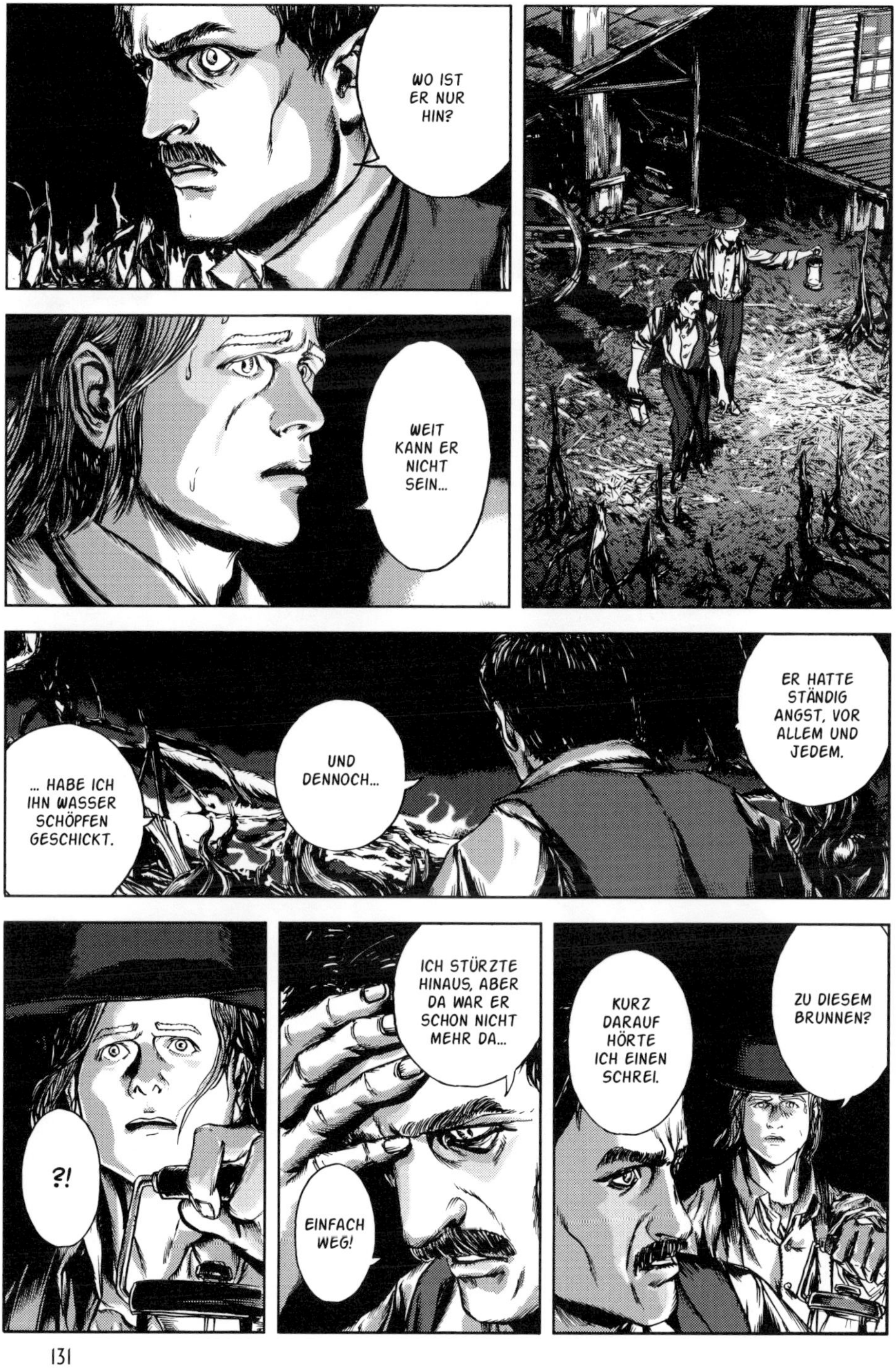
WO IST ER NUR HIN?
WEIT KANN ER NICHT SEIN...
ER HATTE STÄNDIG ANGST, VOR ALLEM UND JEDEM.
UND DENNOCH...
... HABE ICH IHN WASSER SCHÖPFEN GESCHICKT.
ZU DIESEM BRUNNEN?
KURZ DARAUF HÖRTE ICH EINEN SCHREI.
ICH STÜRZTE HINAUS, ABER DA WAR ER SCHON NICHT MEHR DA...
EINFACH WEG!
?!

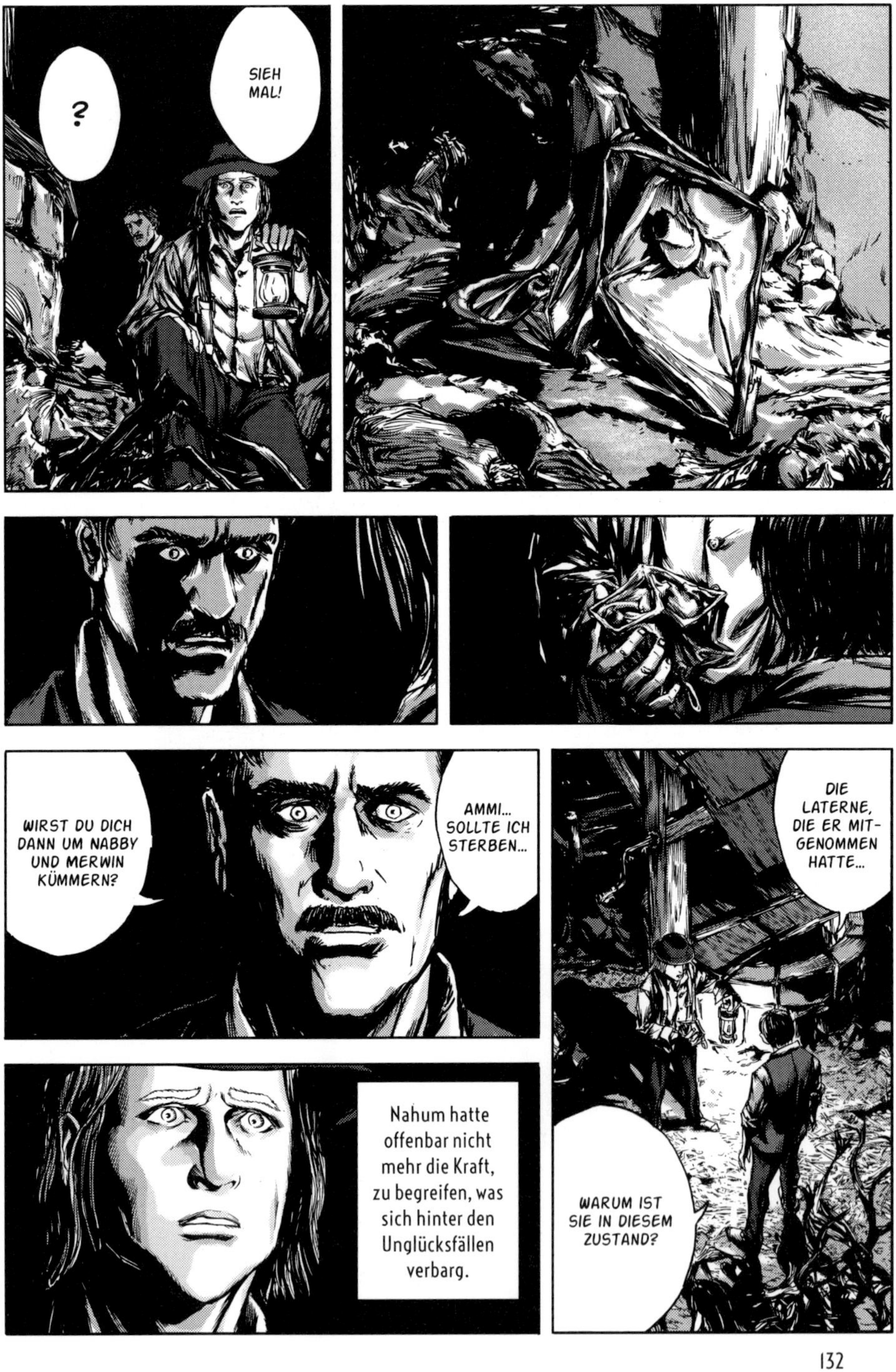
?
SIEH MAL!
AMMI... SOLLTE ICH STERBEN...
WIRST DU DICH DANN UM NABBY UND MERWIN KÜMMERN?
Nahum hatte offenbar nicht mehr die Kraft, zu begreifen, was sich hinter den Unglücksfällen verbarg.
DIE LATERNE, DIE ER MIT-GENOMMEN HATTE...
WARUM IST SIE IN DIESEM ZUSTAND?

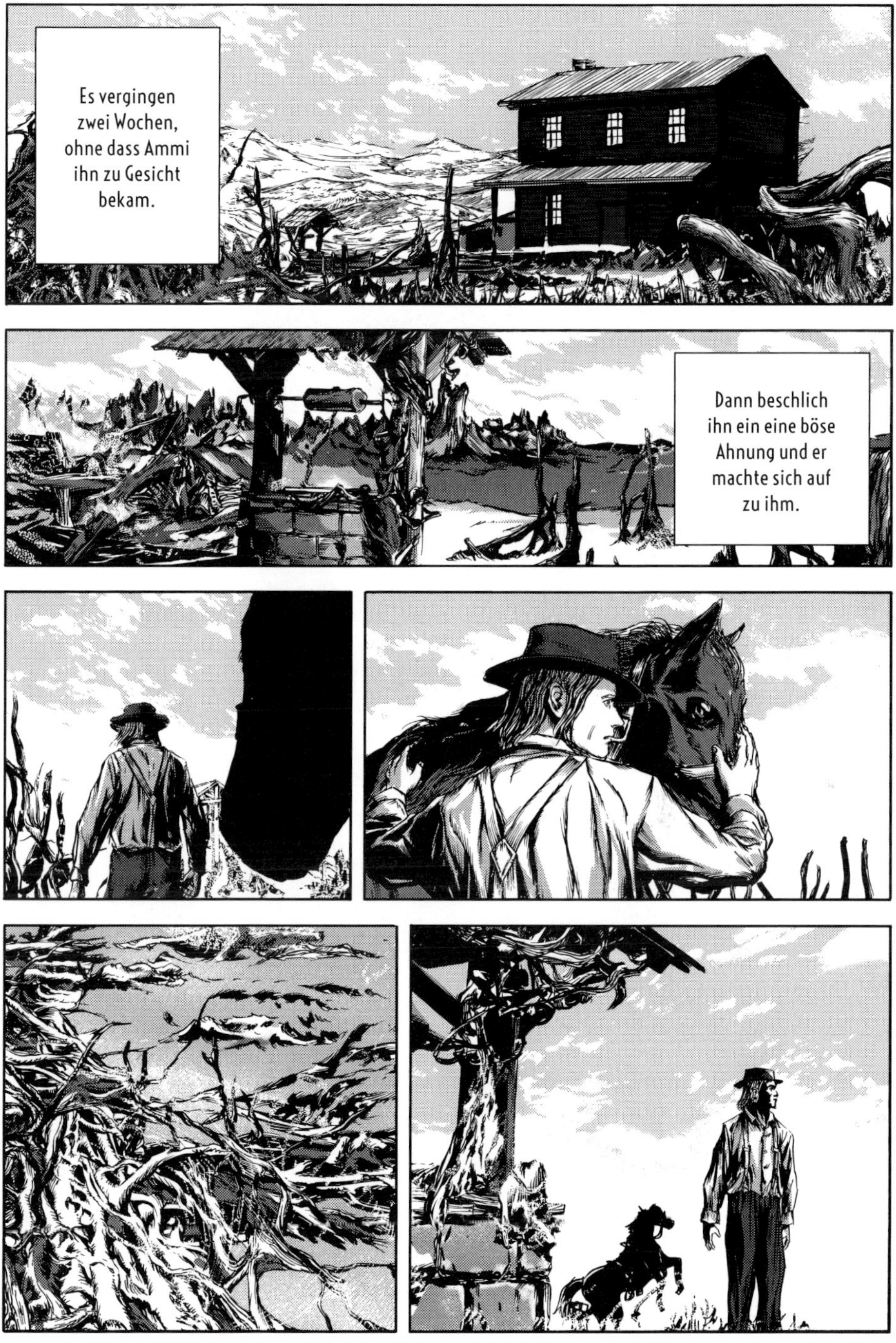
Es vergingen zwei Wochen, ohne dass Ammi ihn zu Gesicht bekam.
Dann beschlich ihn ein eine böse Ahnung und er machte sich auf zu ihm.

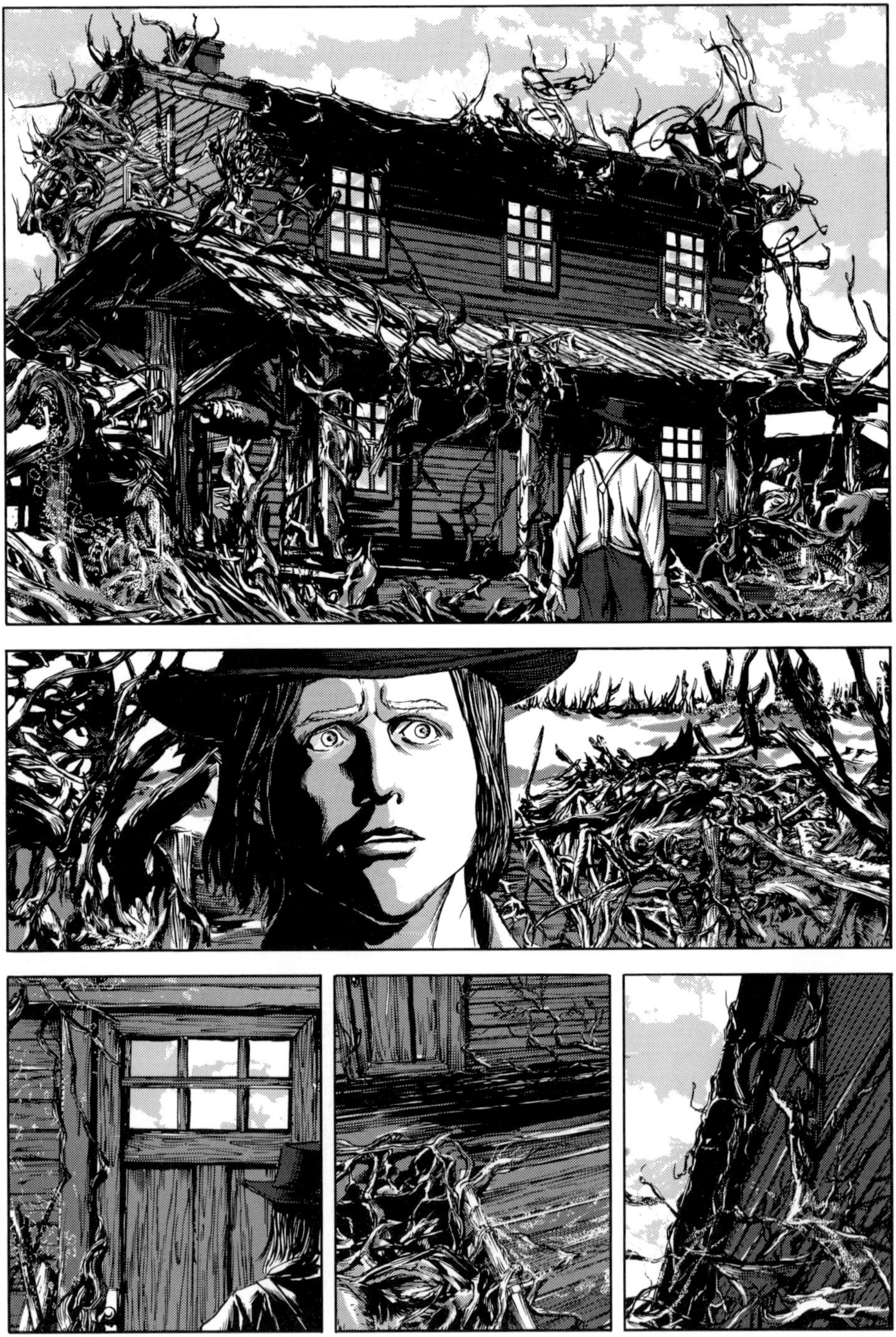

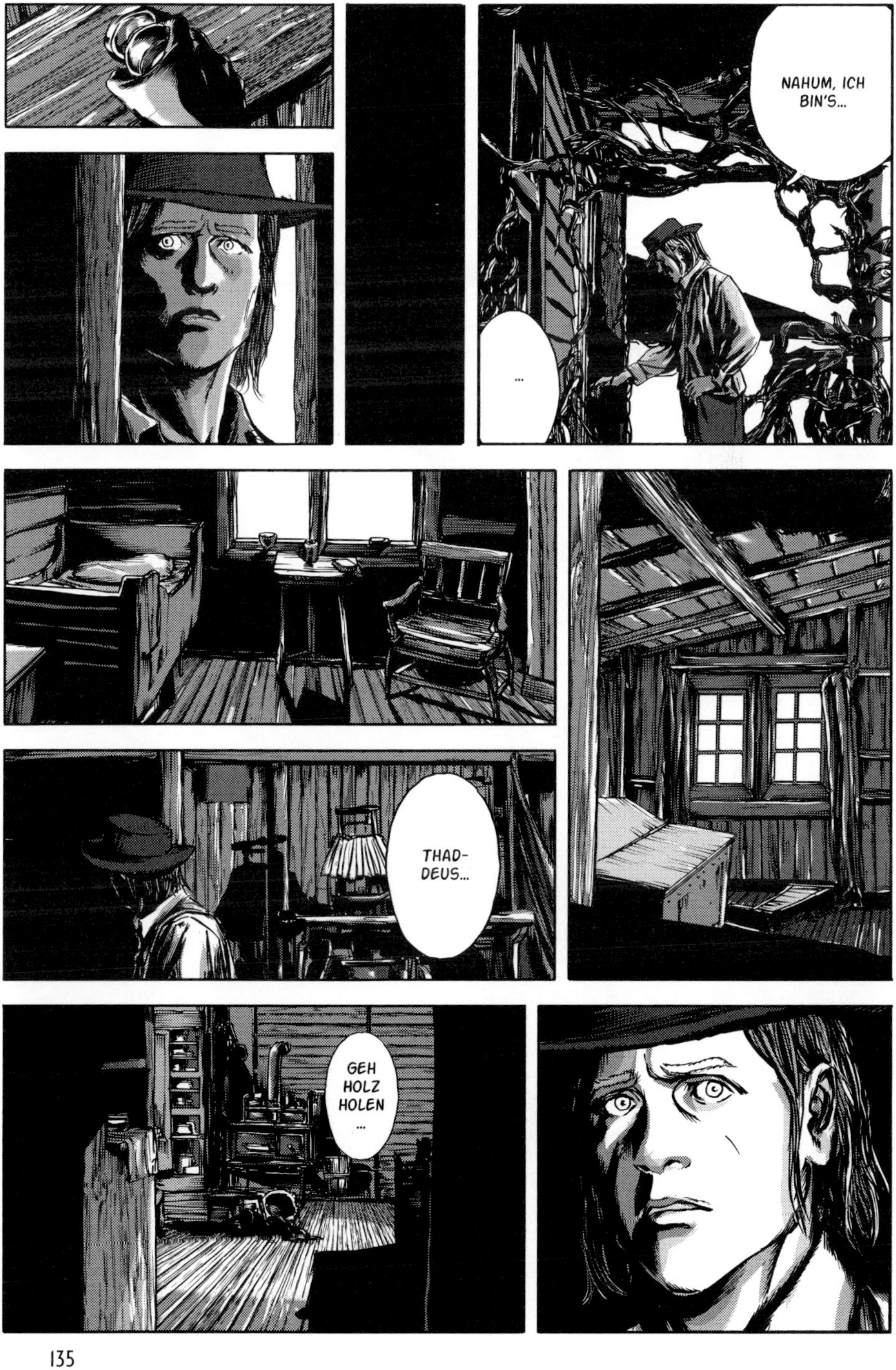
NAHUM, ICH BIN'S...
...
THAD-DEUS...
GEH HOLZ HOLEN ...

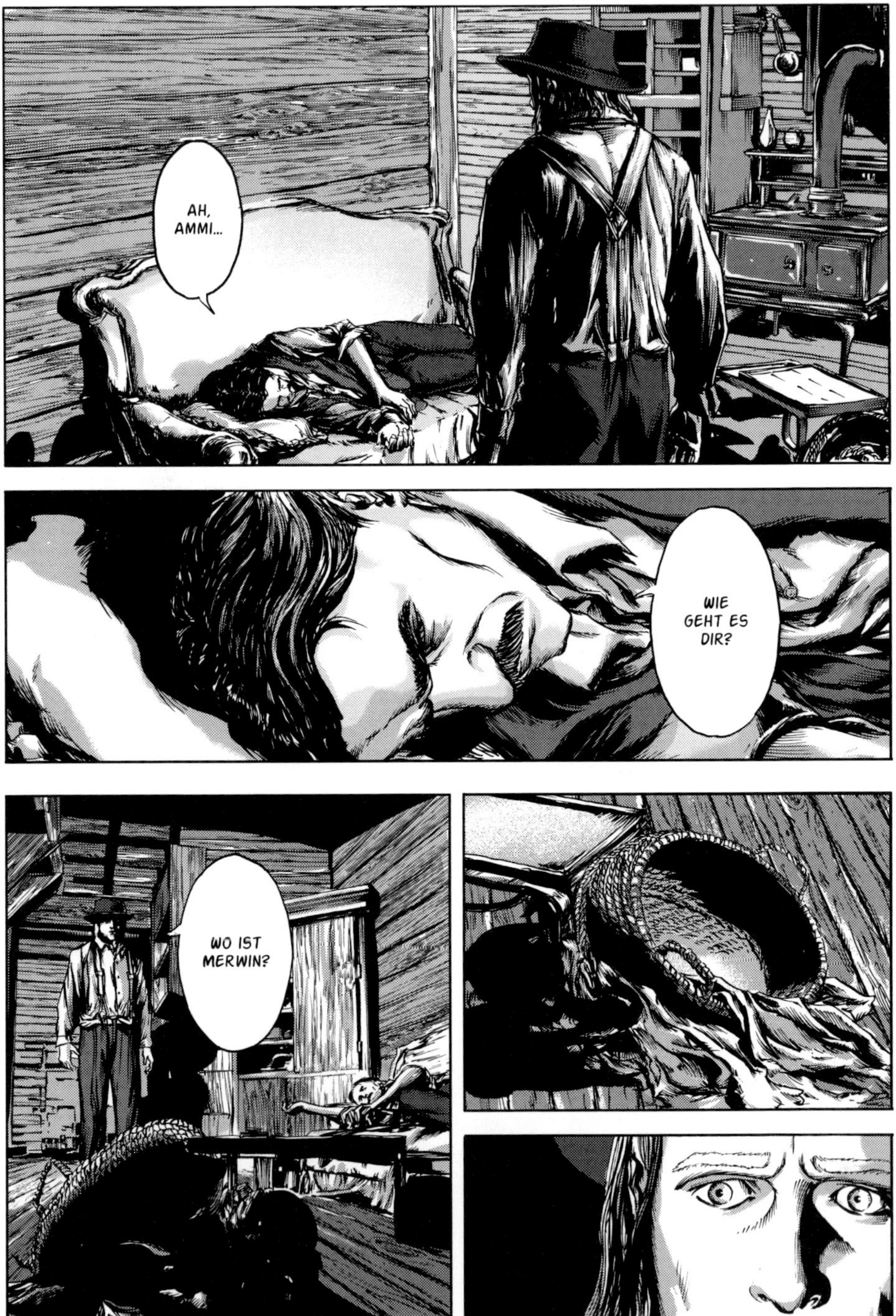
AH, AMMI...
WIE GEHT ES DIR?
WO IST MERWIN?

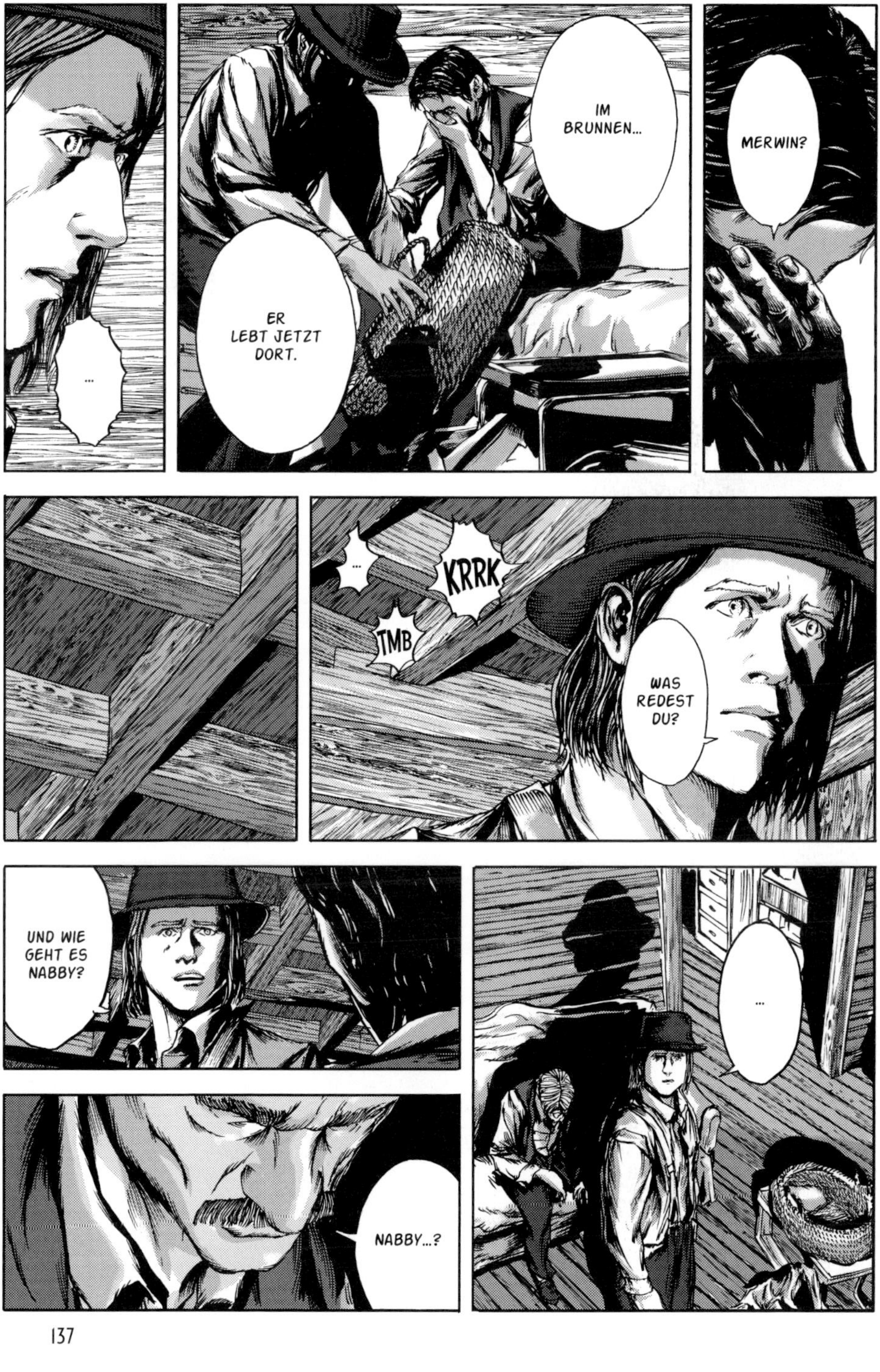
...
IM BRUNNEN...
ER LEBT JETZT DORT.
MERWIN?
...
KRRK
TMB
WAS REDEST DU?
UND WIE GEHT ES NABBY?
NABBY...?
...

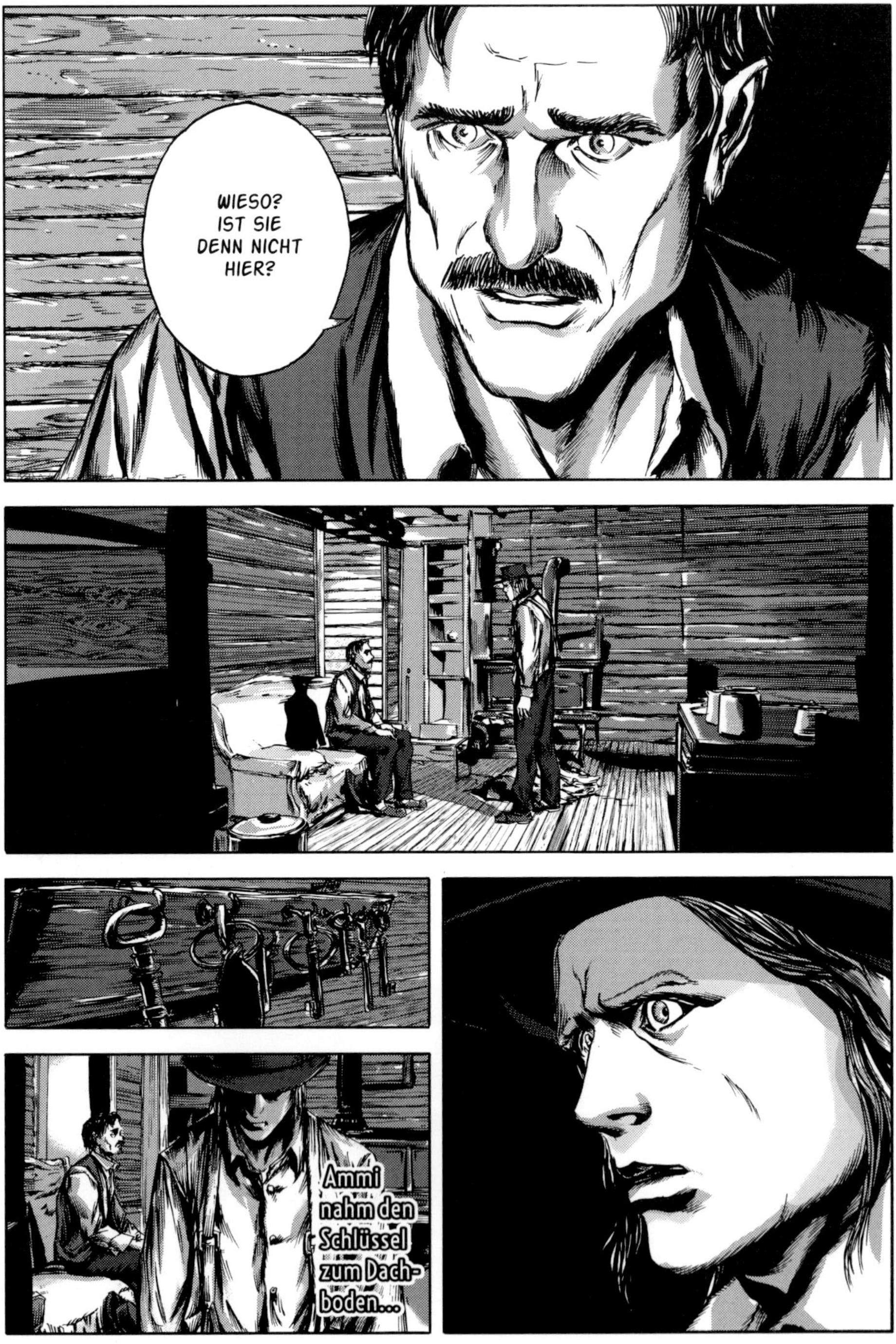
WIESO? IST SIE DENN NICHT HIER?
Ammi nahm den Schlüssel zum Dachboden...

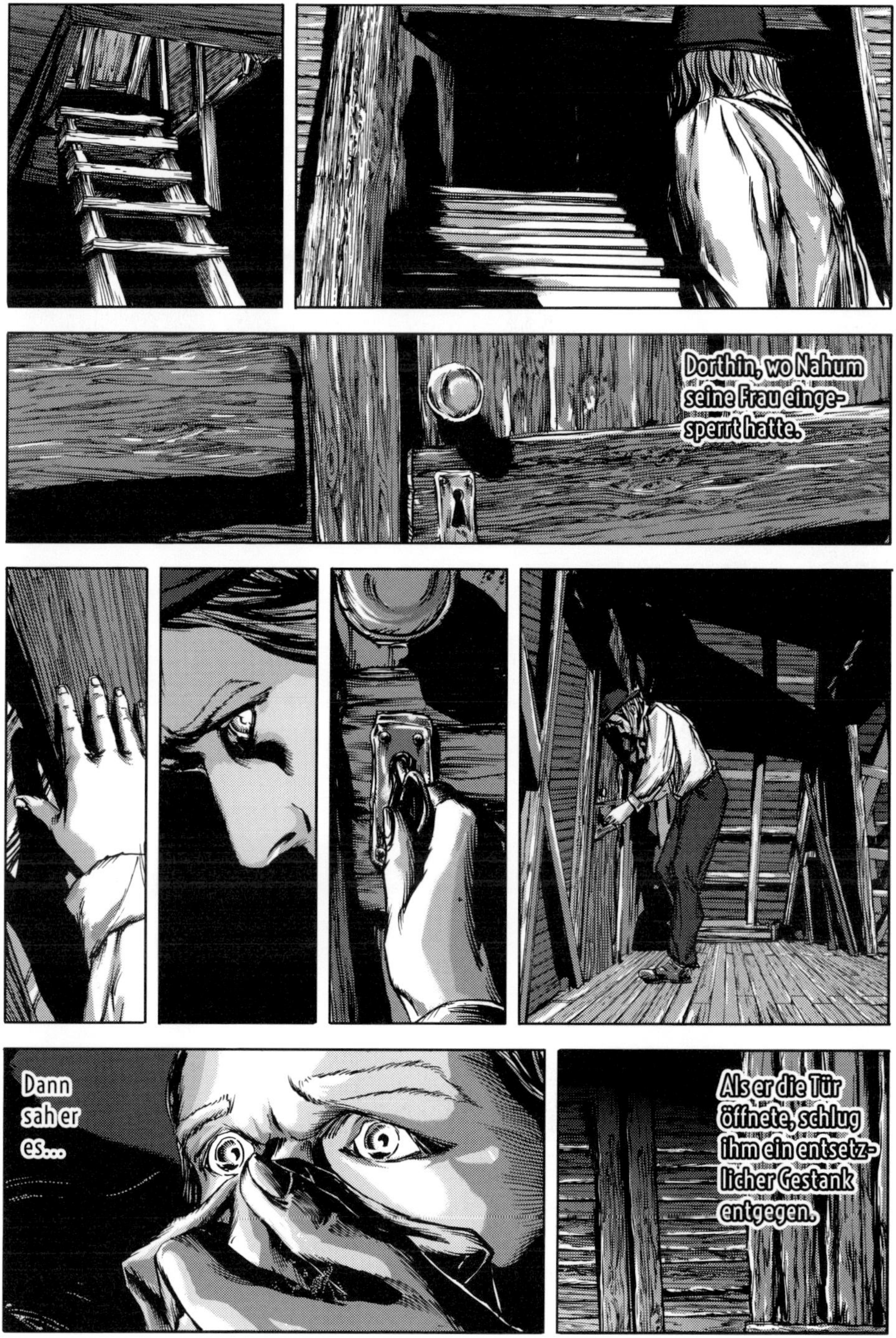

Dorthin, wo Nahum seine Frau eingesperrt hatte.
Als er die Tür öffnete, schlug ihm ein entsetzlicher Gestank entgegen.
Dann sah er es...

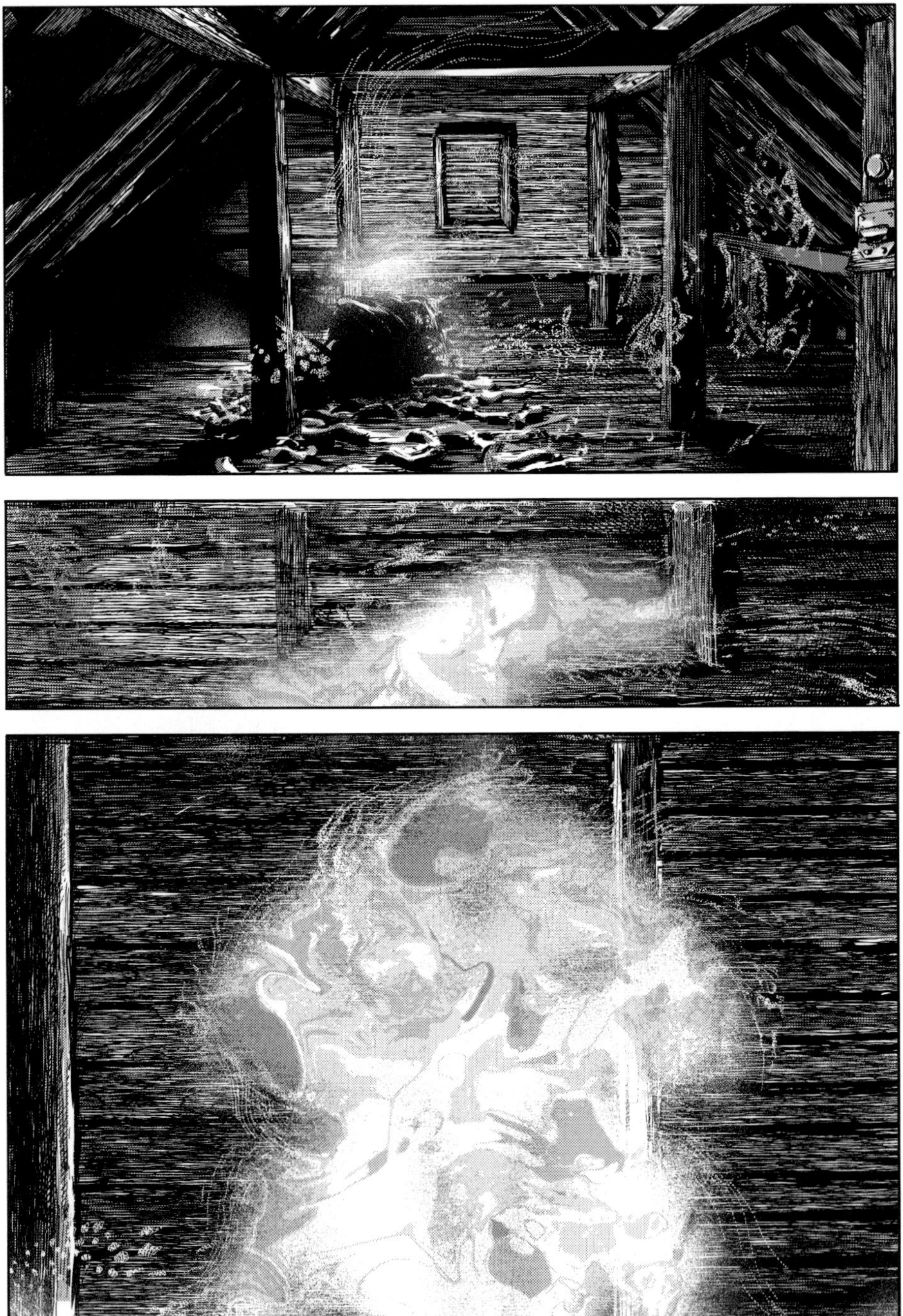

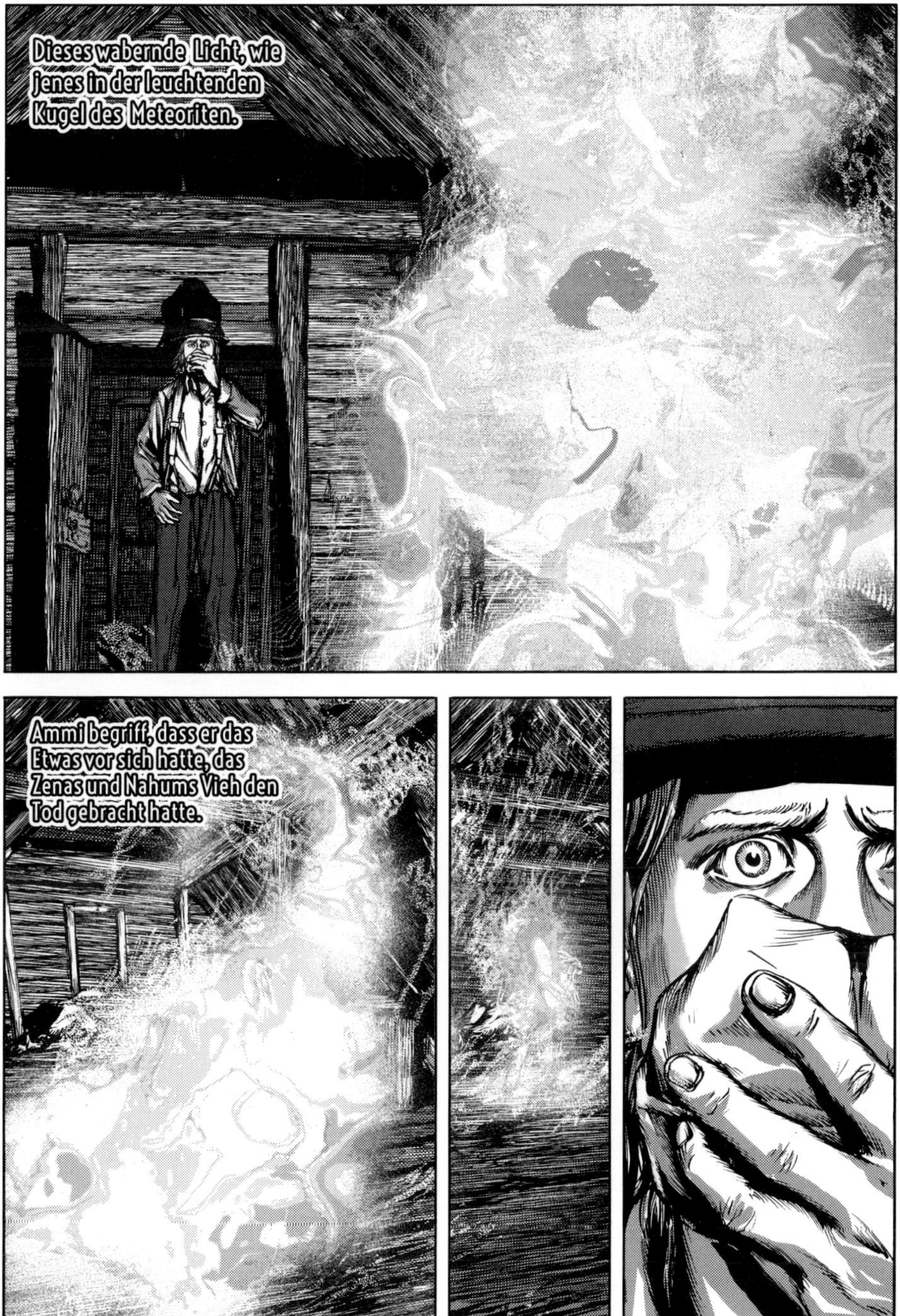
Dieses wabernde Licht, wie jenes in der leuchtenden Kugel des Meteoriten.
Ammi begriff, dass er das Etwas vor sich hatte, das Zenas und Nahums Vieh den Tod gebracht hatte.

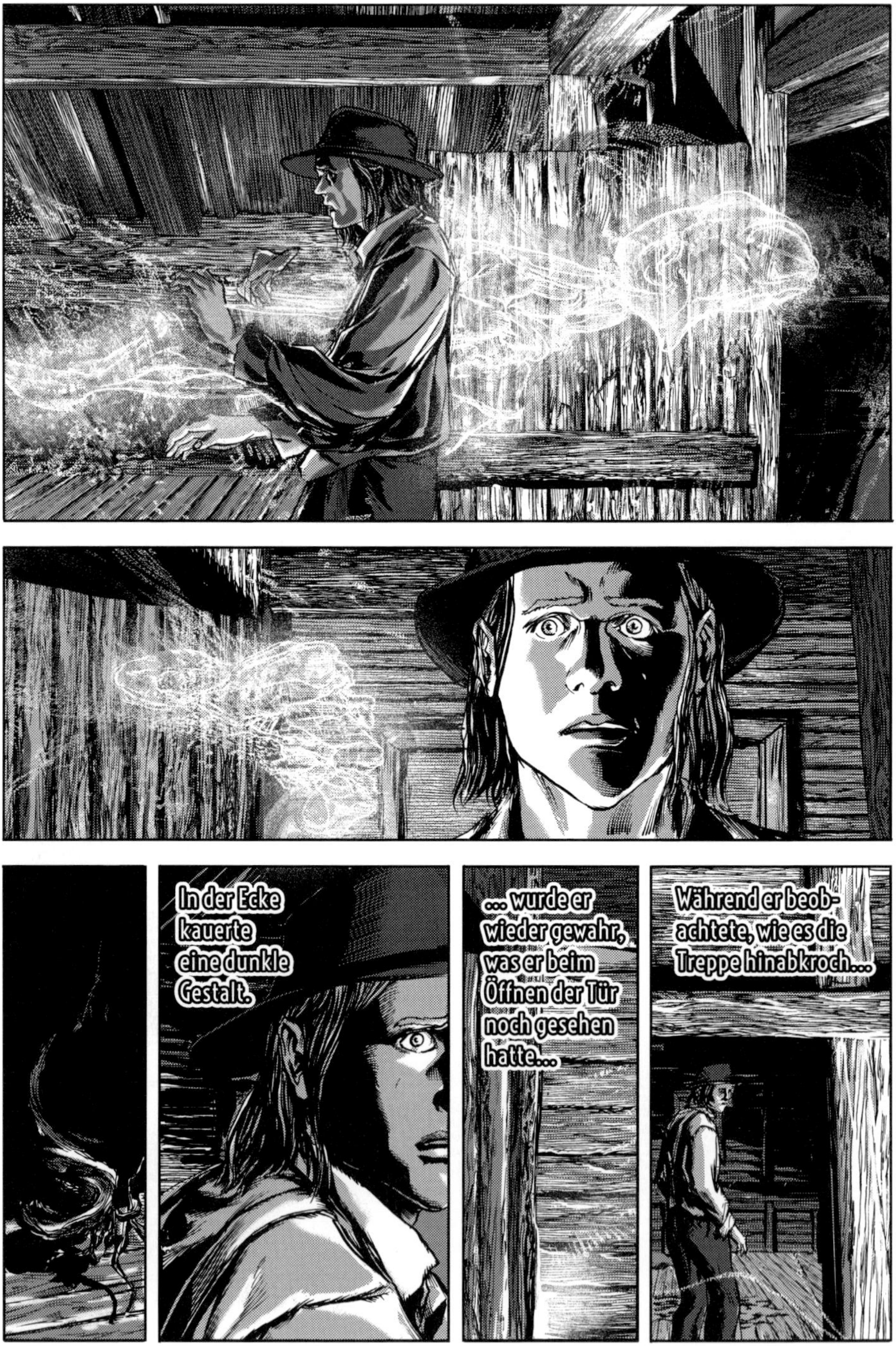
In der Ecke kauerte eine dunkle Gestalt.
... wurde er wieder gewahr, was er beim Öffnen der Tür noch gesehen hatte...
Während er beob-achtete, wie es die Treppe hinabkroch...

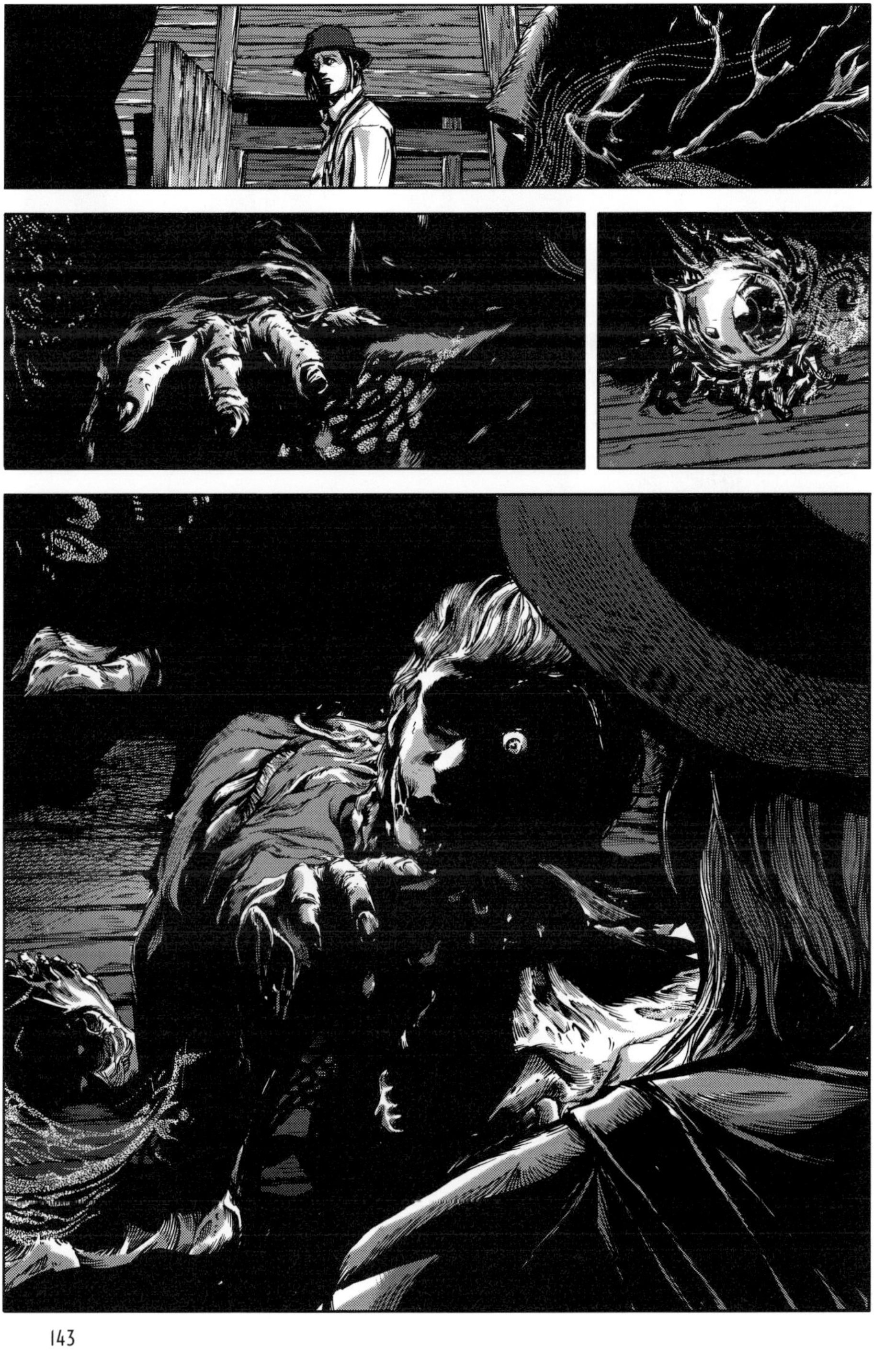

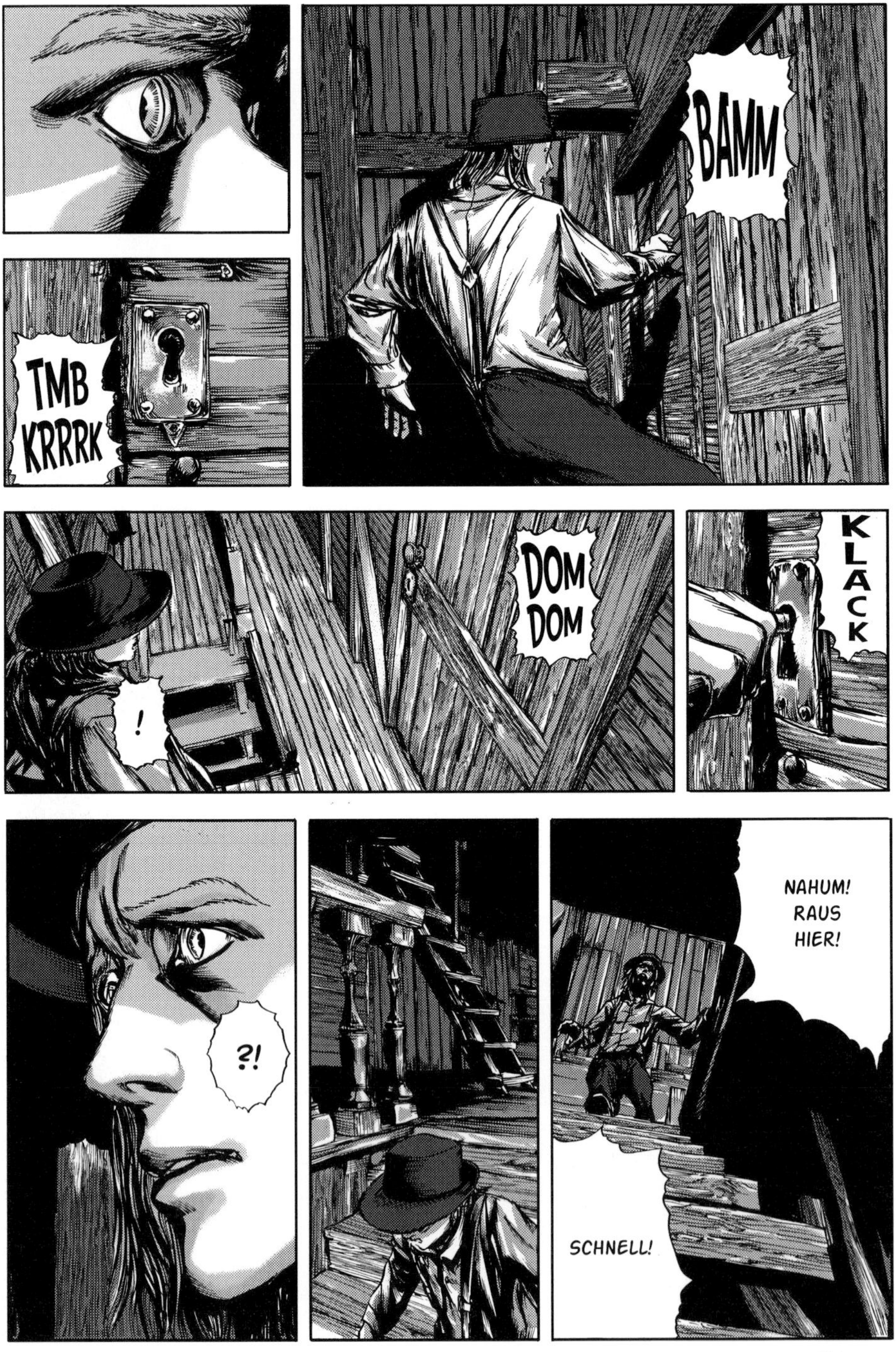
BAMM
TMB KRRRK
DOM DOM
!
KLACK
?!
NAHUM! RAUS HIER!
SCHNELL!

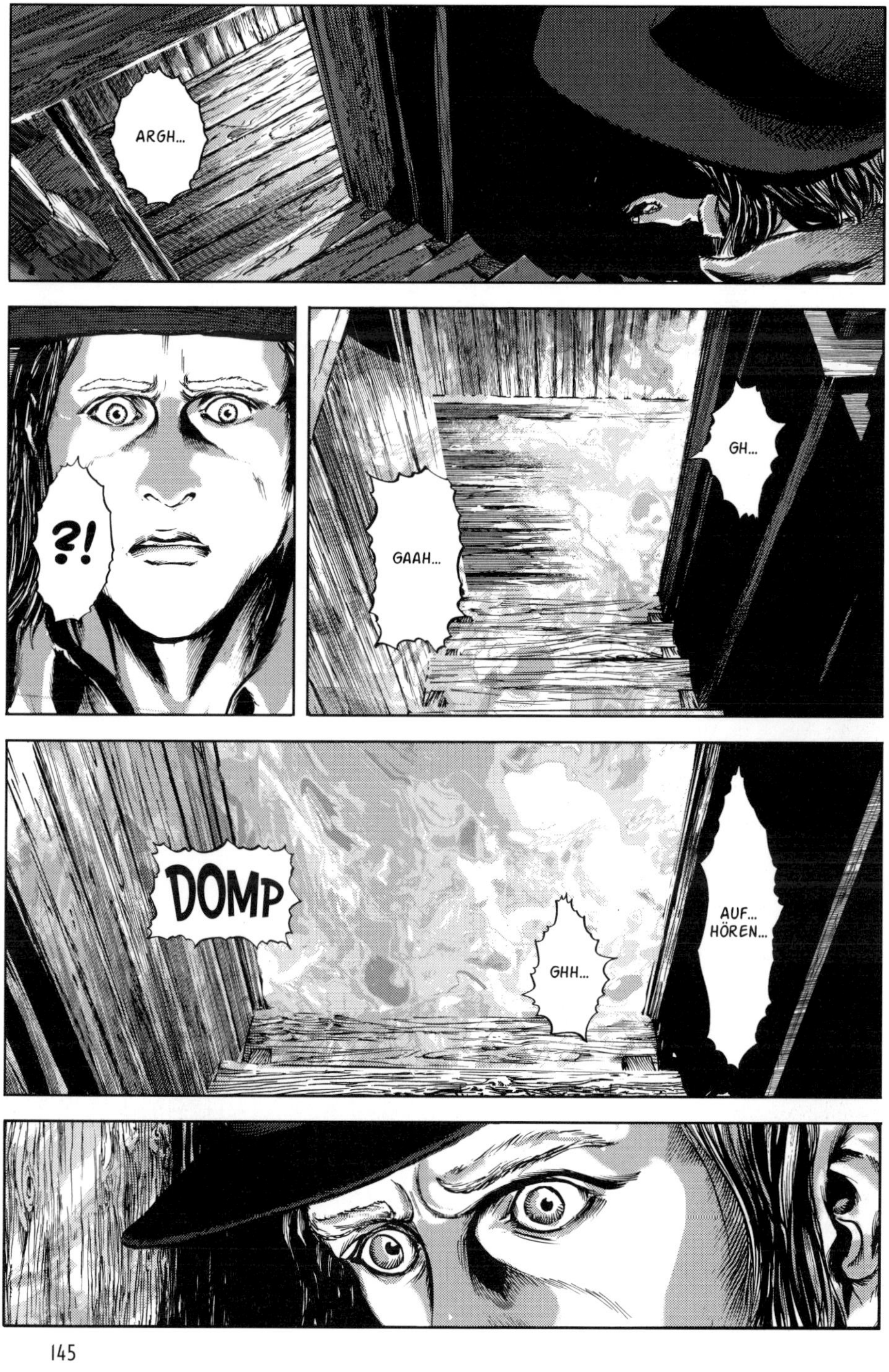
ARGH...
?!
GH...
GAAH...
AUF... HÖREN...
DOMP
GHH...

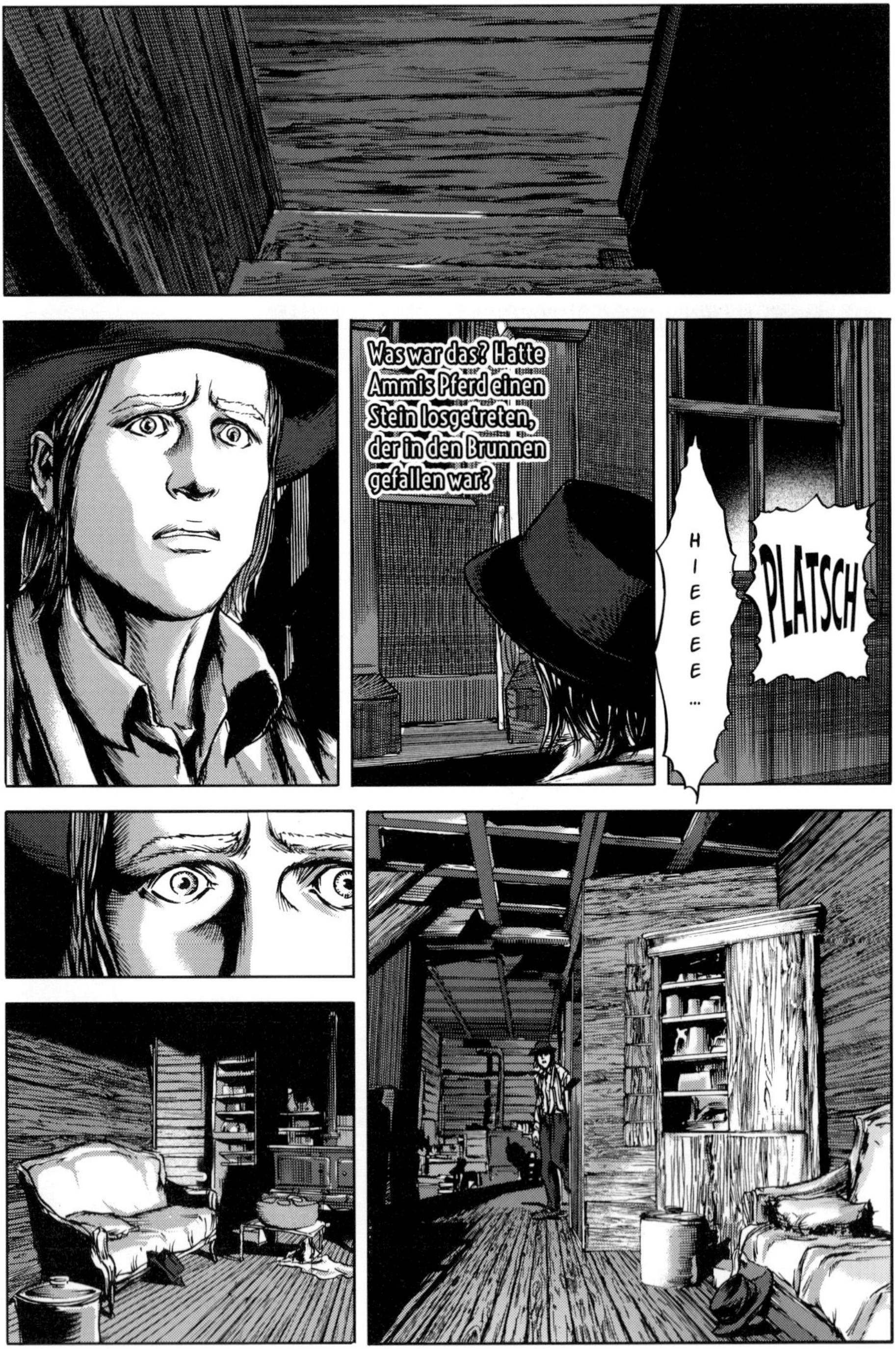
Was war das? Hatte Ammis Pferd einen Stein losgetreten, der in den Brunnen gefallen war?
HIEEEEE...
PLATSCH

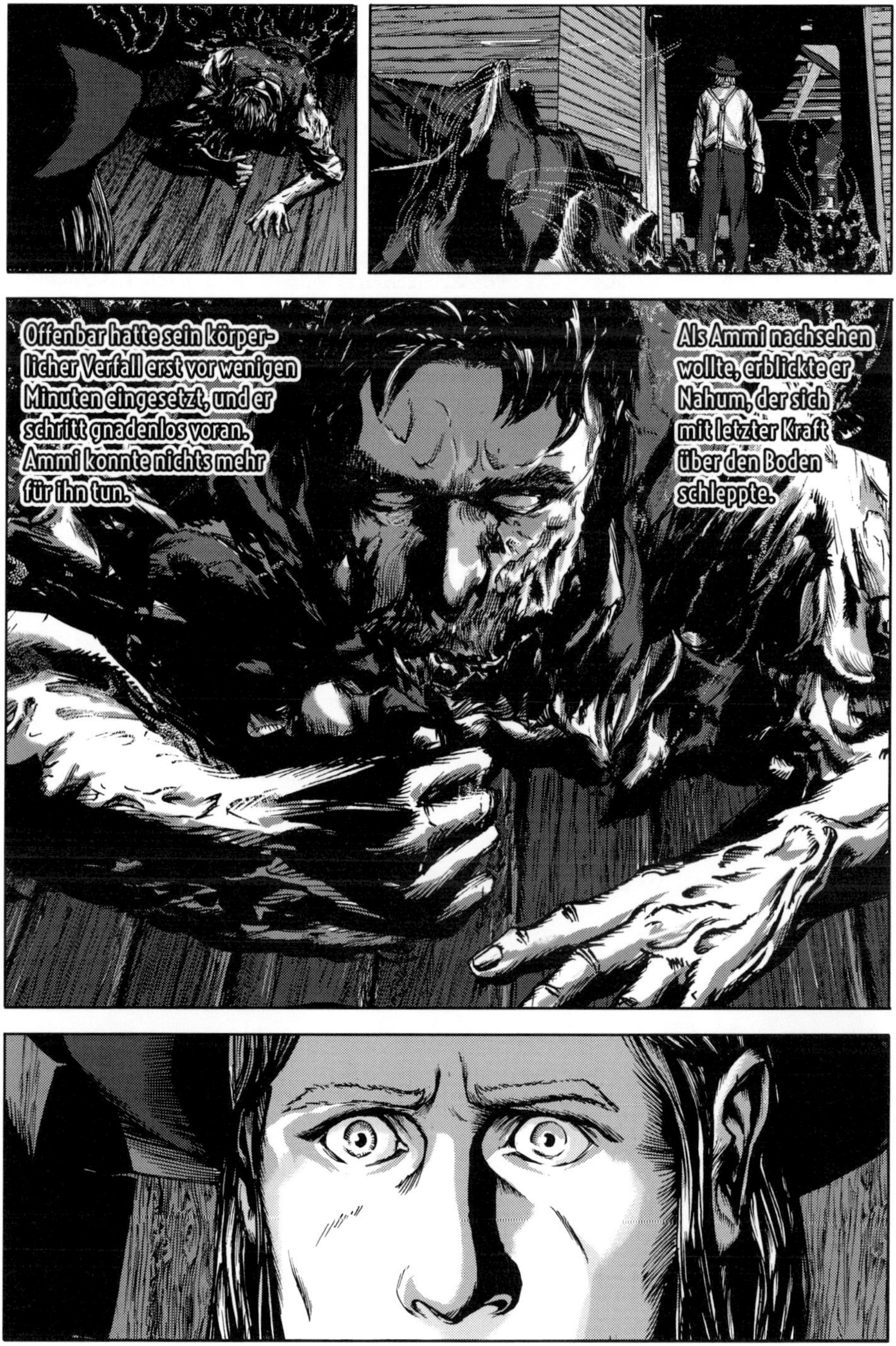
Offenbar hatte sein körperlicher Verfall erst vor wenigen Minuten eingesetzt, und er schritt gnadenlos voran. Ammi konnte nichts mehr für ihn tun.
Als Ammi nachsehen wollte, erblickte er Nahum, der sich mit letzter Kraft über den Boden schleppte.

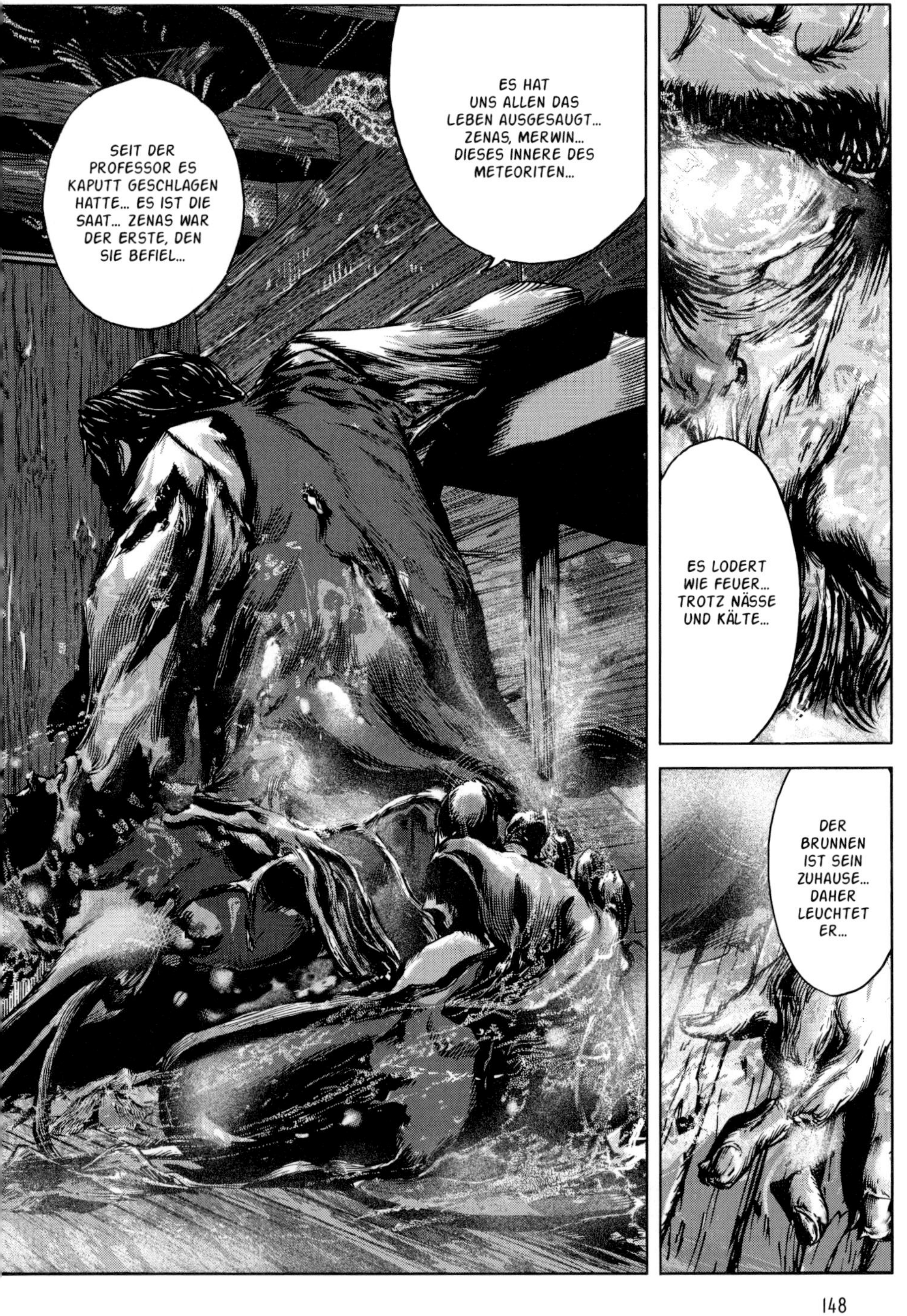

ES HAT UNS ALLEN DAS LEBEN AUSGESAUGT… ZENAS, MERWIN… DIESES INNERE DES METEORITEN…
SEIT DER PROFESSOR ES KAPUTT GESCHLAGEN HATTE… ES IST DIE SAAT… ZENAS WAR DER ERSTE, DEN SIE BEFIEL…
ES LODERT WIE FEUER… TROTZ NÄSSE UND KÄLTE…
DER BRUNNEN IST SEIN ZUHAUSE… DAHER LEUCHTET ER…

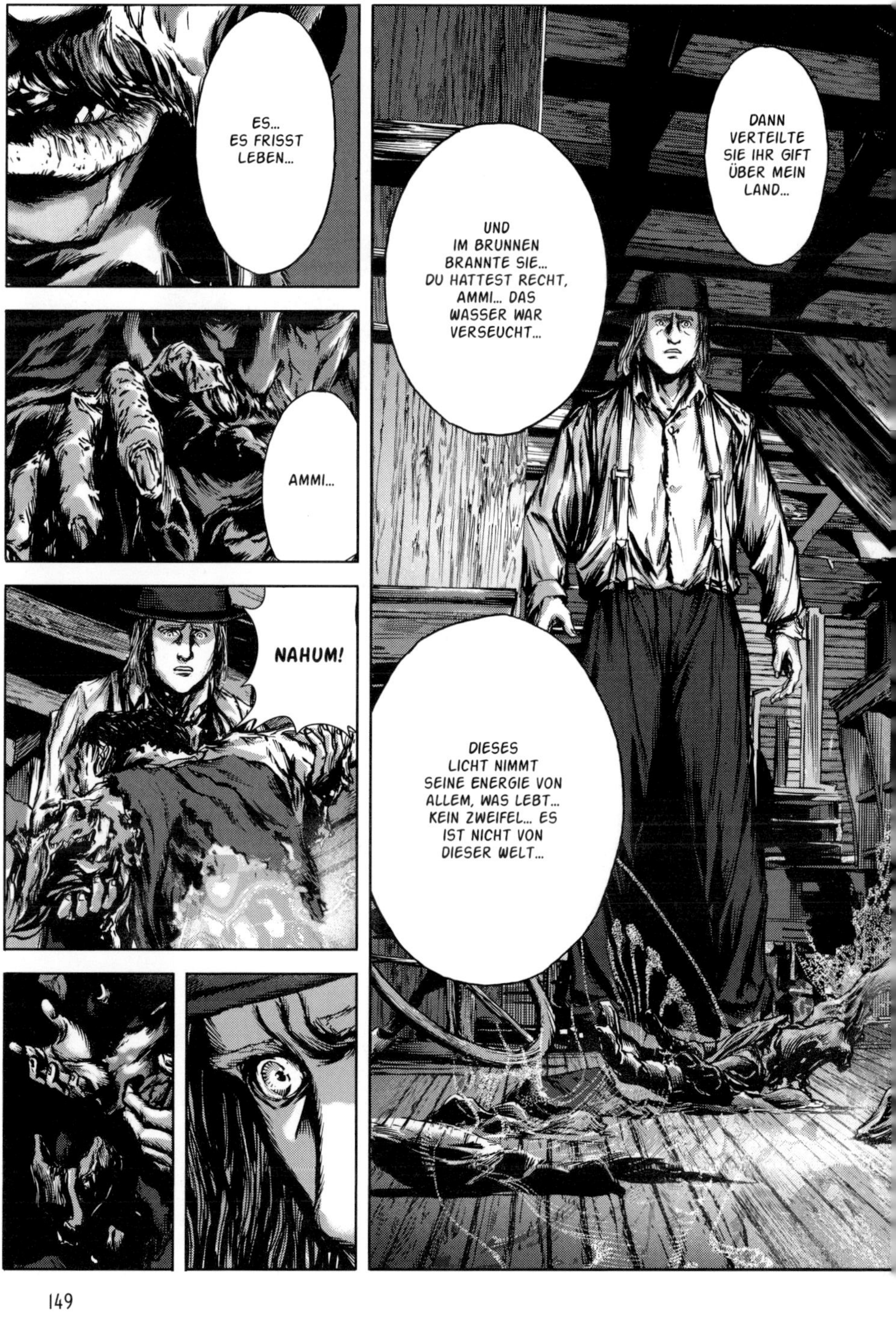
ES... ES FRISST LEBEN...
AMMI...
NAHUM!
DANN VERTEILTE SIE IHR GIFT ÜBER MEIN LAND...
UND IM BRUNNEN BRANNTE SIE... DU HATTEST RECHT, AMMI... DAS WASSER WAR VERSEUCHT...
DIESES LICHT NIMMT SEINE ENERGIE VON ALLEM, WAS LEBT... KEIN ZWEIFEL... ES IST NICHT VON DIESER WELT...

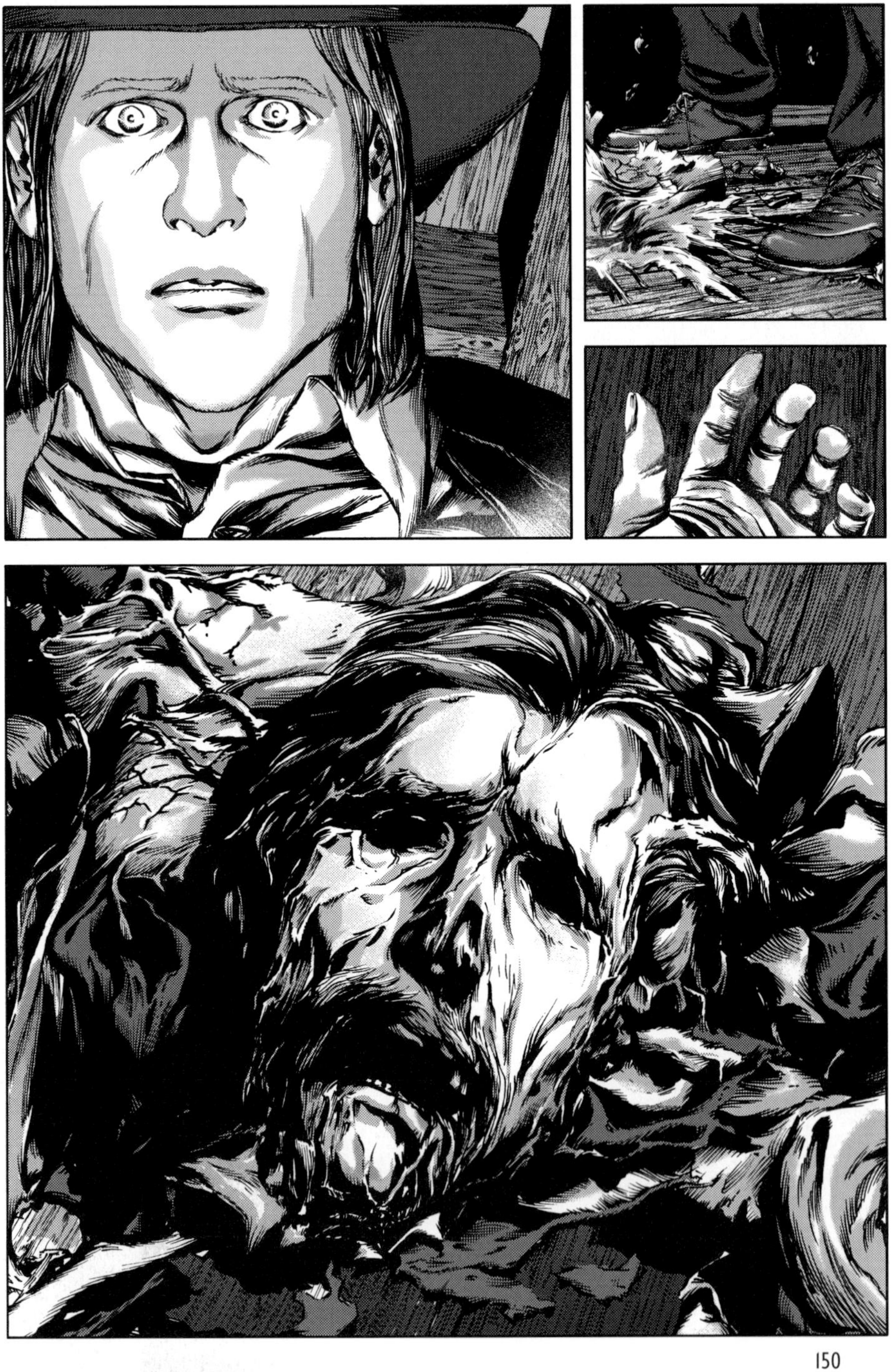

LETZTES KAPITEL DIE VERFLUCHTE HEIDE

The Blasted Heath

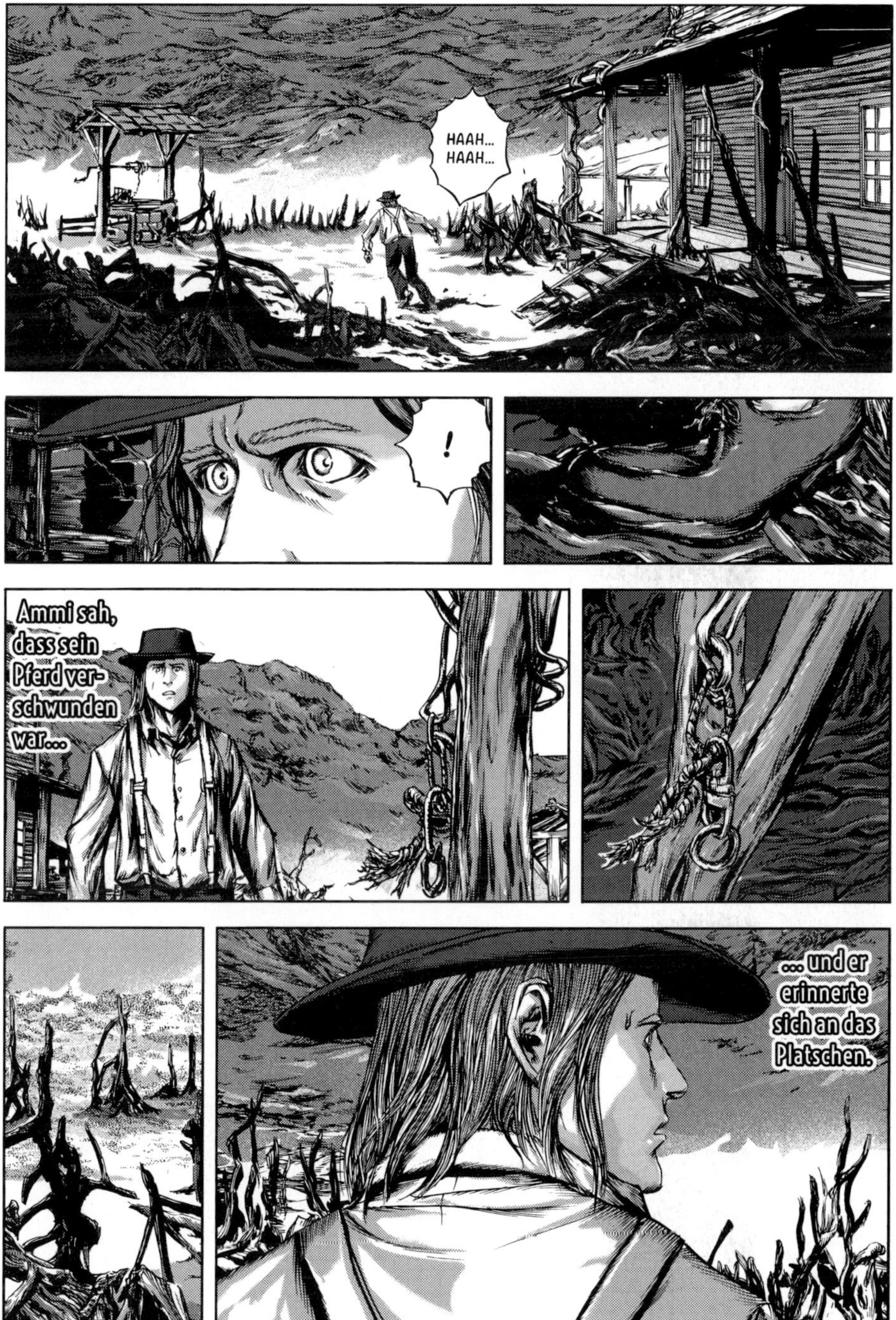
HAAH...
HAAH...
!
Ammi sah, dass sein Pferd verschwunden war...
... und er erinnerte sich an das Platschen.

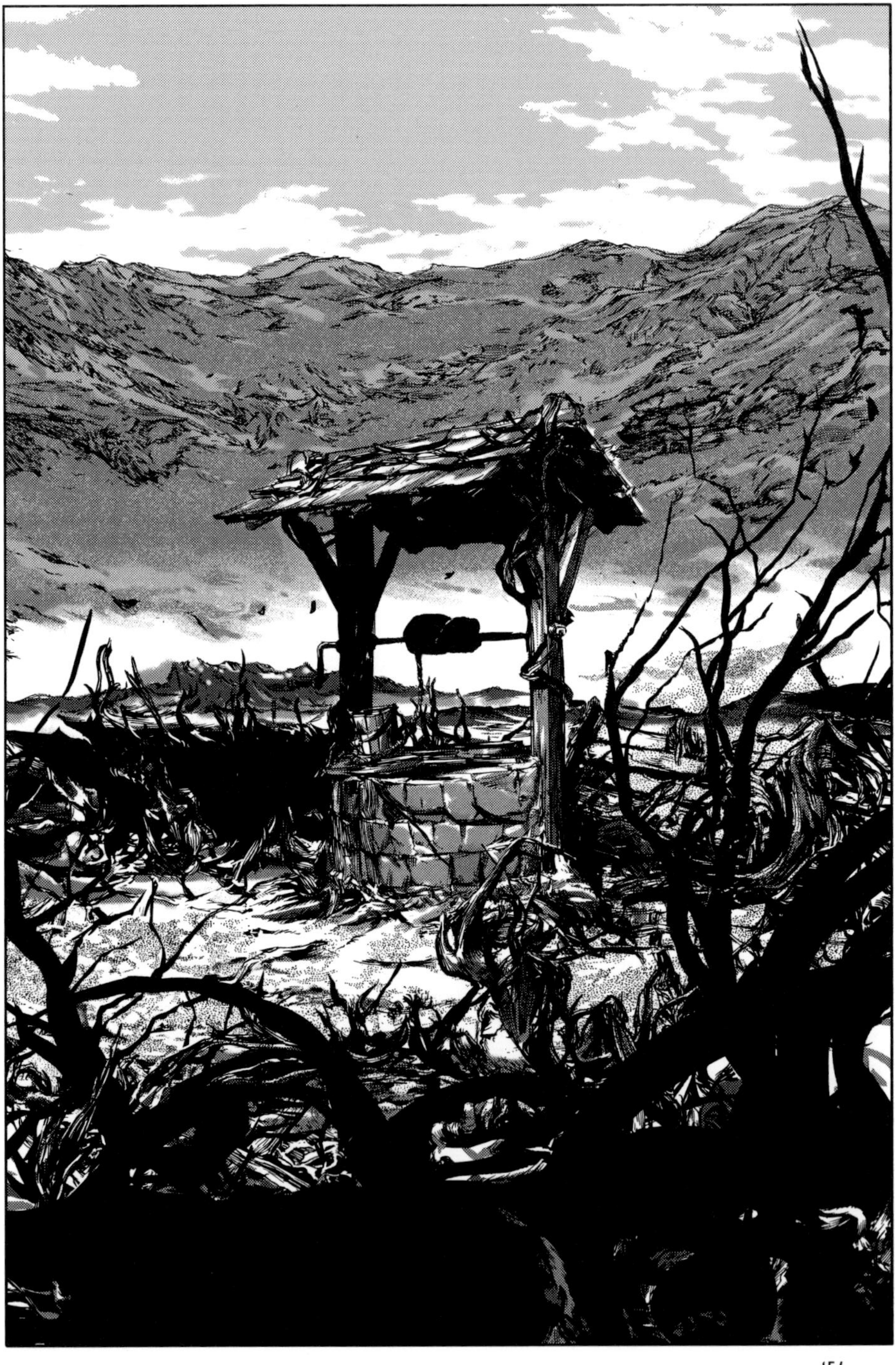

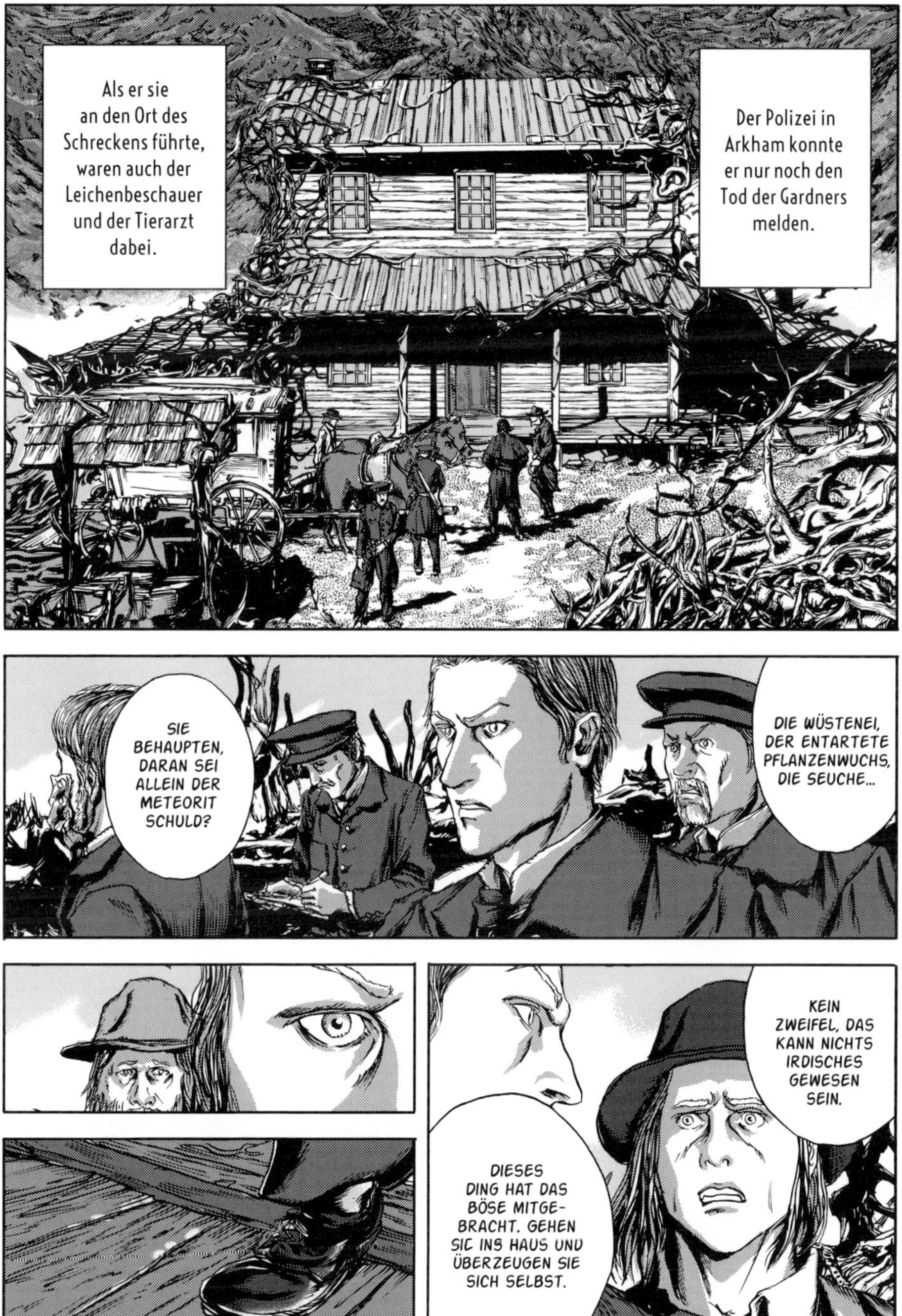
Als er sie an den Ort des Schreckens führte, waren auch der Leichenbeschauer und der Tierarzt dabei.
Der Polizei in Arkham konnte er nur noch den Tod der Gardners melden.
SIE BEHAUPTEN, DARAN SEI ALLEIN DER METEORIT SCHULD?
DIE WÜSTENEI, DER ENTARTETE PFLANZENWUCHS, DIE SEUCHE…
KEIN ZWEIFEL, DAS KANN NICHTS IRDISCHES GEWESEN SEIN.
DIESES DING HAT DAS BÖSE MITGE-BRACHT. GEHEN SIE INS HAUS UND ÜBERZEUGEN SIE SICH SELBST.

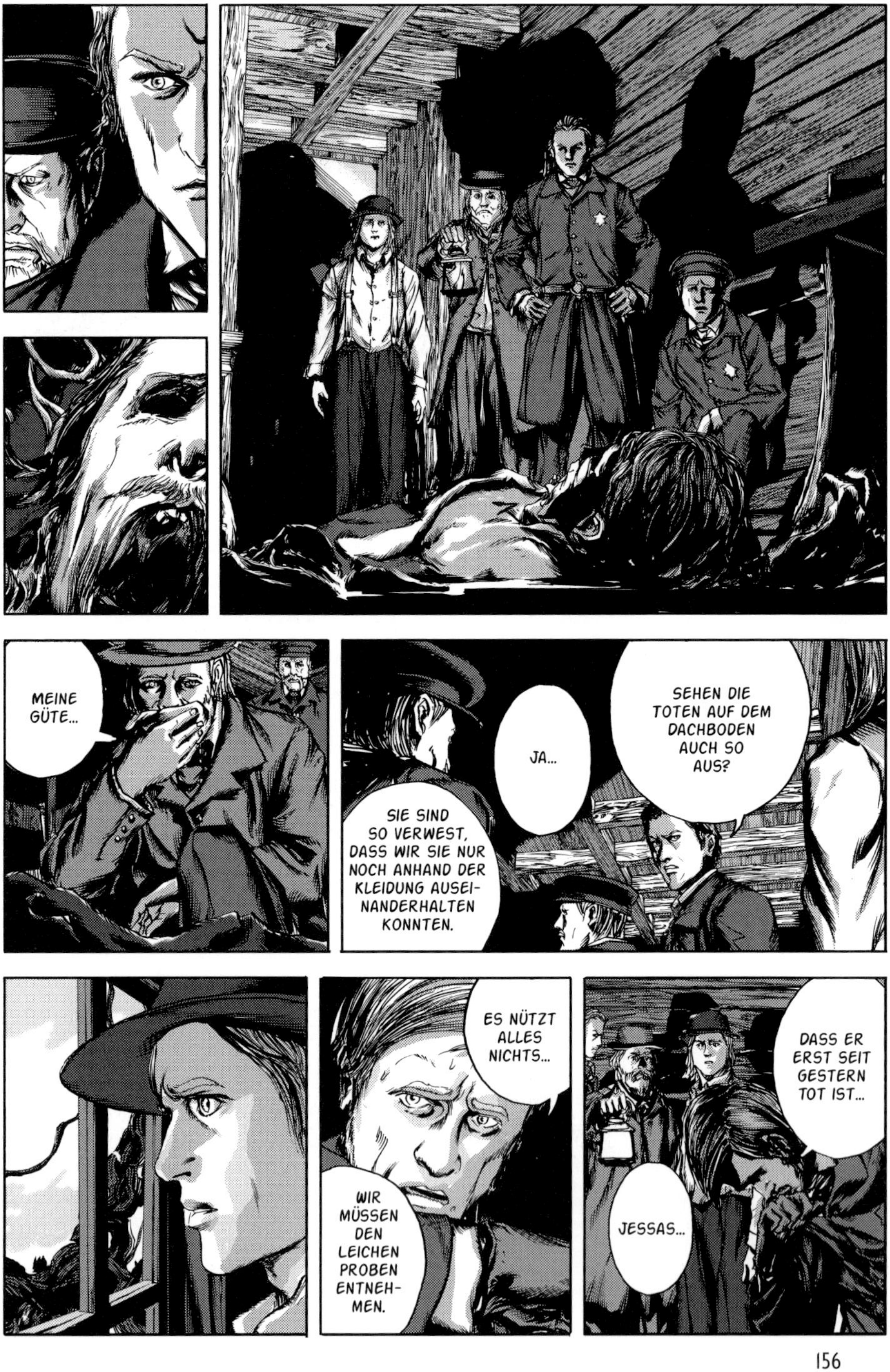
MEINE GÜTE...
SEHEN DIE TOTEN AUF DEM DACHBODEN AUCH SO AUS?
JA...
SIE SIND SO VERWEST, DASS WIR SIE NUR NOCH ANHAND DER KLEIDUNG AUSEINANDERHALTEN KONNTEN.
ES NÜTZT ALLES NICHTS...
WIR MÜSSEN DEN LEICHEN PROBEN ENTNEHMEN.
DASS ER ERST SEIT GESTERN TOT IST...
JESSAS...

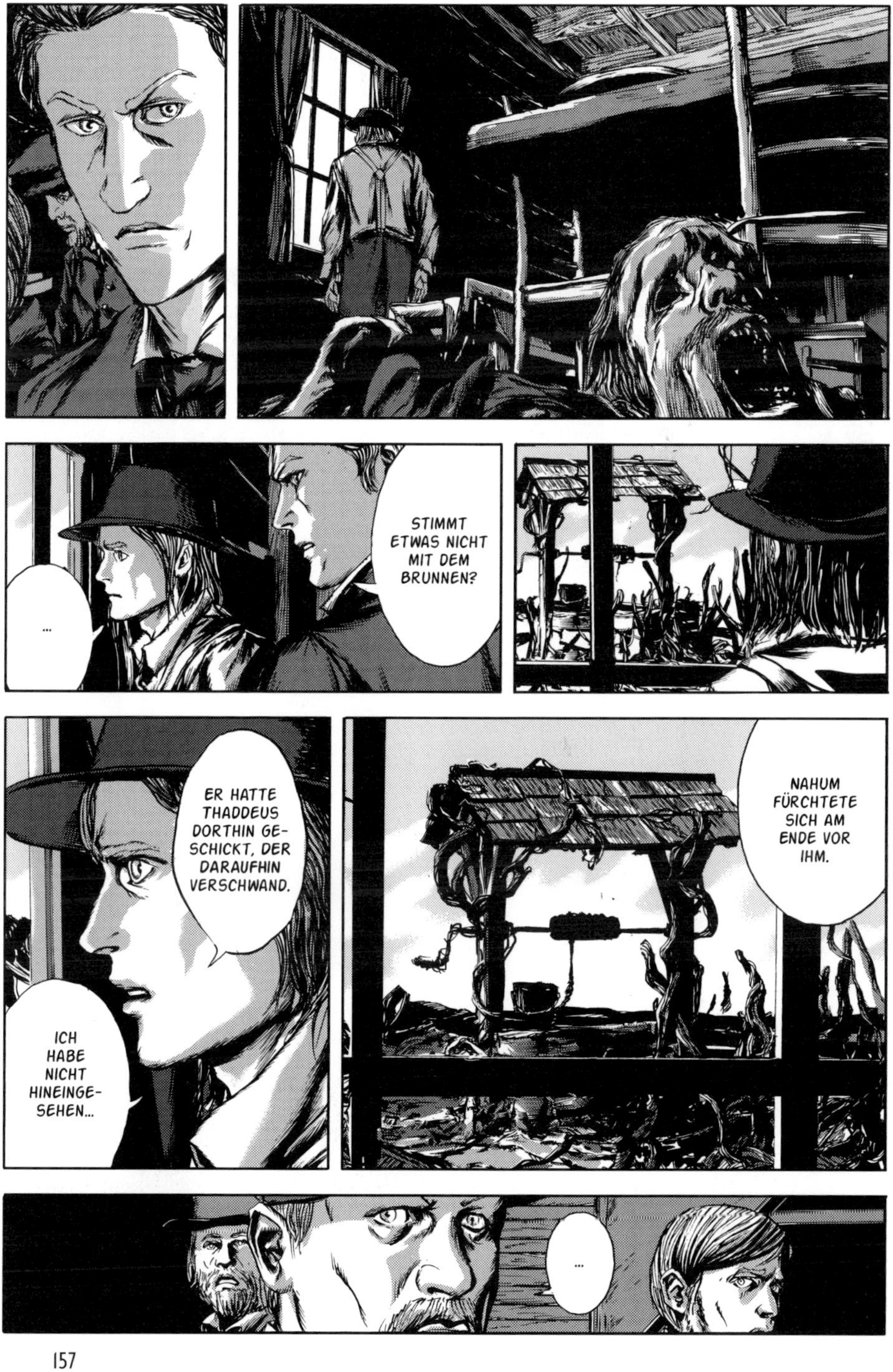
STIMMT ETWAS NICHT MIT DEM BRUNNEN?
...
ER HATTE THADDEUS DORTHIN GESCHICKT, DER DARAUFHIN VERSCHWAND.
ICH HABE NICHT HINEINGESEHEN...
NAHUM FÜRCHTETE SICH AM ENDE VOR IHM.
...

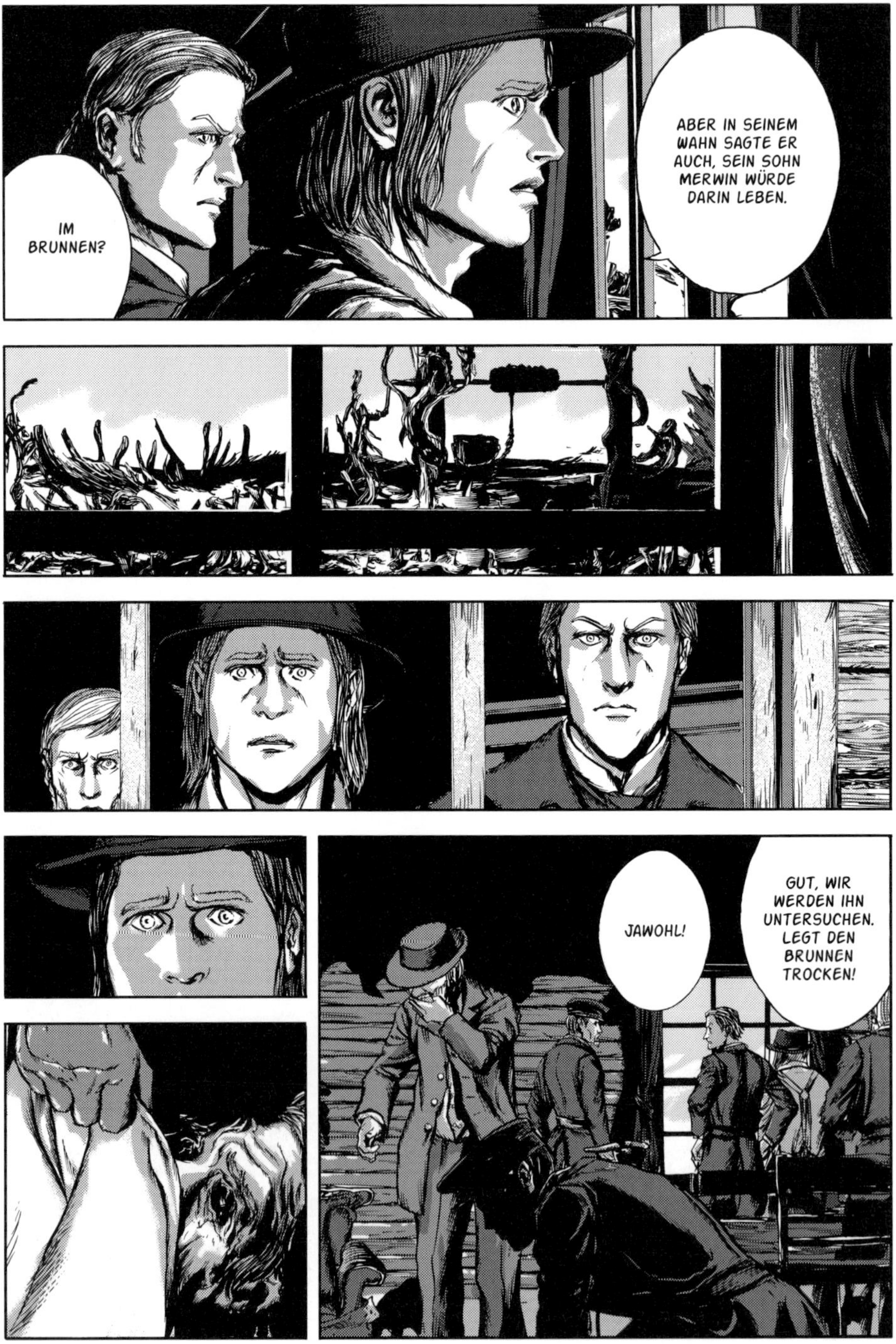
ABER IN SEINEM WAHN SAGTE ER AUCH, SEIN SOHN MERWIN WÜRDE DARIN LEBEN.
IM BRUNNEN?
GUT, WIR WERDEN IHN UNTERSUCHEN. LEGT DEN BRUNNEN TROCKEN!
JAWOHL!

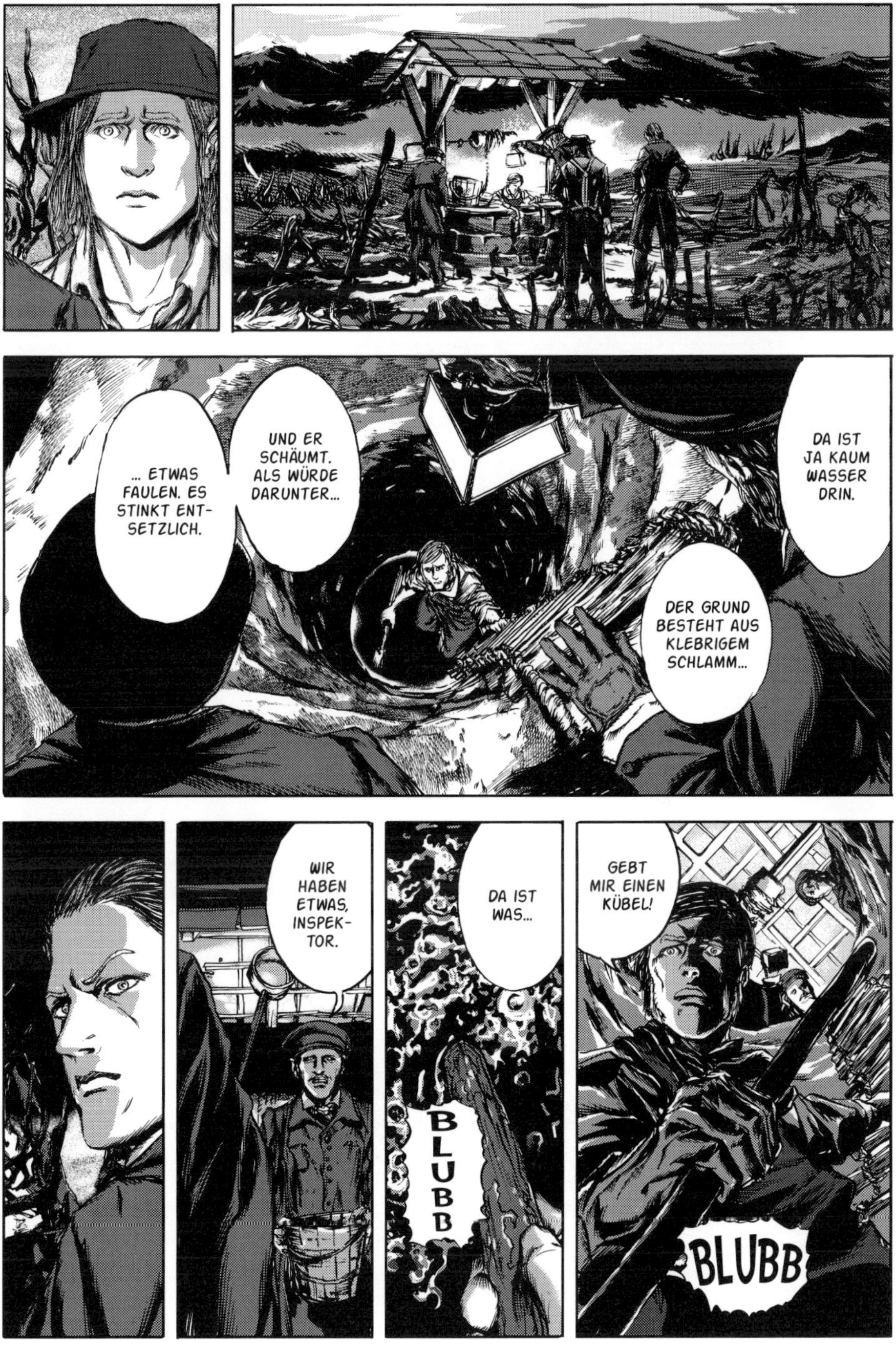
DA IST JA KAUM WASSER DRIN.
DER GRUND BESTEHT AUS KLEBRIGEM SCHLAMM...
UND ER SCHÄUMT. ALS WÜRDE DARUNTER...
... ETWAS FAULEN. ES STINKT ENT-SETZLICH.
GEBT MIR EINEN KÜBEL!
BLUBB
DA IST WAS...
BLUBB
WIR HABEN ETWAS, INSPEK-TOR.

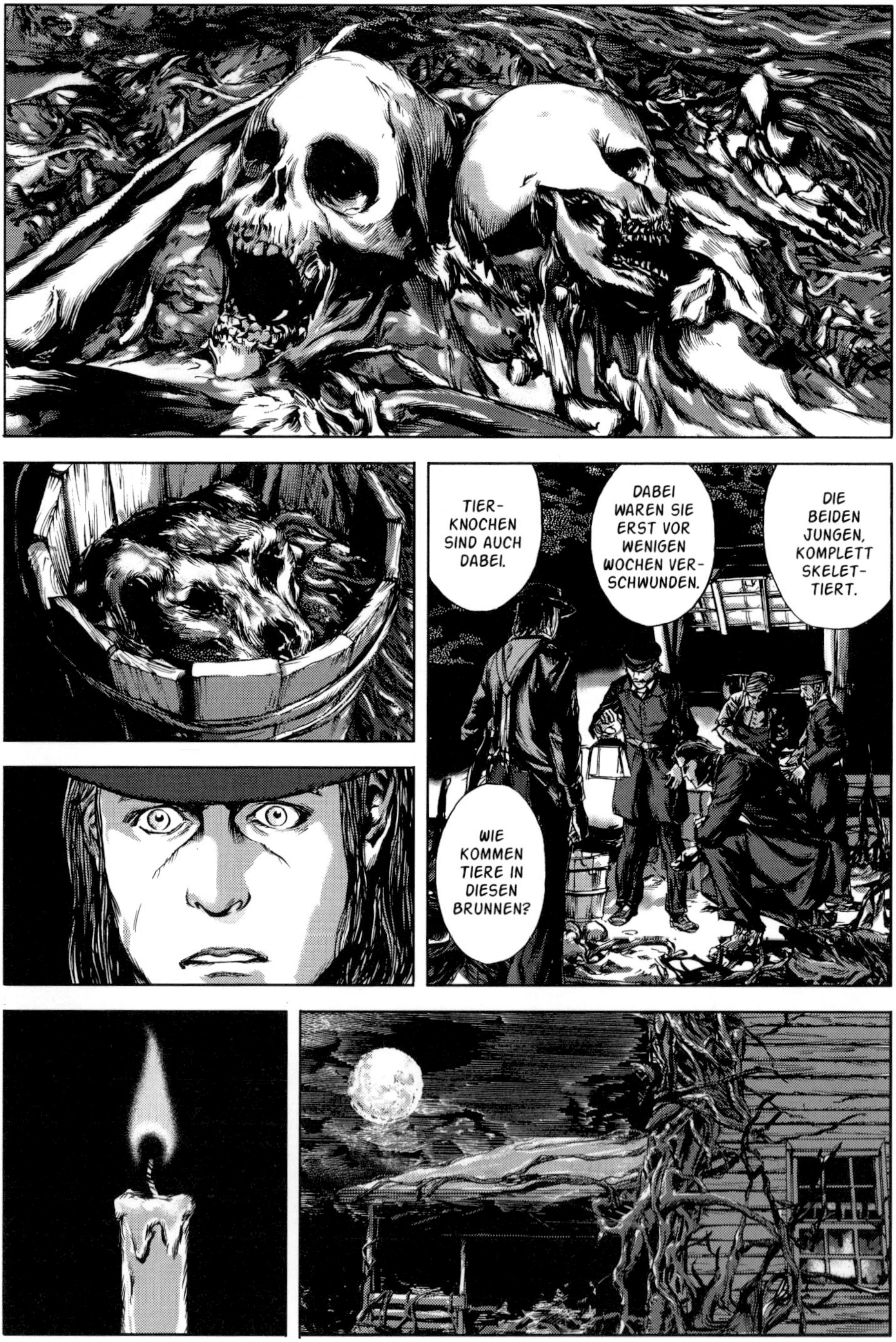
DIE BEIDEN JUNGEN, KOMPLETT SKELETTIERT.
DABEI WAREN SIE ERST VOR WENIGEN WOCHEN VERSCHWUNDEN.
TIERKNOCHEN SIND AUCH DABEI.
WIE KOMMEN TIERE IN DIESEN BRUNNEN?

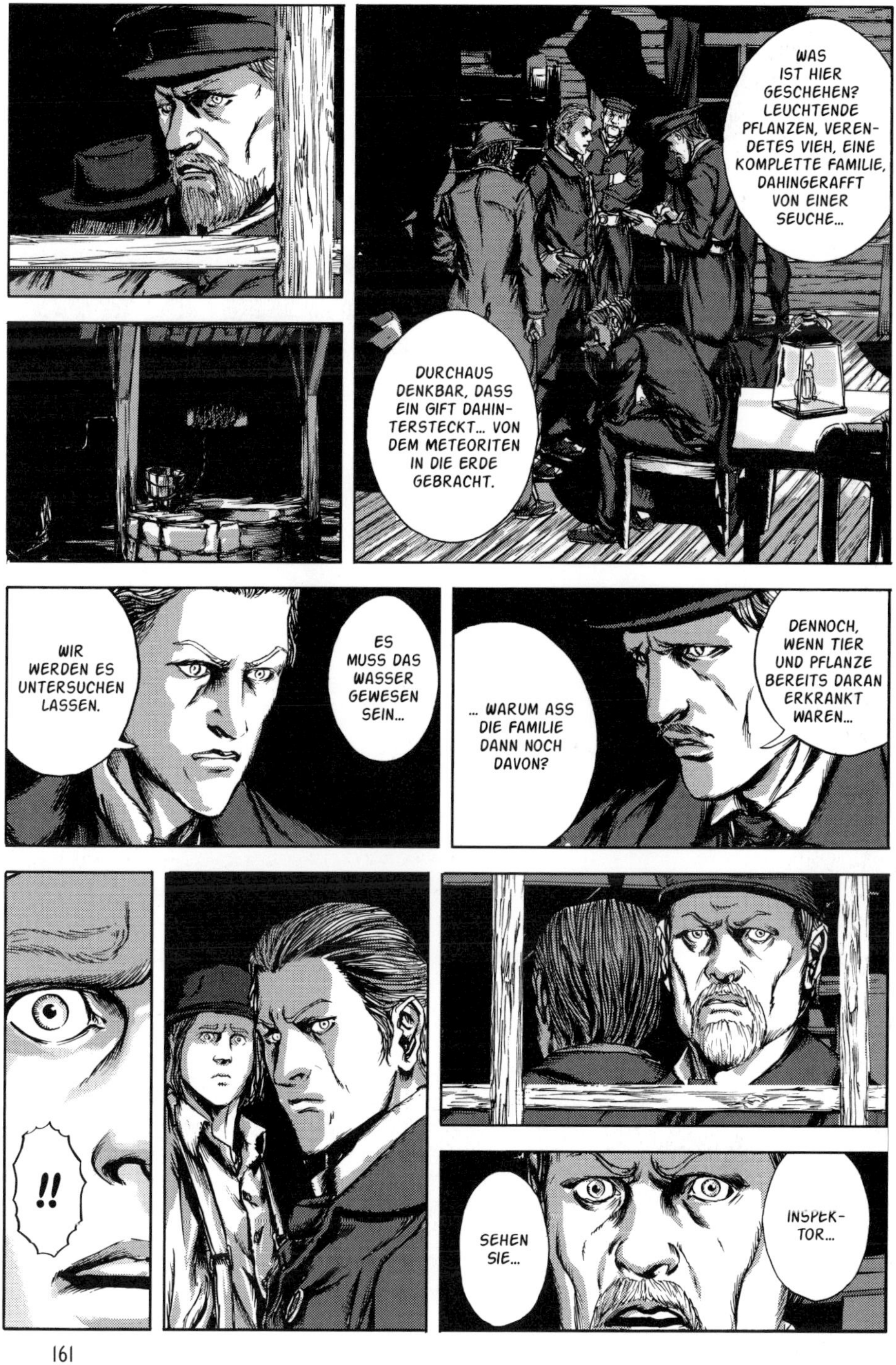
WAS IST HIER GESCHEHEN? LEUCHTENDE PFLANZEN, VERENDETES VIEH, EINE KOMPLETTE FAMILIE, DAHINGERAFFT VON EINER SEUCHE...
DURCHAUS DENKBAR, DASS EIN GIFT DAHINTERSTECKT... VON DEM METEORITEN IN DIE ERDE GEBRACHT.
WIR WERDEN ES UNTERSUCHEN LASSEN.
ES MUSS DAS WASSER GEWESEN SEIN...
DENNOCH, WENN TIER UND PFLANZE BEREITS DARAN ERKRANKT WAREN...
... WARUM ASS DIE FAMILIE DANN NOCH DAVON?
!!
SEHEN SIE...
INSPEKTOR...

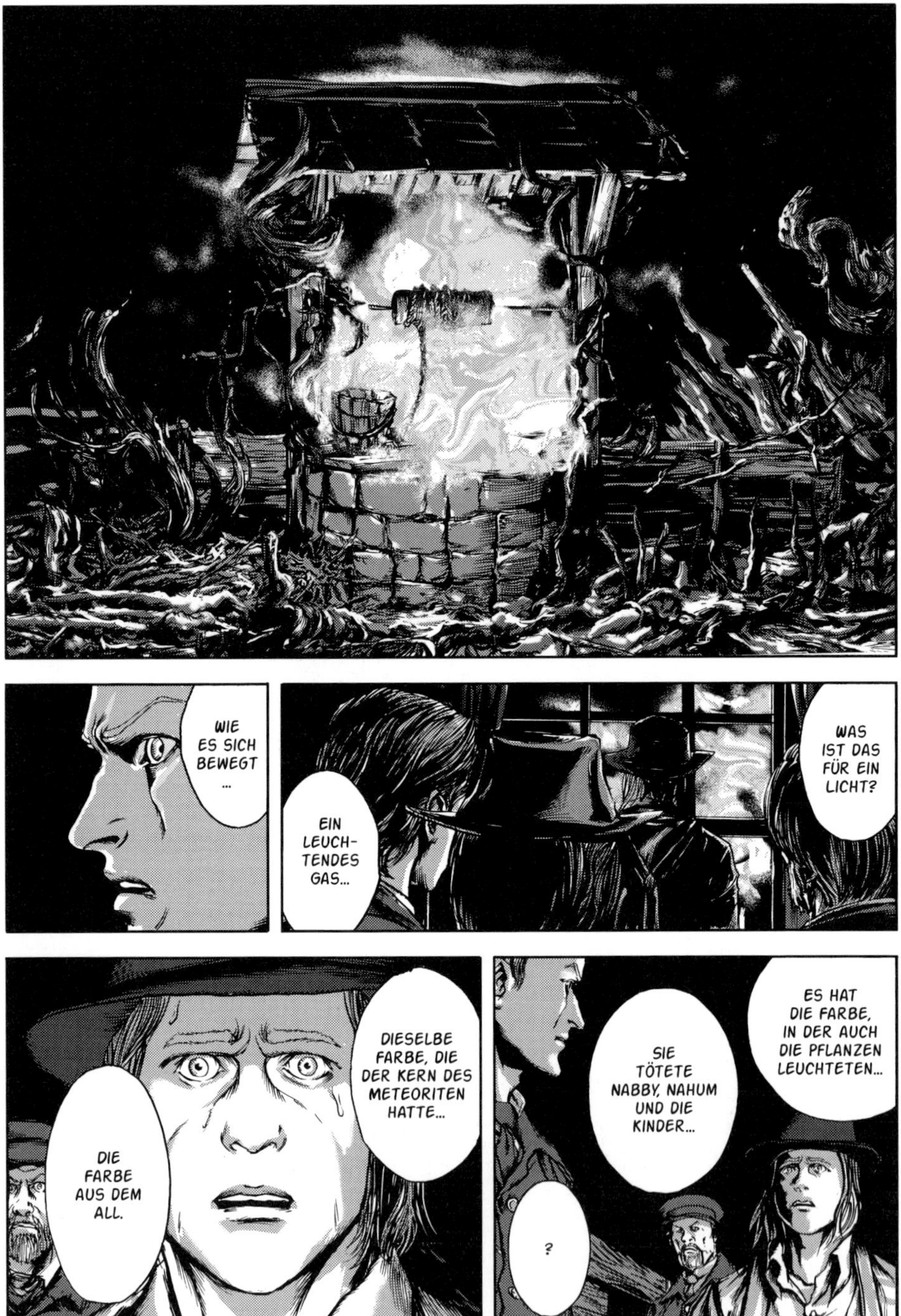
WAS IST DAS FÜR EIN LICHT?
EIN LEUCH-TENDES GAS...
WIE ES SICH BEWEGT ...
ES HAT DIE FARBE, IN DER AUCH DIE PFLANZEN LEUCHTETEN...
SIE TÖTETE NABBY, NAHUM UND DIE KINDER...
?
DIESELBE FARBE, DIE DER KERN DES METEORITEN HATTE...
DIE FARBE AUS DEM ALL.

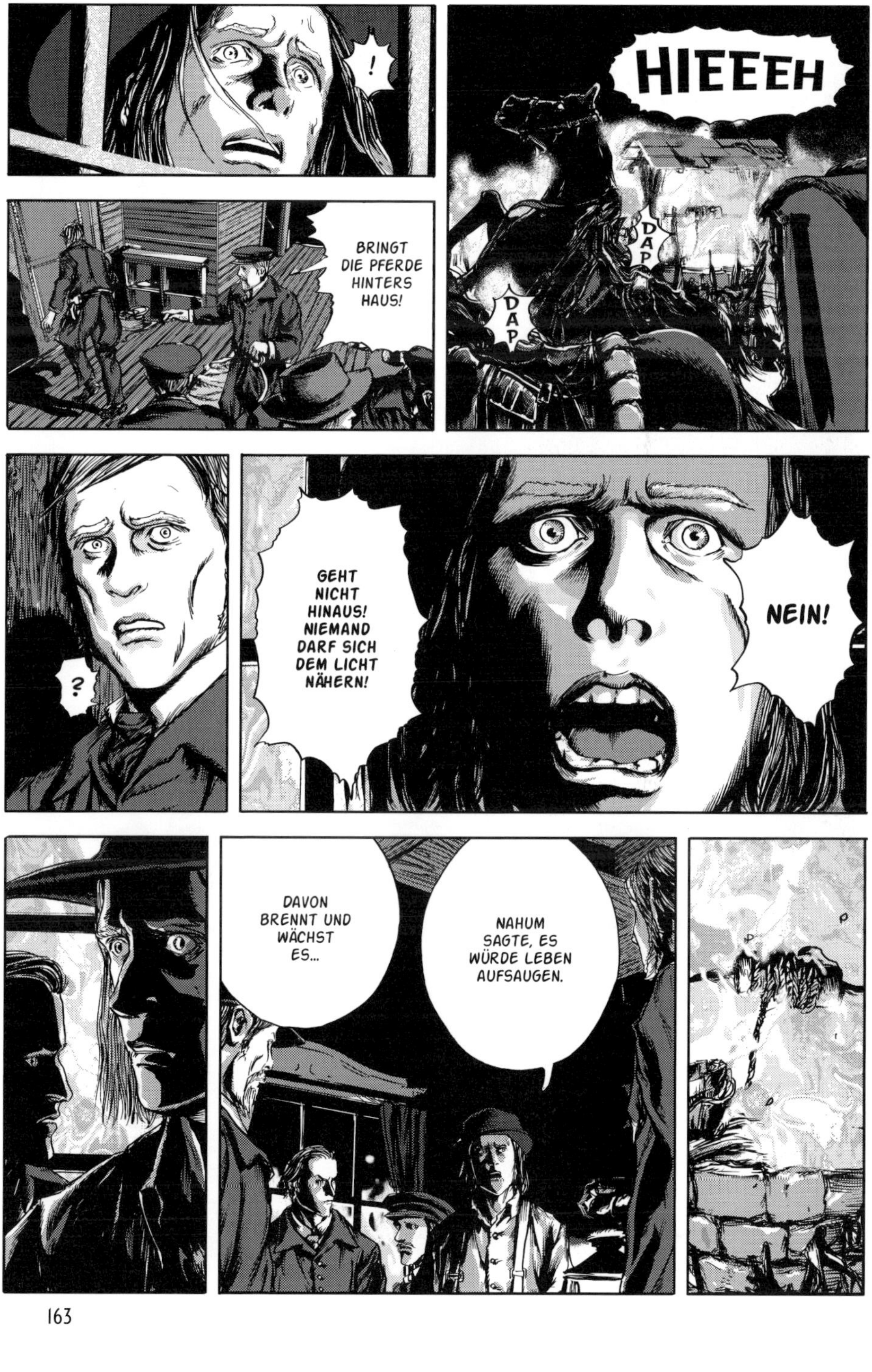
!
HIEEEH
BRINGT DIE PFERDE HINTERS HAUS!
DAP
DAP
?
GEHT NICHT HINAUS! NIEMAND DARF SICH DEM LICHT NÄHERN!
NEIN!
DAVON BRENNT UND WÄCHST ES...
NAHUM SAGTE, ES WÜRDE LEBEN AUFSAUGEN.

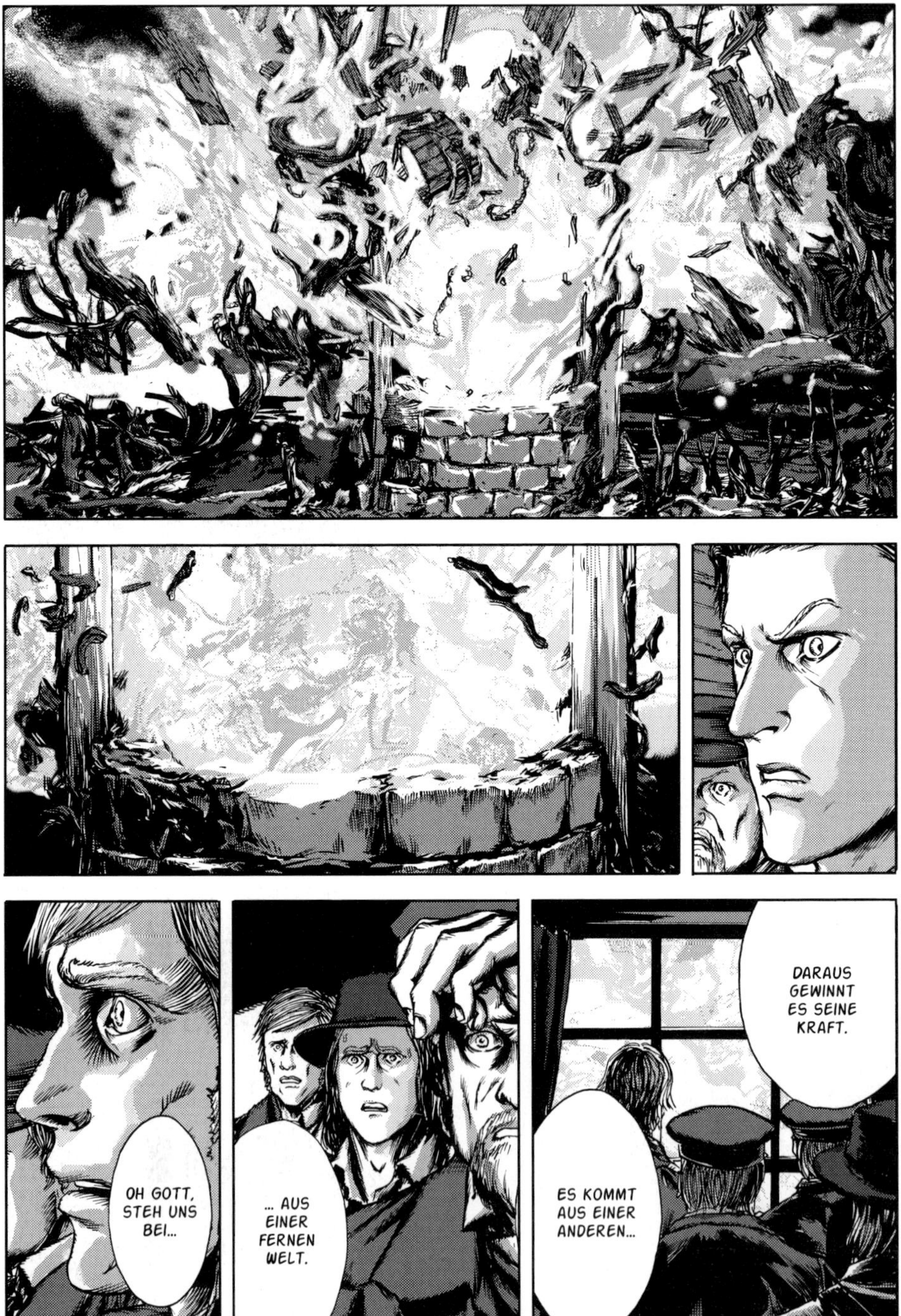
DARAUS GEWINNT ES SEINE KRAFT.
ES KOMMT AUS EINER ANDEREN...
... AUS EINER FERNEN WELT.
OH GOTT, STEH UNS BEI...

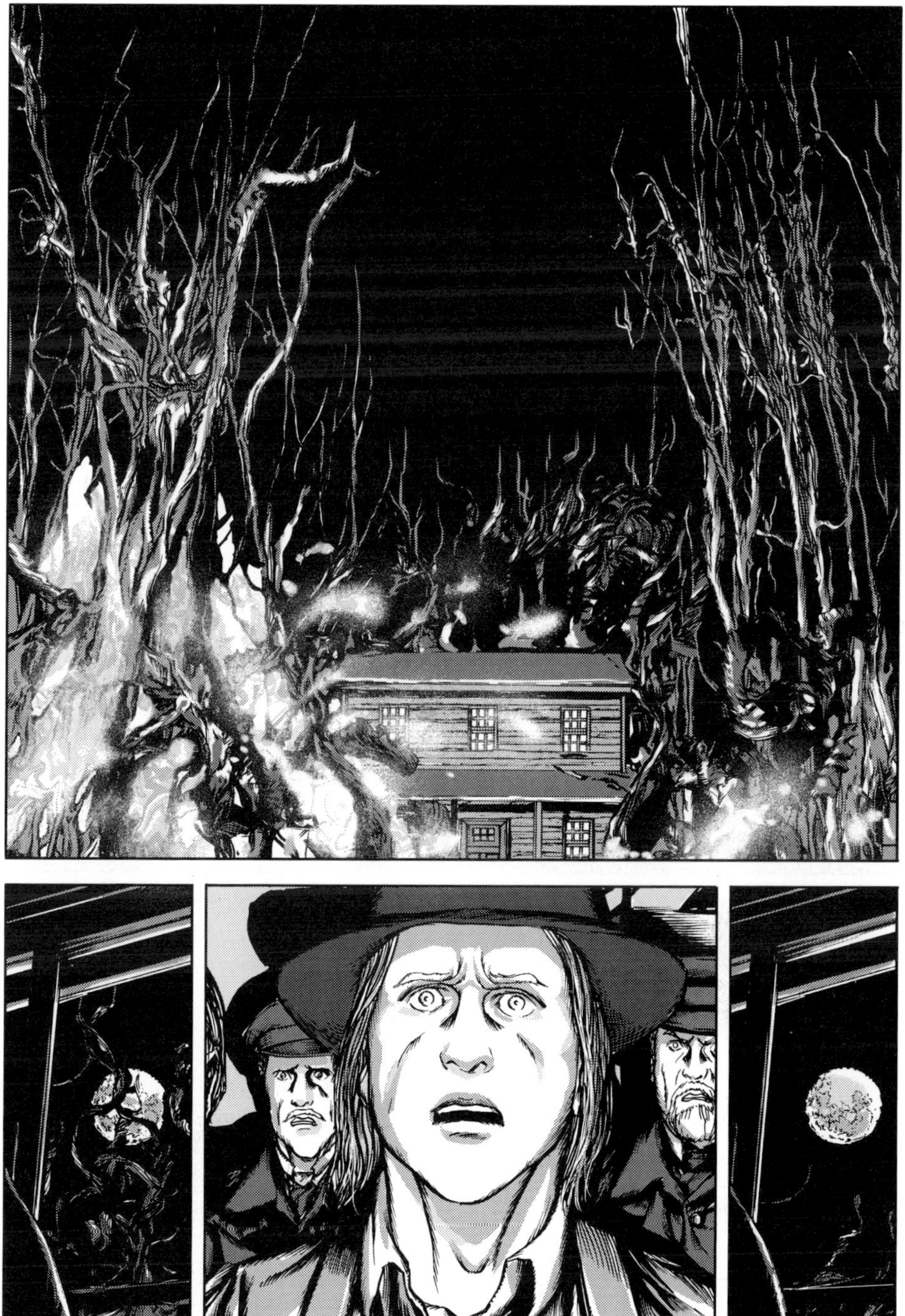

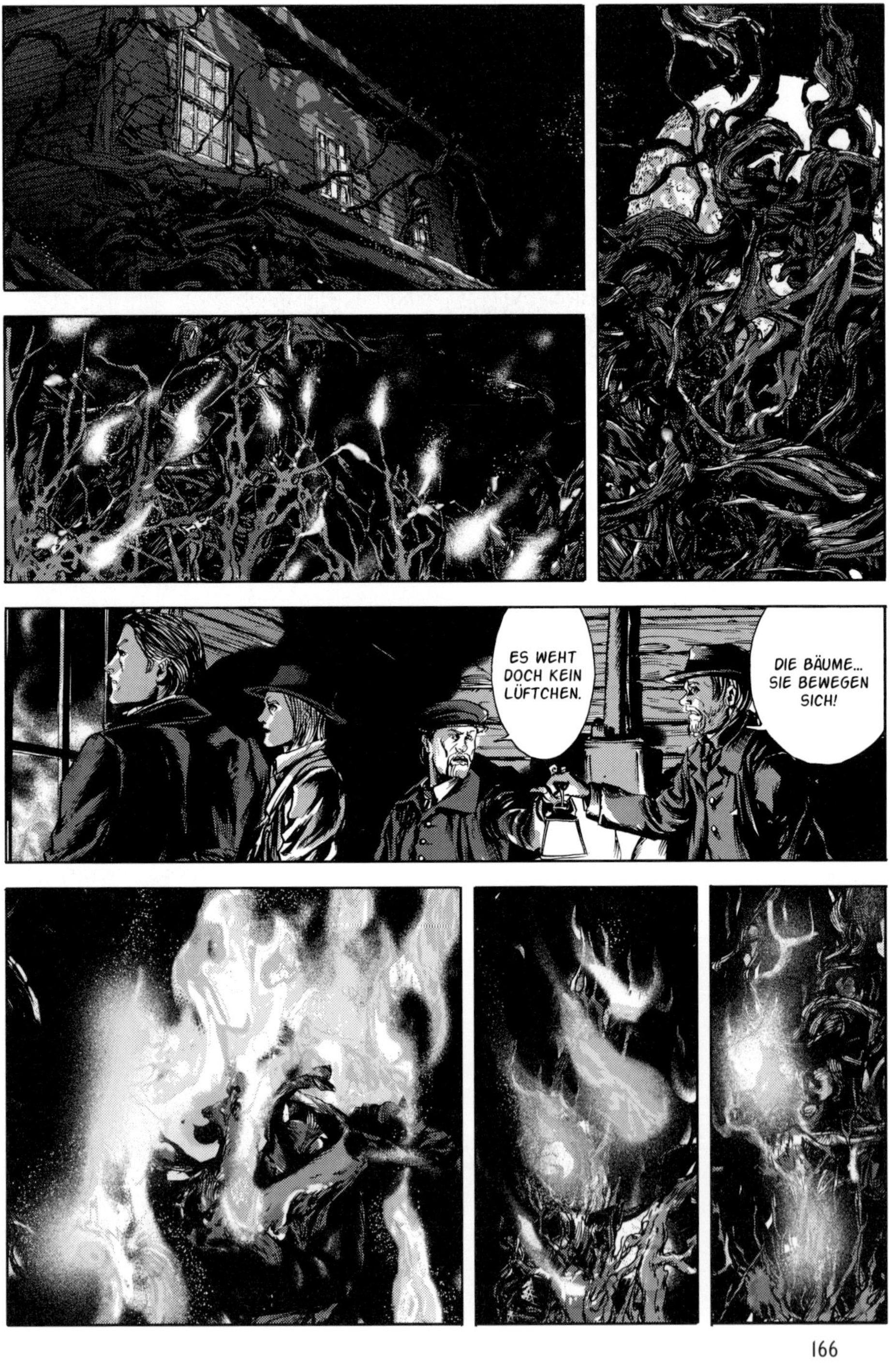
DIE BÄUME... SIE BEWEGEN SICH!
ES WEHT DOCH KEIN LÜFTCHEN.

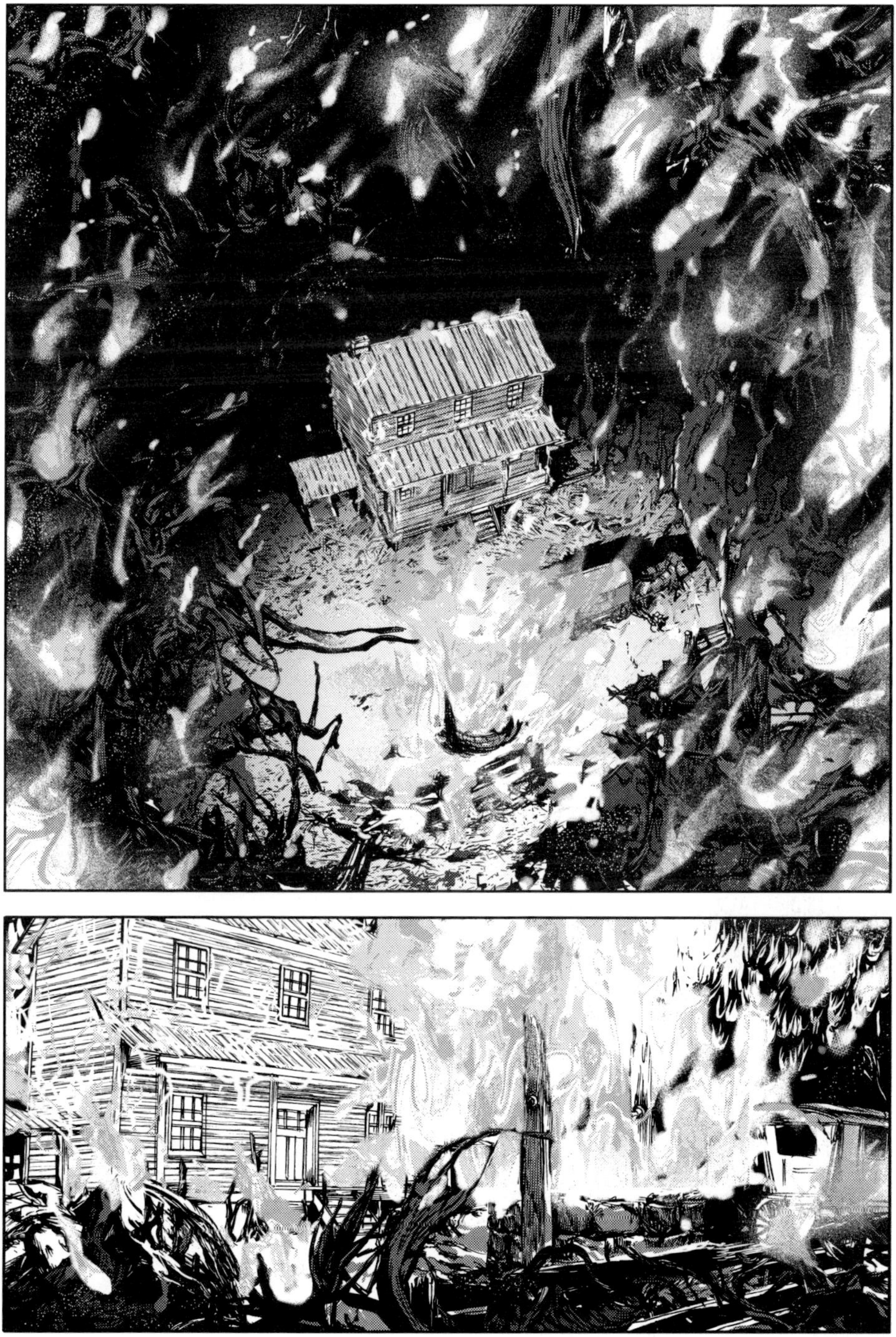

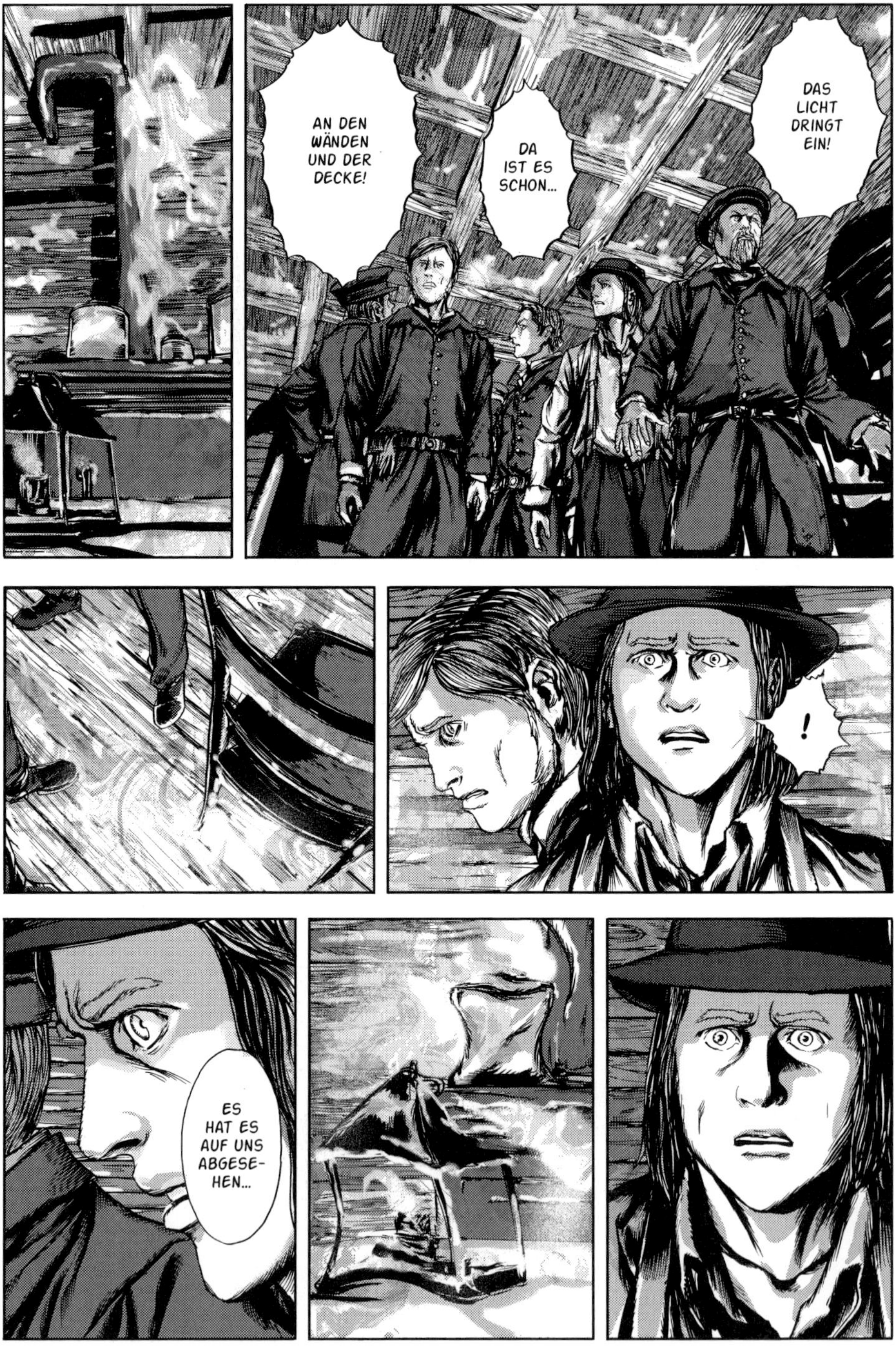
AN DEN WÄNDEN UND DER DECKE!
DA IST ES SCHON...
DAS LICHT DRINGT EIN!
!
ES HAT ES AUF UNS ABGESE-HEN...

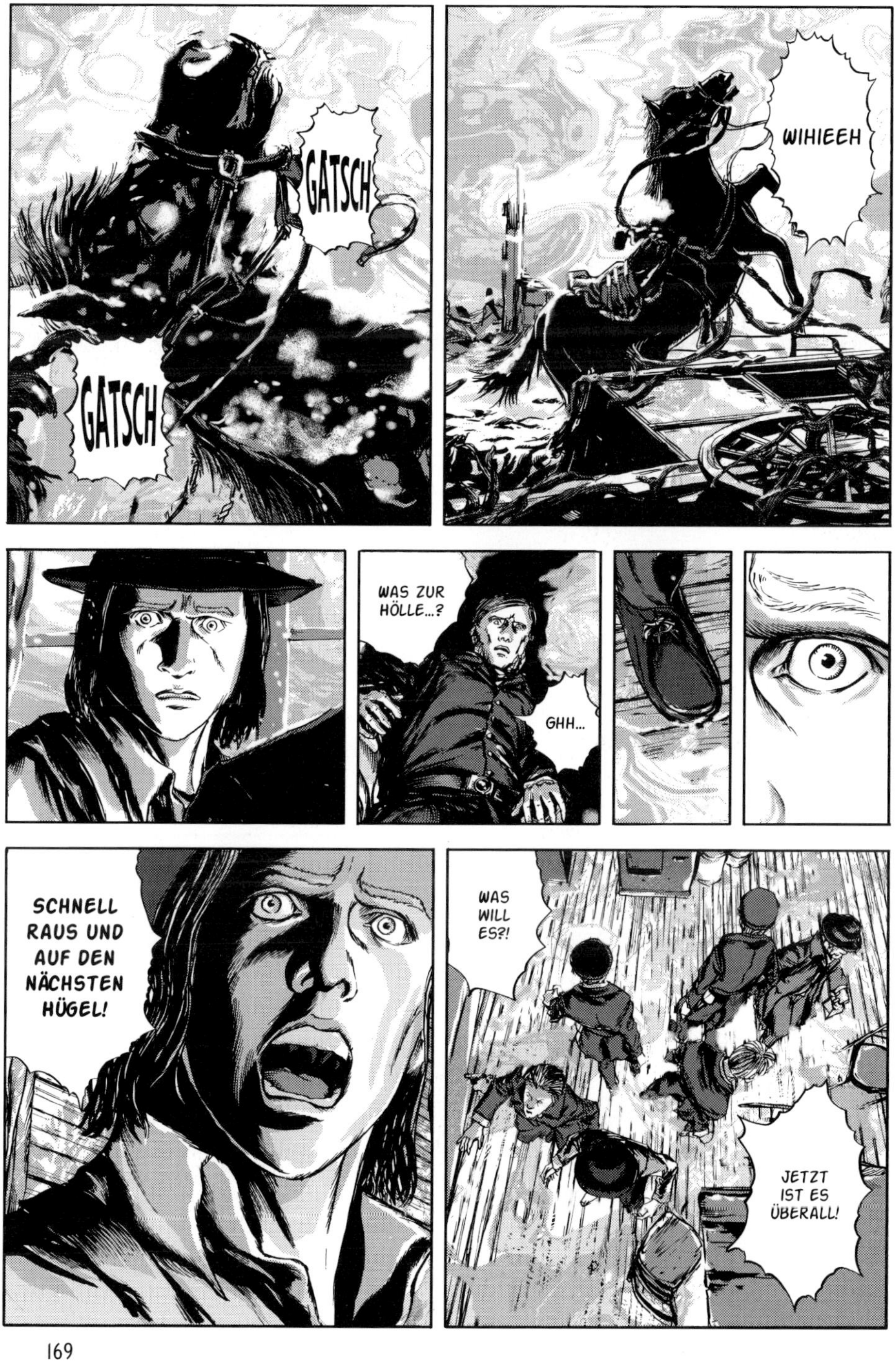
GATSCH
GATSCH
WIHIEEH
WAS ZUR HÖLLE...?
GHH...
SCHNELL RAUS UND AUF DEN NÄCHSTEN HÜGEL!
WAS WILL ES?!
JETZT IST ES ÜBERALL!

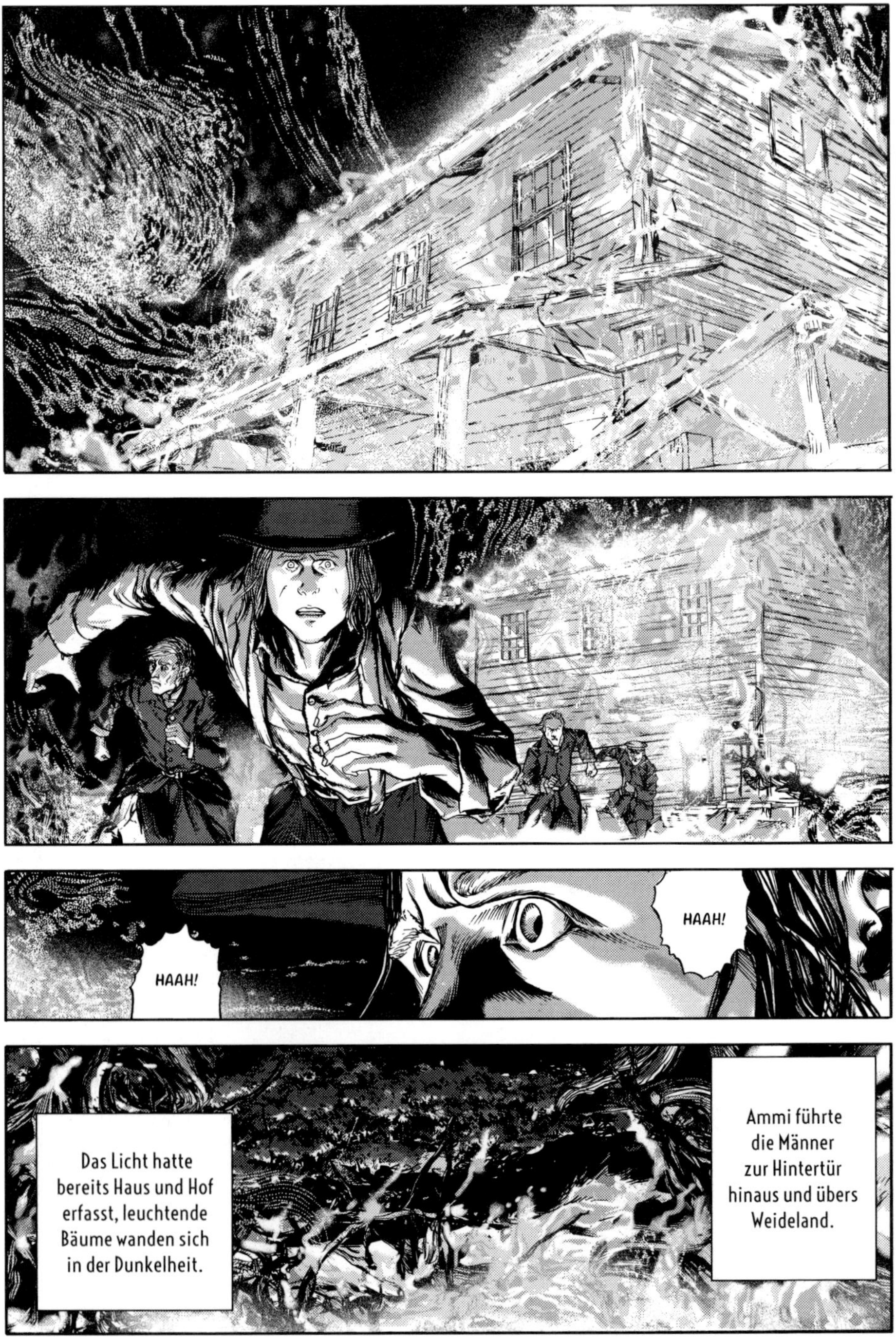
HAAH!
HAAH!
Das Licht hatte bereits Haus und Hof erfasst, leuchtende Bäume wanden sich in der Dunkelheit.
Ammi führte die Männer zur Hintertür hinaus und übers Weideland.

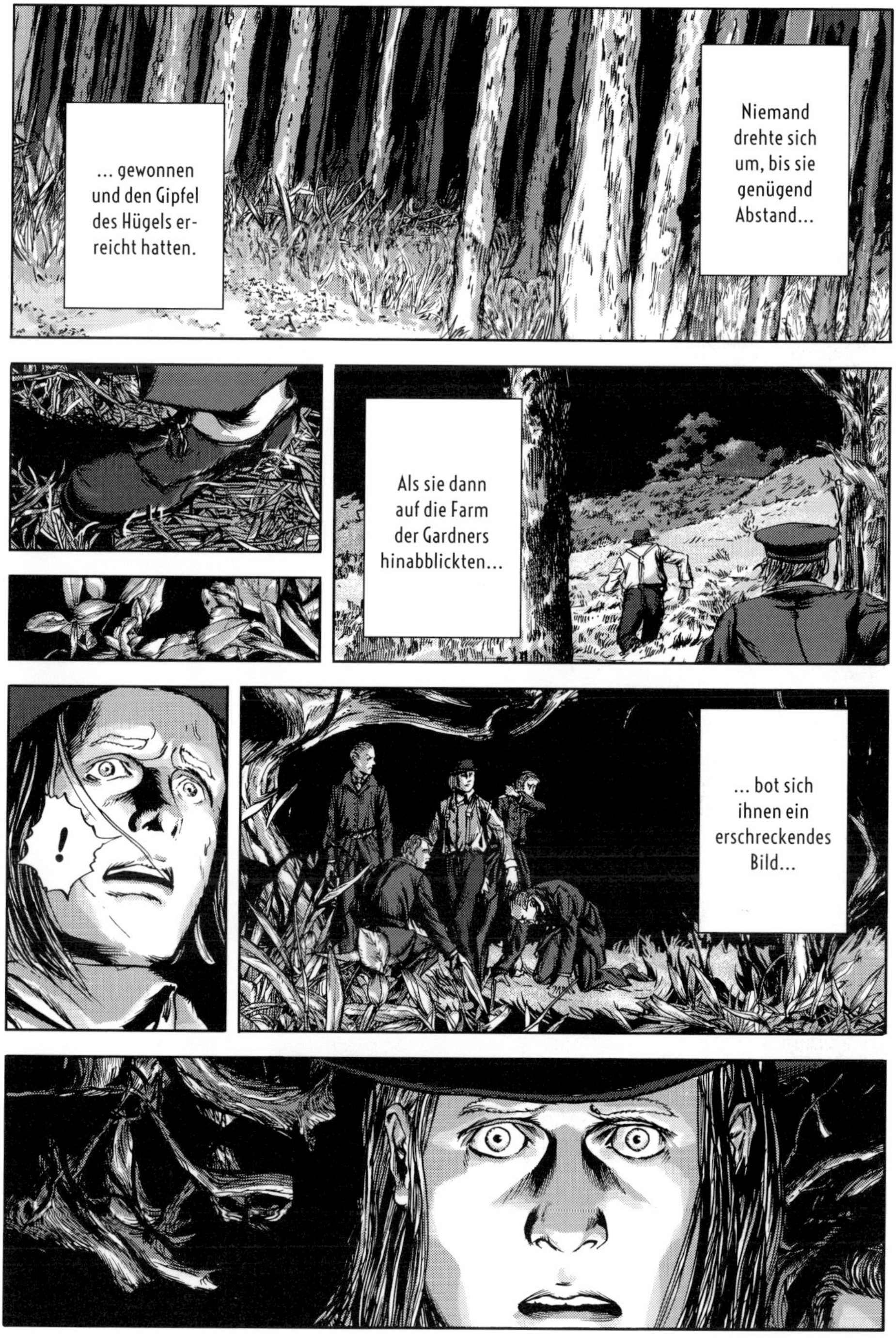

… gewonnen und den Gipfel des Hügels er-reicht hatten.
Niemand drehte sich um, bis sie genügend Abstand…
Als sie dann auf die Farm der Gardners hinabblickten…
!
… bot sich ihnen ein erschreckendes Bild…

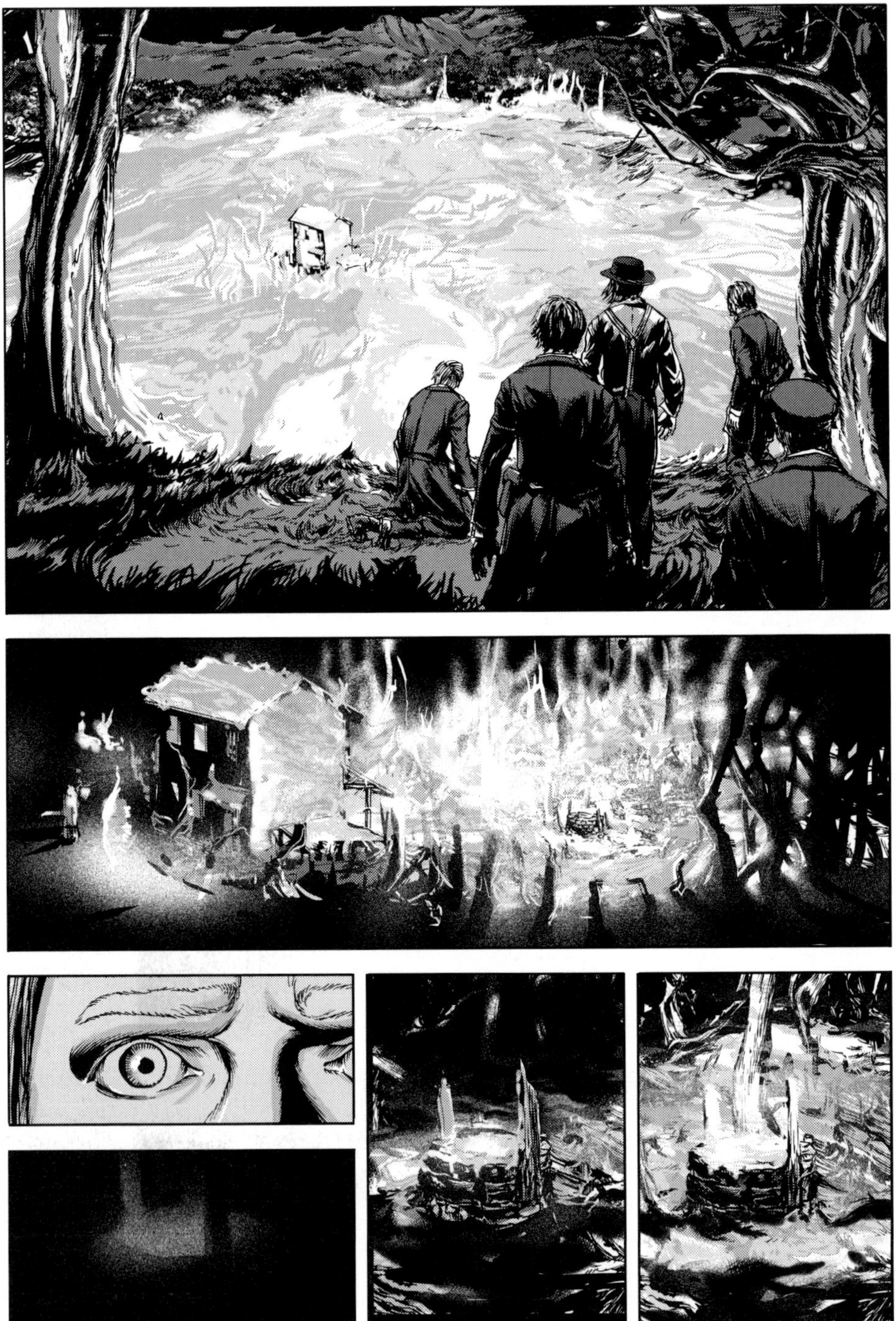

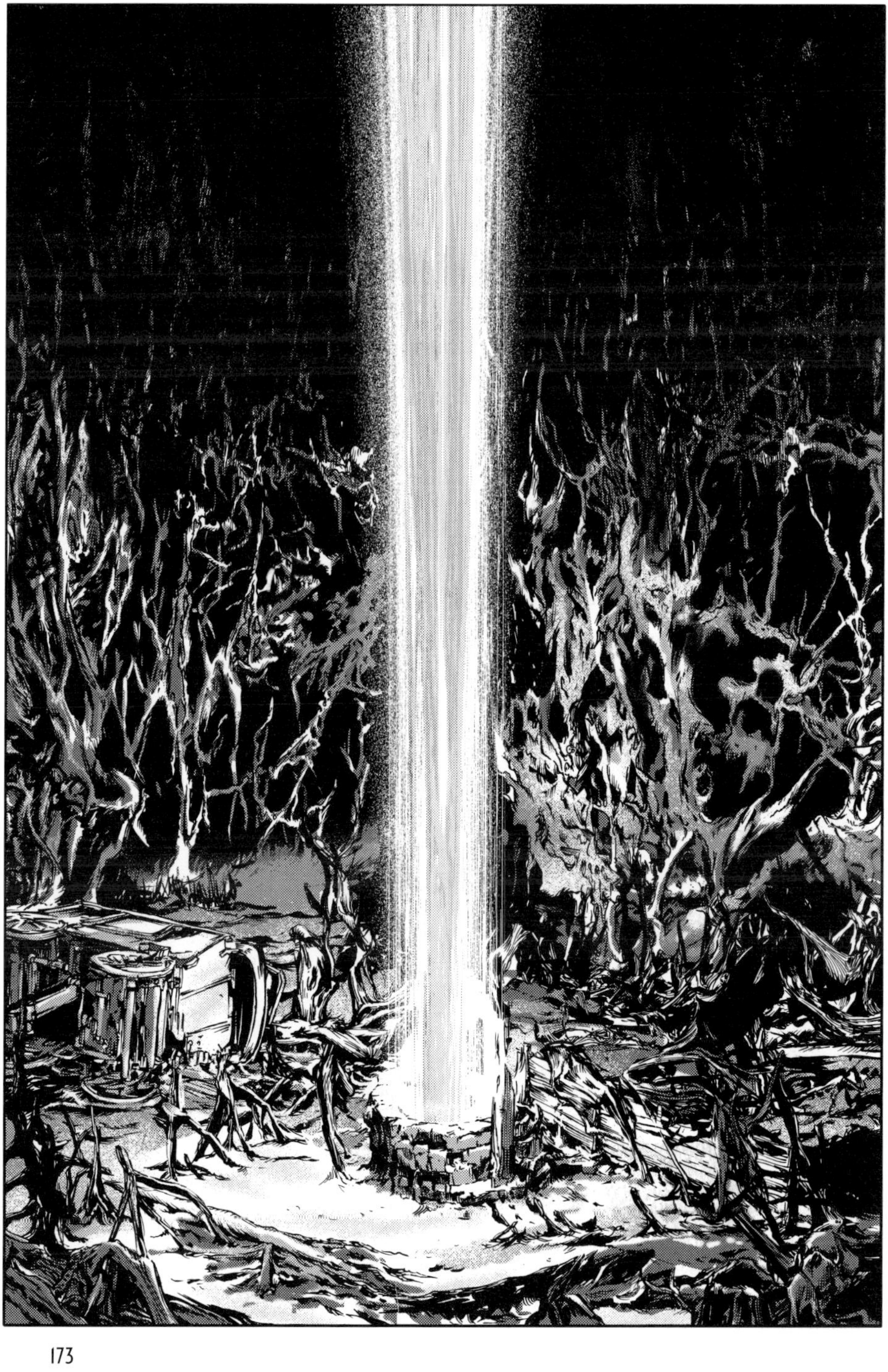

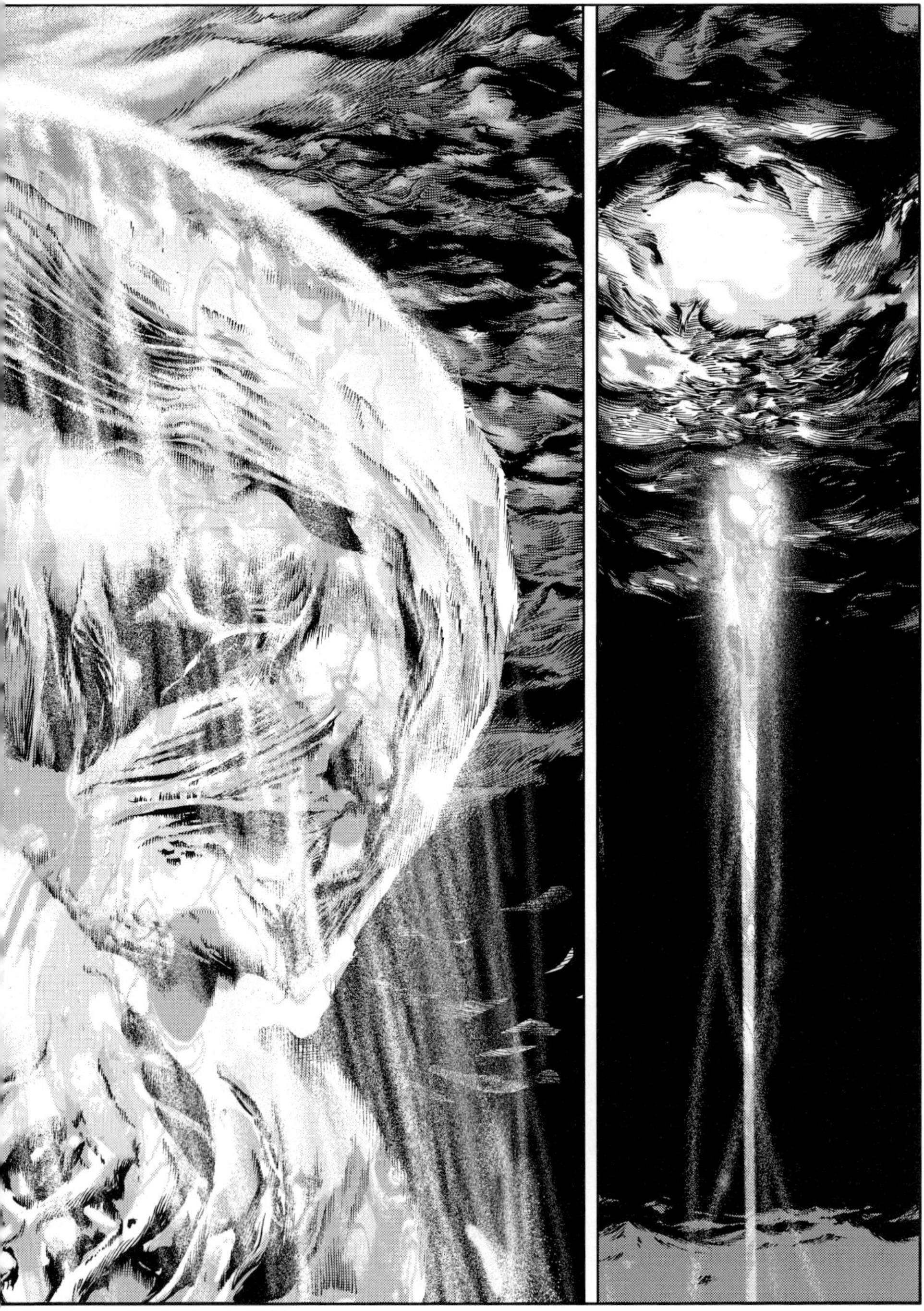

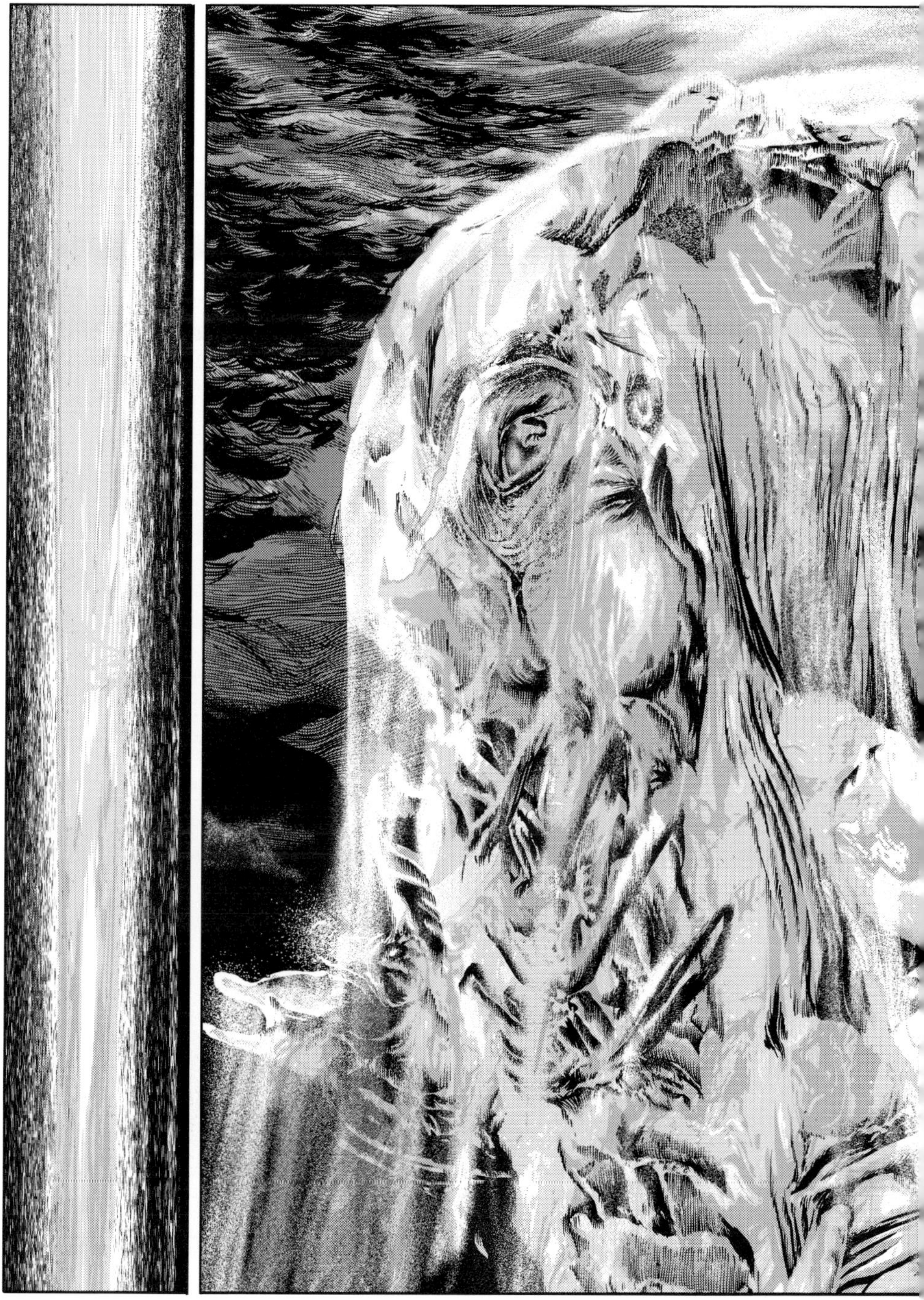

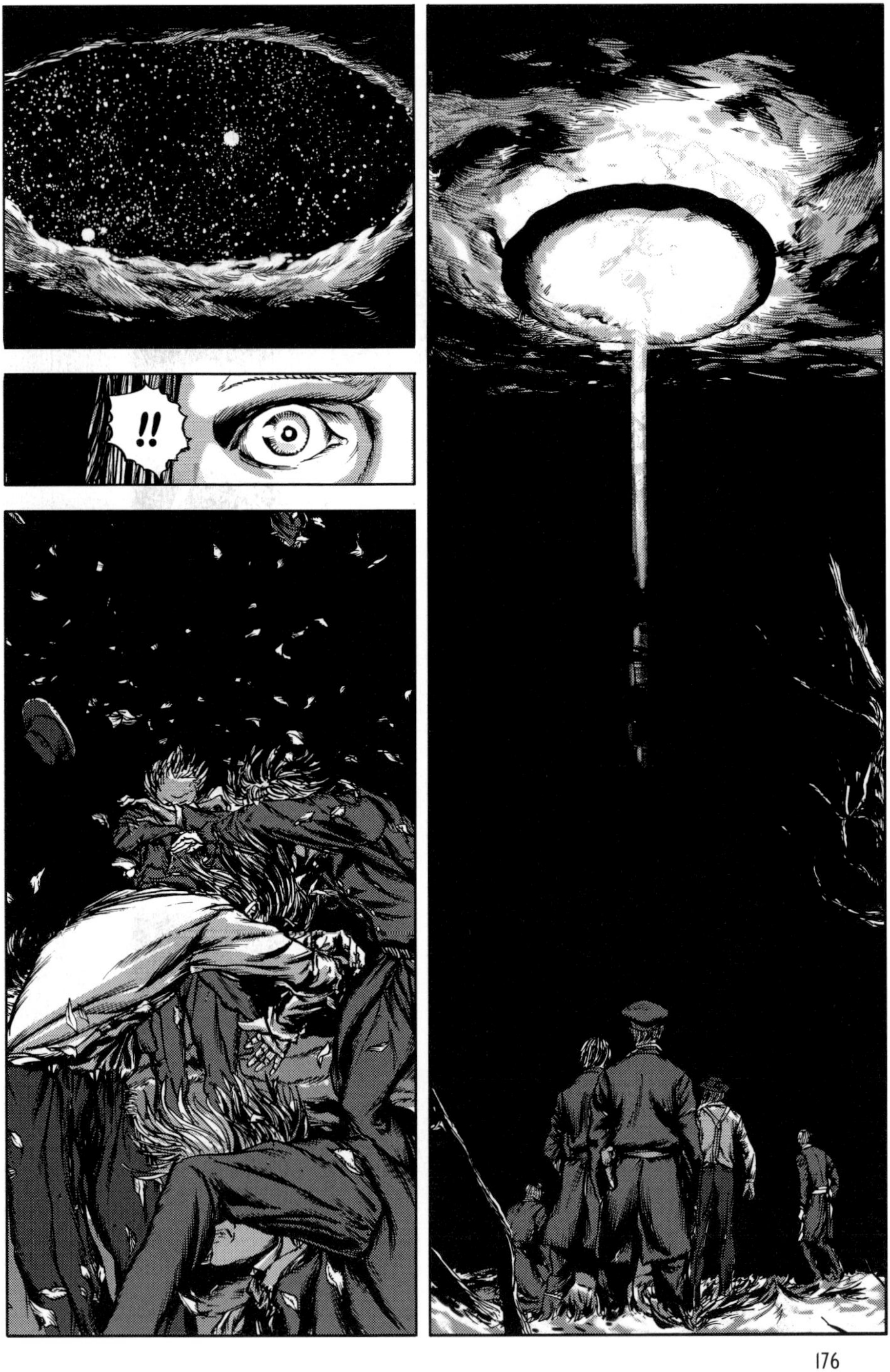

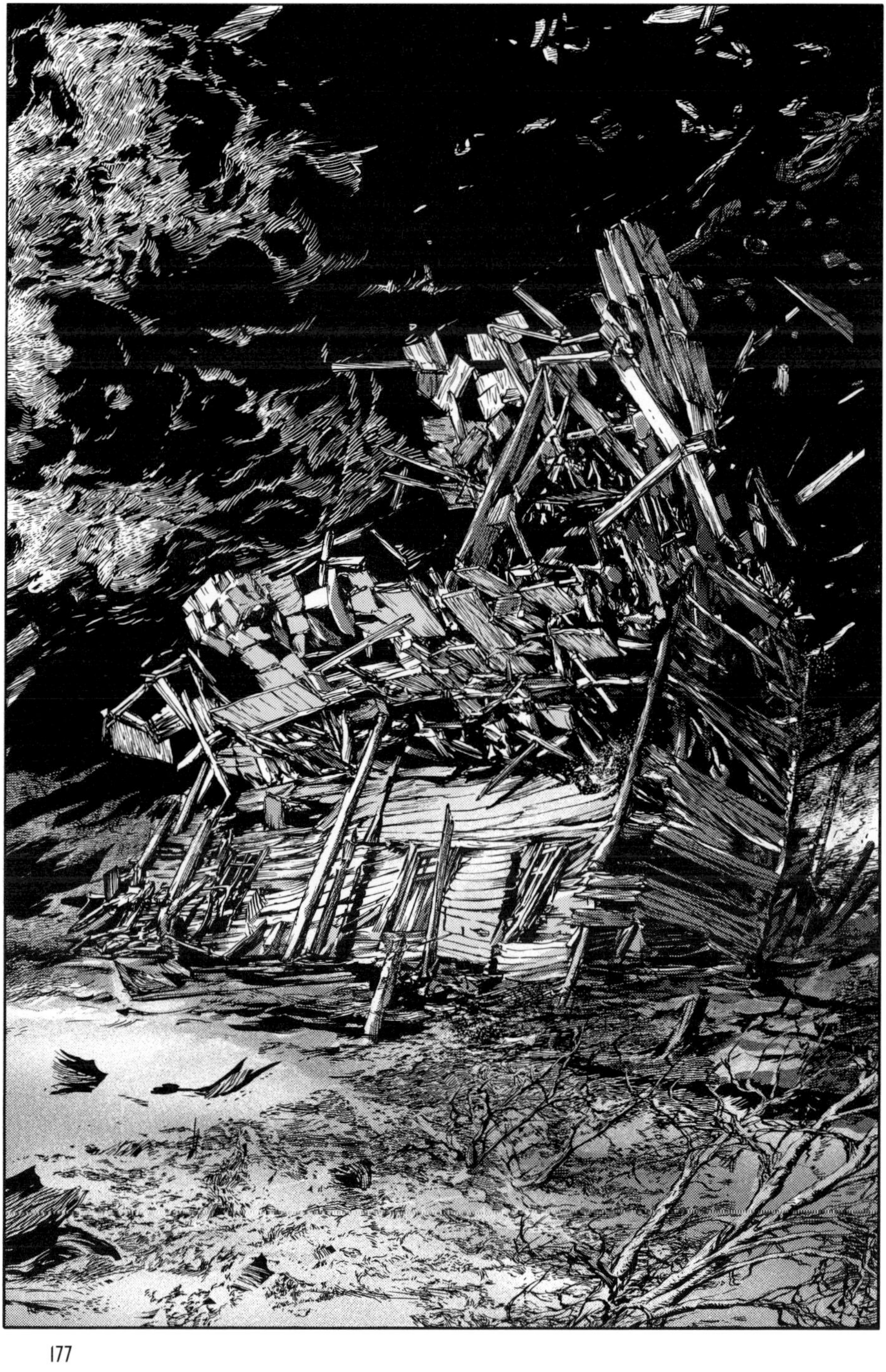

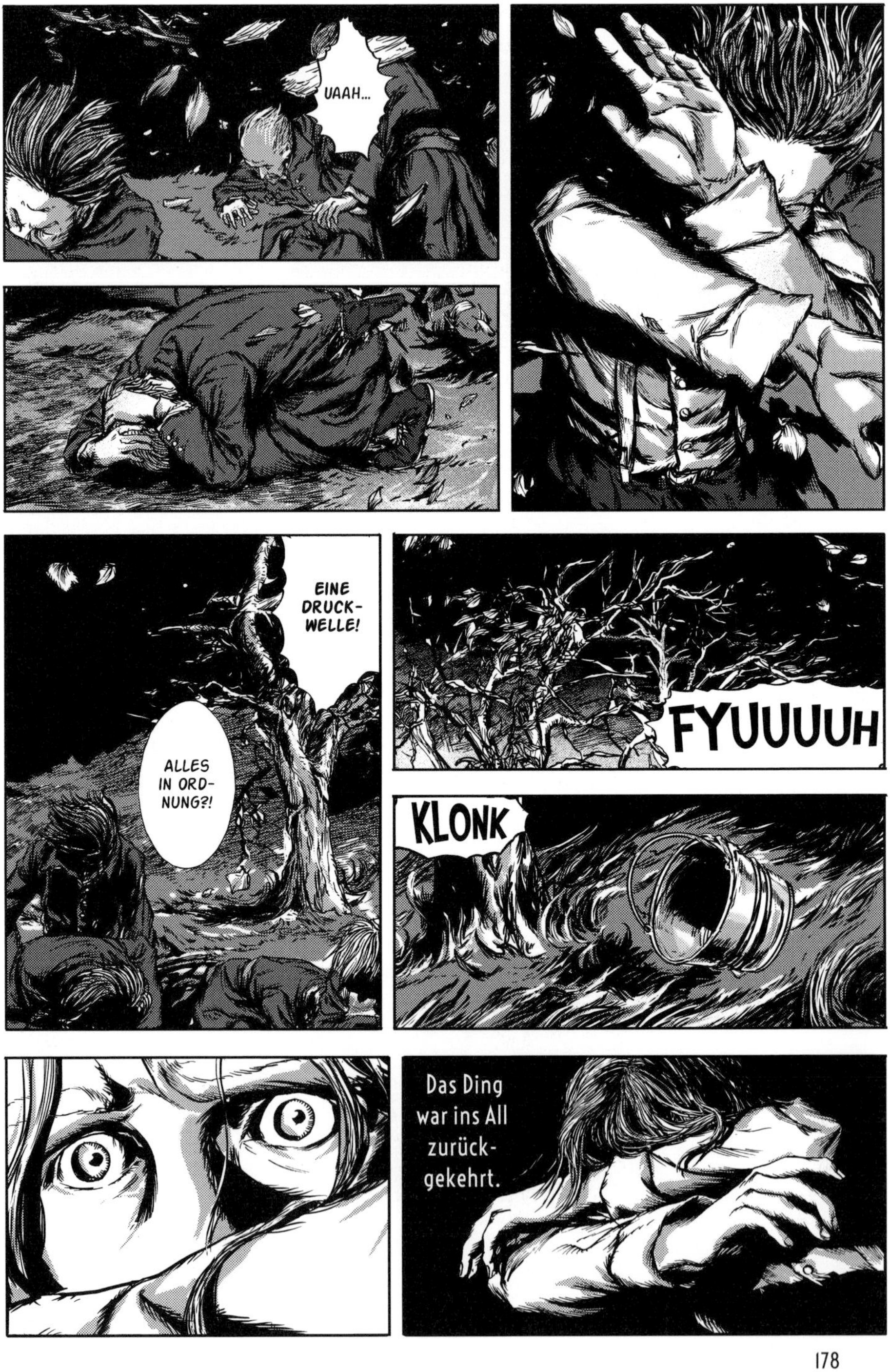
UAAH...
EINE DRUCK-WELLE!
ALLES IN ORD-NUNG?!
FYUUUUH
KLONK
Das Ding war ins All zurückgekehrt.

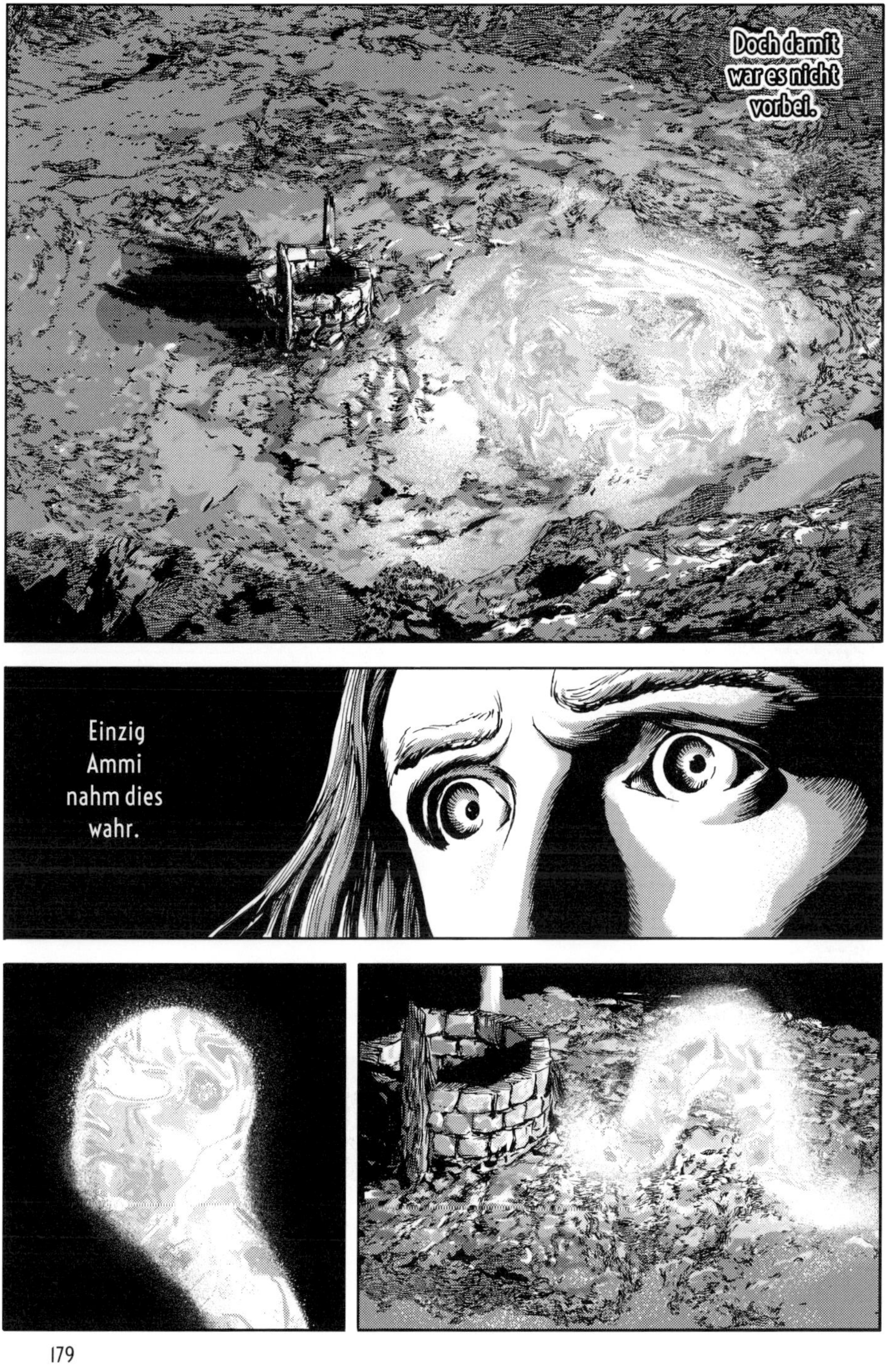
Doch damit war es nicht vorbei.
Einzig Ammi nahm dies wahr.

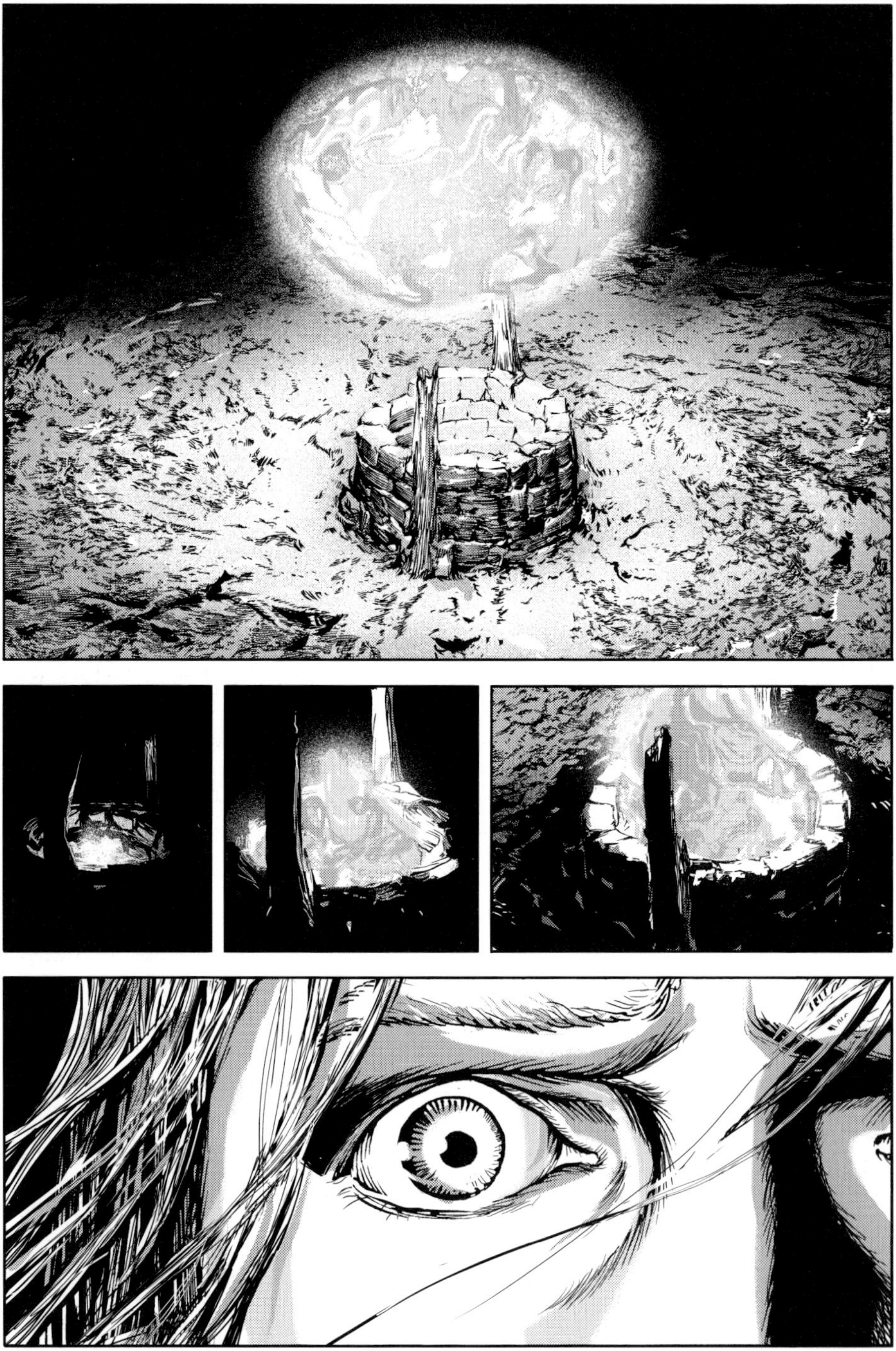

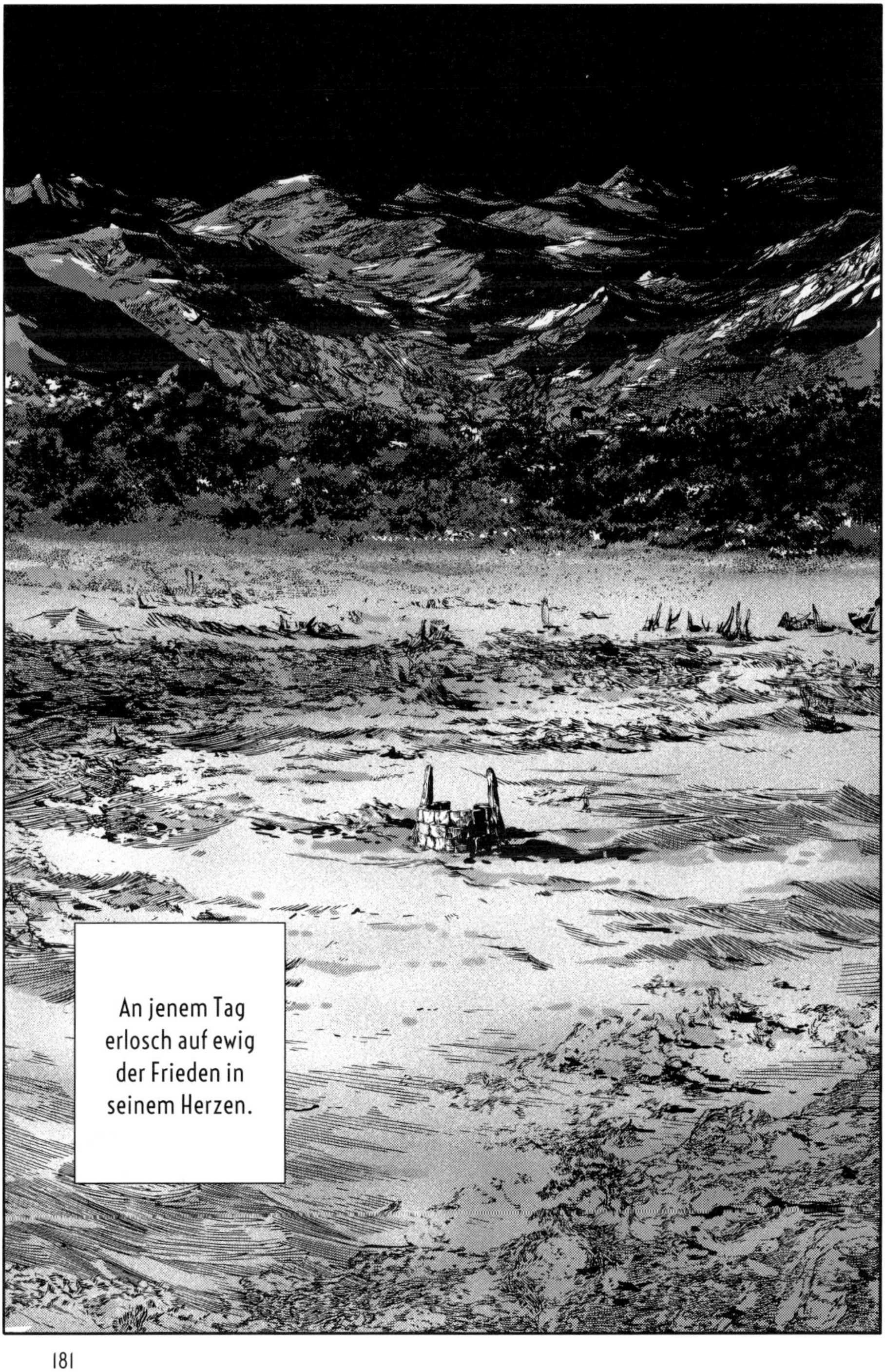
An jenem Tag erlosch auf ewig der Frieden in seinem Herzen.

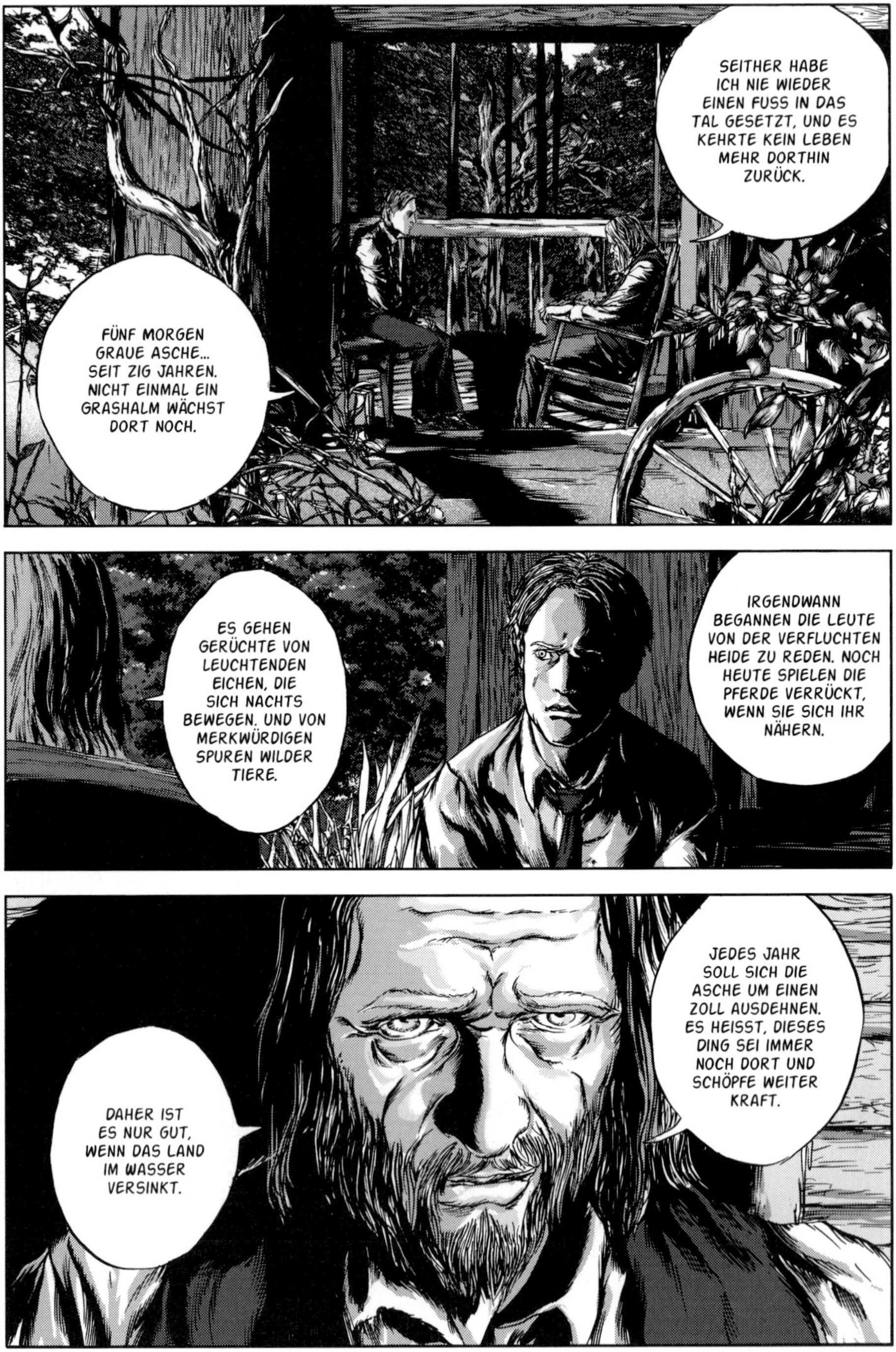
SEITHER HABE ICH NIE WIEDER EINEN FUSS IN DAS TAL GESETZT, UND ES KEHRTE KEIN LEBEN MEHR DORTHIN ZURÜCK.
FÜNF MORGEN GRAUE ASCHE... SEIT ZIG JAHREN. NICHT EINMAL EIN GRASHALM WÄCHST DORT NOCH.
IRGENDWANN BEGANNEN DIE LEUTE VON DER VERFLUCHTEN HEIDE ZU REDEN. NOCH HEUTE SPIELEN DIE PFERDE VERRÜCKT, WENN SIE SICH IHR NÄHERN.
ES GEHEN GERÜCHTE VON LEUCHTENDEN EICHEN, DIE SICH NACHTS BEWEGEN. UND VON MERKWÜRDIGEN SPUREN WILDER TIERE.
JEDES JAHR SOLL SICH DIE ASCHE UM EINEN ZOLL AUSDEHNEN. ES HEISST, DIESES DING SEI IMMER NOCH DORT UND SCHÖPFE WEITER KRAFT.
DAHER IST ES NUR GUT, WENN DAS LAND IM WASSER VERSINKT.

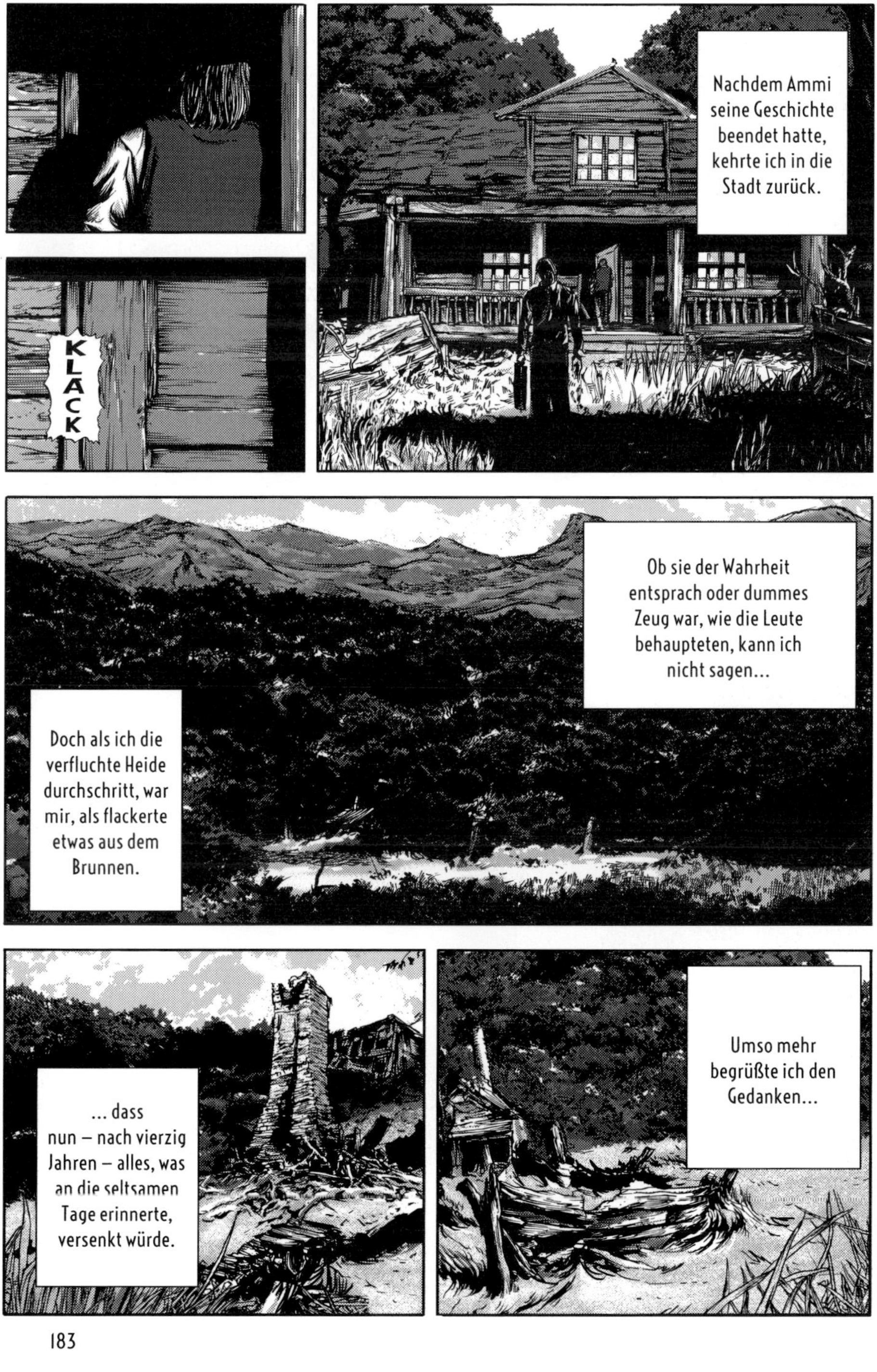
KLACK
Nachdem Ammi seine Geschichte beendet hatte, kehrte ich in die Stadt zurück.
Ob sie der Wahrheit entsprach oder dummes Zeug war, wie die Leute behaupteten, kann ich nicht sagen…
Doch als ich die verfluchte Heide durchschritt, war mir, als flackerte etwas aus dem Brunnen.
Umso mehr begrüßte ich den Gedanken…
… dass nun – nach vierzig Jahren – alles, was an die seltsamen Tage erinnerte, versenkt würde.

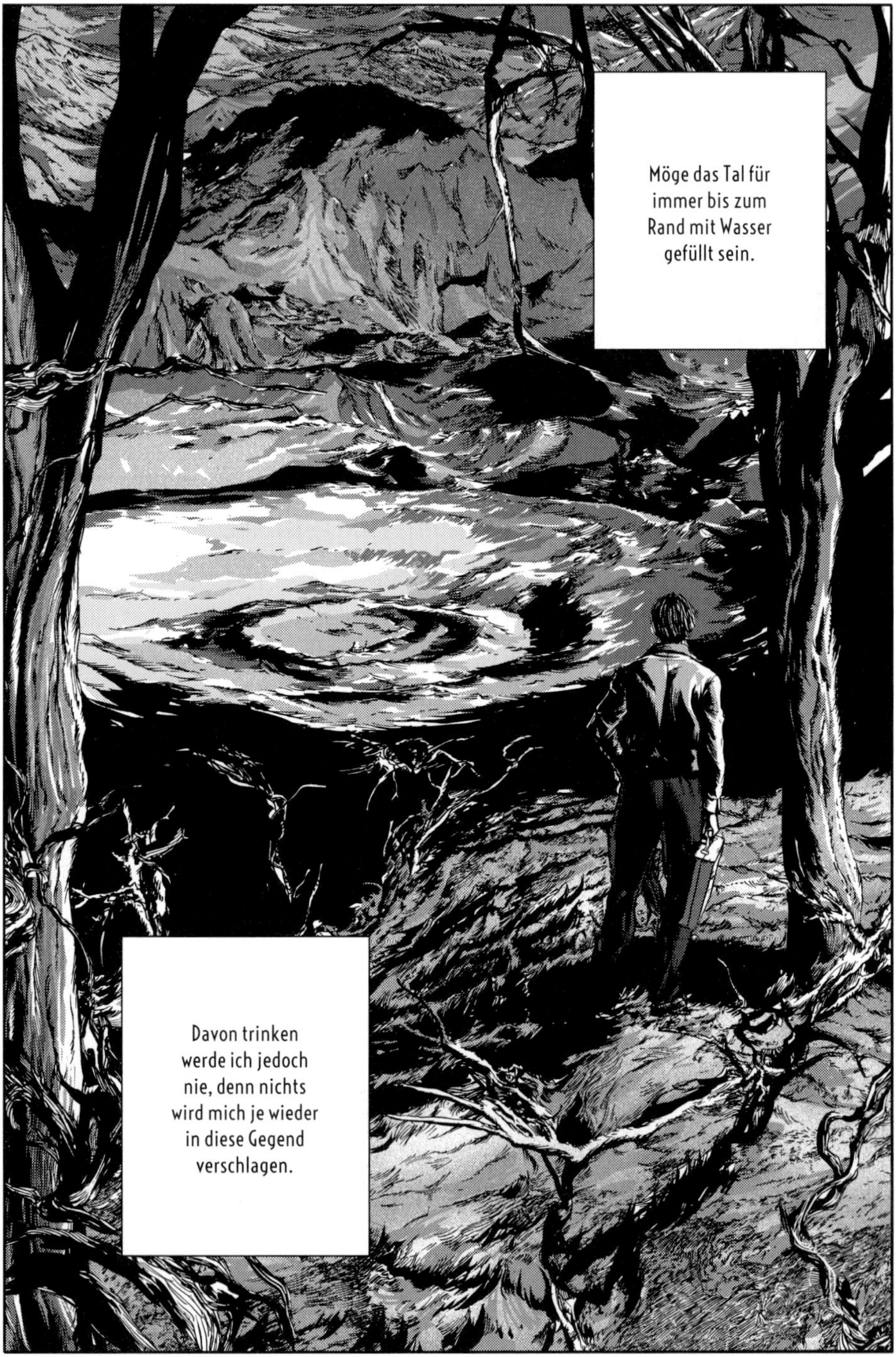
Möge das Tal für immer bis zum Rand mit Wasser gefüllt sein.
Davon trinken werde ich jedoch nie, denn nichts wird mich je wieder in diese Gegend verschlagen.

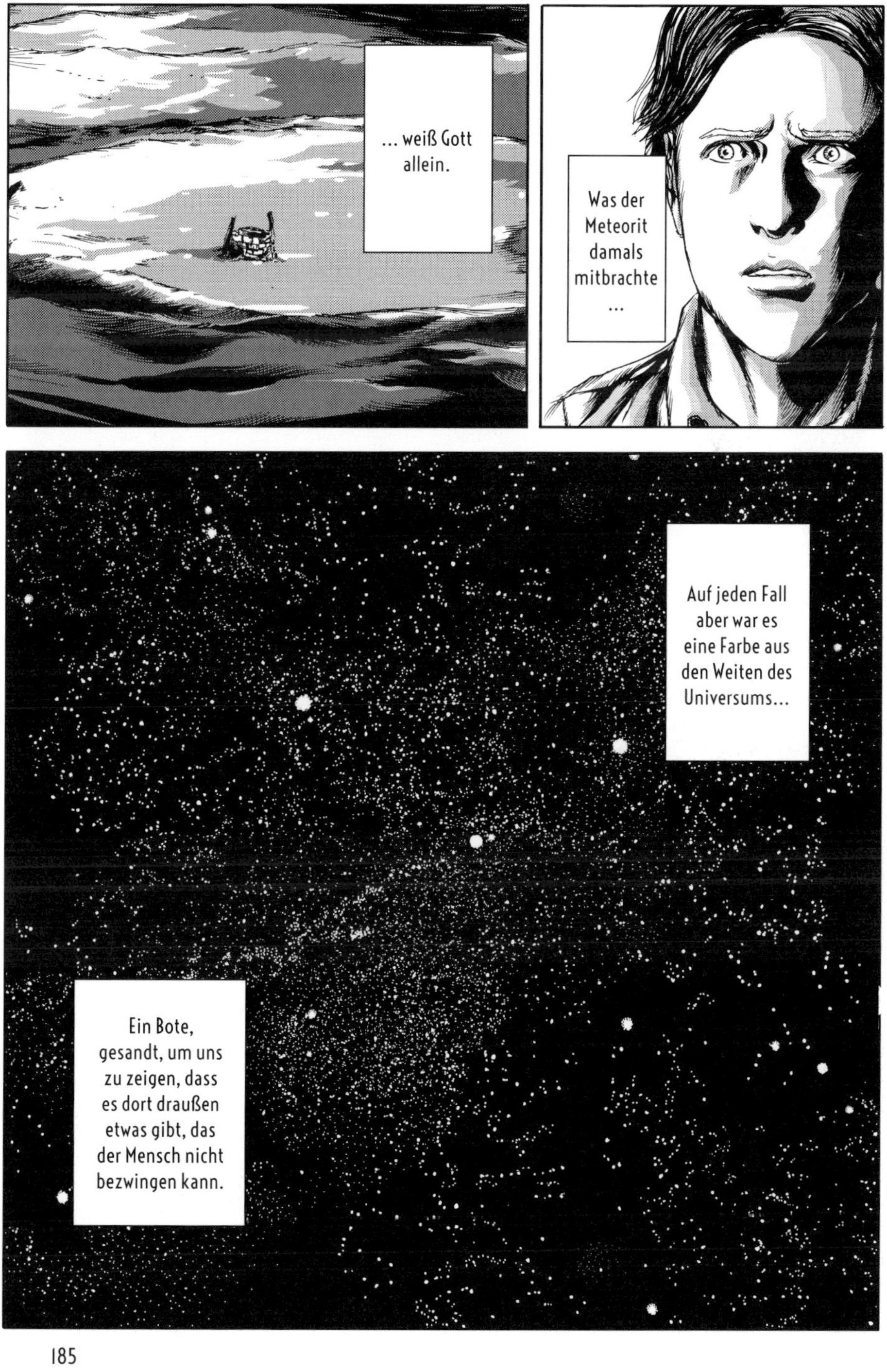
… weiß Gott allein.
Was der Meteorit damals mitbrachte …
Auf jeden Fall aber war es eine Farbe aus den Weiten des Universums…
Ein Bote, gesandt, um uns zu zeigen, dass es dort draußen etwas gibt, das der Mensch nicht bezwingen kann.

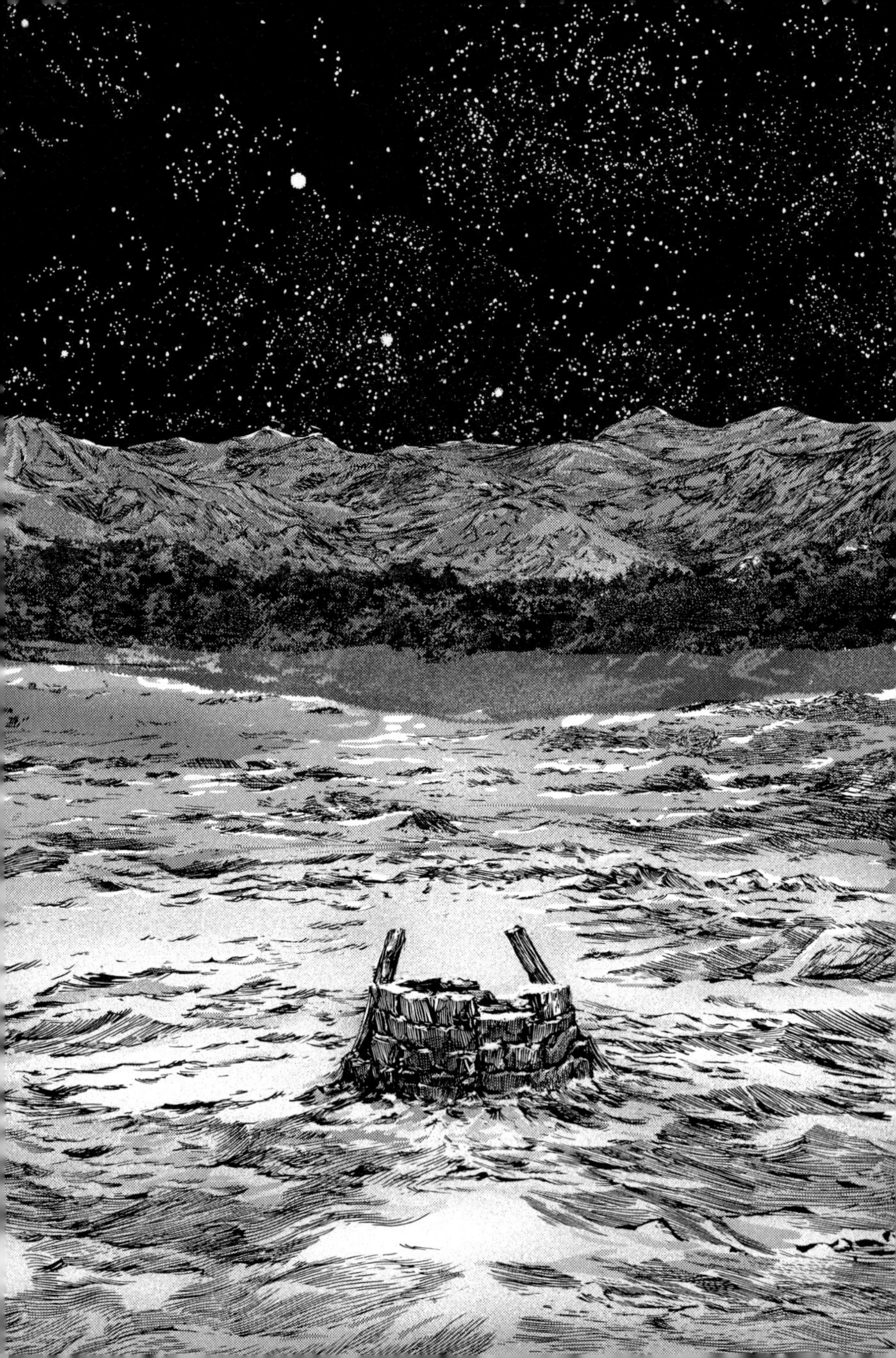

ENDE

Die Farbe aus dem All

The Colour out of Space

von H. P. Lovecraft

JENSEITS ALLER GRENZEN –

H. P. Lovecrafts *Die Farbe aus dem All*

von *Thorsten Hanisch*

Dass die Arbeit von Künstlern erst nach ihrem Ableben von Erfolg gekrönt wird, ist kein neues Phänomen. Seltener kommt es vor, dass der Erfolg eines Künstlers nach seinem Tod weiter und weiter wächst.

Der Schriftsteller Howard Phillip Lovecraft (1890–1937) gilt mittlerweile als einer der bedeutendsten Verfasser phantastischer Horrorliteratur des 20. Jahrhunderts. Sein Einfluss reicht weit über die Grenzen der Literatur hinaus. Nicht nur prominente Kollegen wie Stephen King oder Umberto Eco berufen sich auf ihn. Auch in der Musik, in Filmen, Fernsehserien, Comics oder als Spielzeug – Lovecraft scheint allgegenwärtig. Er wird adaptiert, zitiert oder kopiert. Selbst diejenigen, die noch nie über seinen Namen gestolpert sind, dürften irgendwann auf irgendeine Weise mit dem Schaffen des hageren Mannes aus Providence, Rhode Island, USA, in Berührung gekommen sein.

Dabei gestalteten sich die Anfänge mehr als bescheiden: Der Autor, der mit seiner Arbeit nie in der Lage war, seinen Lebensunterhalt zu bestreiten, schrieb Zeit seines Lebens 70 Erzählungen. Einige davon liegen lediglich als Fragmente vor, nur drei erreichen die Länge von Kurzromanen. Lovecrafts Schaffen erschien in billigen, als minderwertig geltenden Pulp-Magazinen wie *Weird Tales*. Seine Werke wurden dementsprechend nicht einmal im Ansatz ernst genommen und wären wohl in Vergessenheit geraten, hätten nicht zwei seiner Freunde ab 1939 Sammelbände seiner Geschichten in Eigenregie veröffentlicht. Im Laufe der folgenden Jahrzehnte mutierte der Schriftsteller posthum langsam, aber sicher zu einem populären und einflussreichen Kultliteraten, der vor allem dank der Hippiebewegung der 1960er-Jahre eine große Anzahl neuer Leser fand. Zudem horchte die Filmindustrie auf, die bis heute dazu beiträgt, das Feuer am Lodern zu halten. So brachte die 1963 veröffentlichte erste Verfilmung (*Die Folterkammer des Hexenjägers*[1], Regie: Roger Corman) eine bis heute nicht abreißende Welle ins Rollen – zumeist missglückte Versuche, sein Werk auf irgendeine Weise auf die Leinwand zu hieven. Der springende Punkt dabei: Der Autor war durchaus Filmfan, mochte aber gerade Horrorfilme nicht sonderlich. Die meisten Produktionen dieses Genres ließen Lovecraft völlig unbeeindruckt. Er empfand sie als »flachen, infantilen Unsinn« und hoffte, dass man seine Geschichten niemals »in filmischer Form banalisieren würde« – dasselbe galt für die etwaige Bearbeitung in Form der damals immens populären Radiohörspiele.[2]

Die literarische Stilistik des eigenwilligen Wortjongleurs, in der sich oft eine sprachliche Kluft manifestiert, mutet da ein wenig wie eine Art Protest gegen eine Konvertierung seiner Arbeiten an, ein »Schreiben gegen das Bild«. Er verwendet überwiegend eine sehr unter die Kontrolle eines nicht menschlichen Einflusses, sind aber unfähig dem Schicksal zu entfliehen und werden zudem von ihrer Umgebung abgelehnt und isoliert. Darüber hinaus bleibt Lovecraft in der Schilderung der übernatürlichen Bedrohung unkonkret. Wir wissen bis zum Schluss nur, dass es sich bei der Farbe aus dem All um »einen furchterregenden Boten aus ungestalten Gefilden der Unendlichkeit jenseits aller Natur, wie wir sie kennen« handelt. »Aus Gefilden, deren bloße Existenz das Gehirn lähmt und uns wie betäubt in die schwarzen außerkosmischen Abgründe starren lässt, die sich vor unseren entsetzten Augen auftun.«[3]

Es ist diese Dimension der Unbegreiflichkeit, diese Hilflosigkeit der Menschen angesichts der Erkenntnis, dass wir Mächten ausgesetzt sind, die wir weder verstehen noch kontrollieren können, die bei den bisher vier Verfilmungen (*Das Grauen von Schloss Witley*, 1965; *The Curse*, 1967; *Color from the Dark*, 2008; *Die Farbe*, 2010) für extrem unterschiedliche, überwiegend viel zu konventionelle Resultate sorgte. Am sehenswertesten ist noch die deutsche Low-Budget-Version *Die Farbe*, die immerhin die unwirkliche Stimmung des Lovecraft'schen Kosmos gekonnt in schwarz-weiße, deutlich vom Film noir beeinflusste Bilder überträgt. Sie leidet allerdings etwas unter ihrem extrem niedrigen Budget und dem Zwang, auf Spielfilmlänge kommen zu müssen. Eine weitere Adaption dürfte in diesem Jahr veröffentlicht

spezielle, auch bei ausführlichen Erläuterungen eigentümlich unkonkrete Sprache, die mit Adjektiven gespickt ist wie unbeschreiblich, abnormal, zyklopisch, abscheulich oder unsagbar. Dann und wann weist er gar auf eine fremdartige, dem Menschen unbegreifliche Geometrie und Formenlehre hin, für deren Beschreibung den Menschen schlichtweg die kognitiven und physischen Voraussetzungen und somit die sprachlichen Begriffe fehlten – weswegen Beschreibungen von vornherein nur mangelhaft sein könnten. Oder er streut massive Zweifel am Erzählten, indem er unklar lässt, ob sein Erzähler überhaupt zuverlässig ist. Lovecraft hält seine Geschichten fast immer in einer Art Schwebe, einem unscharfen Zustand zwischen Realität und Phantasie, zwischen Wirklichkeit und Traum. Es sind in erster Linie diese formalen Besonderheiten, die viel zu der eigentümlichen Stimmung beitragen, die sein Werk prägt und an der sich Filmemacher fast immer die Zähne ausbeißen.

Womit wir bei *Die Farbe aus dem All* wären. Bei der im März 1927 verfassten und erstmals im September 1927 in *Amazing Stories* (Vol. 2, Nr. 6) veröffentlichten Geschichte handelt es sich um den persönlichen Favoriten des Horrortitanen, der hier erstmals Horror und Science-Fiction verband – bevor dieses Genre 1929 offiziell ins Leben gerufen wurde. *Die Farbe aus dem All* beinhaltet eine Reihe typischer Motive: Die Zivilisation ist in Gefahr, die Protagonisten geraten zusehends werden. Es bleibt abzuwarten, was ein Regieexzentriker wie Richard Stanley aus dem faszinierenden Stoff macht.

Aber vielleicht ist der Film schlicht und einfach das falsche Medium für Lovecrafts Kunst, Comics scheinen sich da aufgrund ihrer nahezu unbegrenzten narrativen Möglichkeiten besser zu eignen. Es gibt weitaus mehr gelungene Comicadaptionen seiner Werke (ein persönlicher Tipp wäre *Lovecraft* des großartigen Albert Breccia) als Verfilmungen.

Gou Tanabes exzellente Umsetzung von *Die Farbe aus dem All*, die inhaltlich kaum von der Vorlage abweicht, reiht sich mit ihren streng durchkomponierten, subtilen und beklemmenden Zeichnungen ein. Vor allem erliegt Tanabe nicht der Versuchung einer Konkretisierung des Geschehens, denn er hat begriffen, dass die Farbe aus dem All letztendlich ein Symbol für unsere immerwährende Angst vor der eigenen Bedeutungslosigkeit darstellt. Und wie heißt es in Lovecrafts Essay *Das Übernatürliche Grauen in der Literatur* so schön: »Angst ist die älteste und stärkste Empfindung des Menschen«, und so ein Urgefühl lässt sich nicht greifen, es ist einfach da.

Und hier liegt auch der Schlüssel zu seinem Werk: Lovecraft muss man *fühlen*, nicht *verstehen*.

Der Autor:
Thorsten Hanisch ist Literaturwissenschaftler, Journalist, Autor, Musiker und Co-Herausgeber von *Manifest – Das Filmmagazin* (dasmanifest.com), einem der dienstältesten und bekanntesten unabhängigen Online-Filmmagazine Deutschlands. Twitter: @Kaklimax, mehr Infos unter: thorsten-hanisch.de.

1 Der Originaltitel *The Haunted Palace* (dt.: *Das Spukschloss*) war dem deutschen Verleih wohl zu unspektakulär. Es handelt sich dabei um die Verfilmung von *Der Fall Charles Dexter Ward* (1927 geschrieben, 1941 veröffentlicht).
2 Mitchell, Charles P.: *The Complete H. P. Lovecraft Filmography*. Westport 2001.
3 Klinger, Leslie S. (Hg.): *H. P. Lovecraft – Das Werk*. Frankfurt am Main 2017.

www.carlsen.de

CARLSEN MANGA

Völckersstraße 14-20, 22765 Hamburg

Aus dem Japanischen von Jens Ossa

ISEKAI NO SHIKISAI LOVECRAFT KESSAKUSHU

First published in Japan in 2015 by KADOKAWA CORPORATION, Tokyo.

German translation rights arranged with KADOKAWA CORPORATION, Tokyo through TOHAN CORPORATION, Tokyo.

Redaktion: Petra Lohmann

Herstellung: Karen Kollmetz

ISBN 978-3-551-72294-2

FSC
www.fsc.org
MIX
Papier | Fördert gute Waldnutzung
FSC® C002795

Wir produzieren nachhaltig
- Klimaneutrales Produkt
- Papiere aus nachhaltigen und kontrollierten Quellen
- Hergestellt in Europa

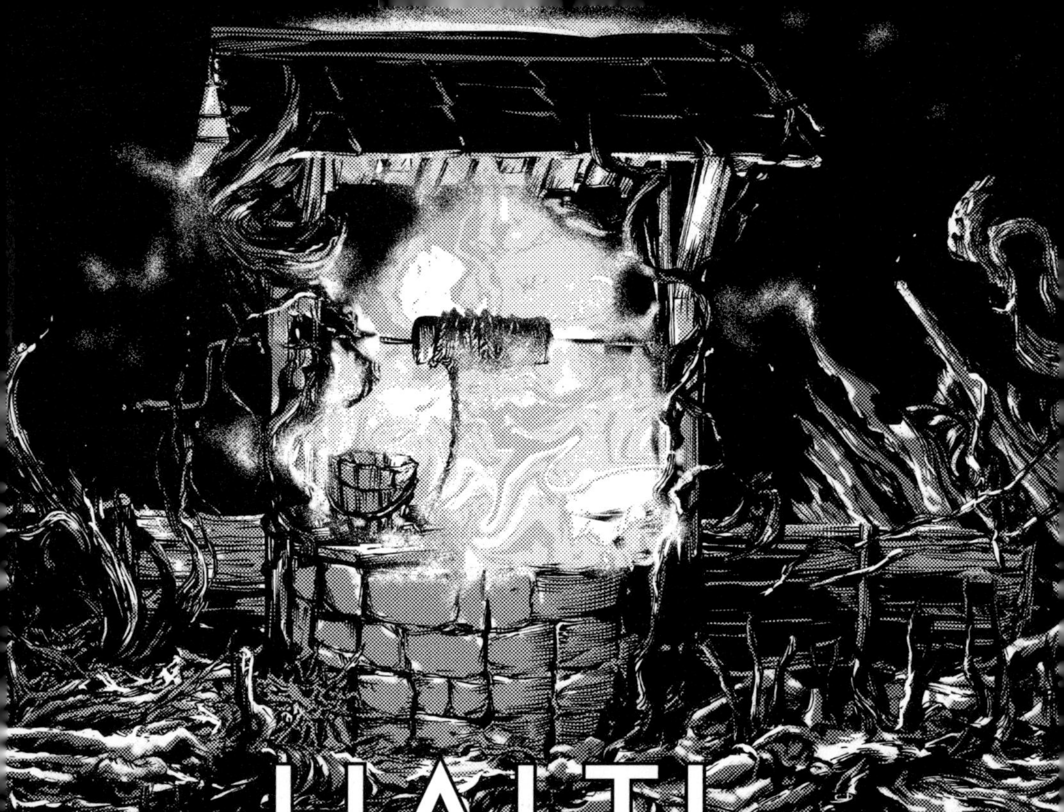

HALT!

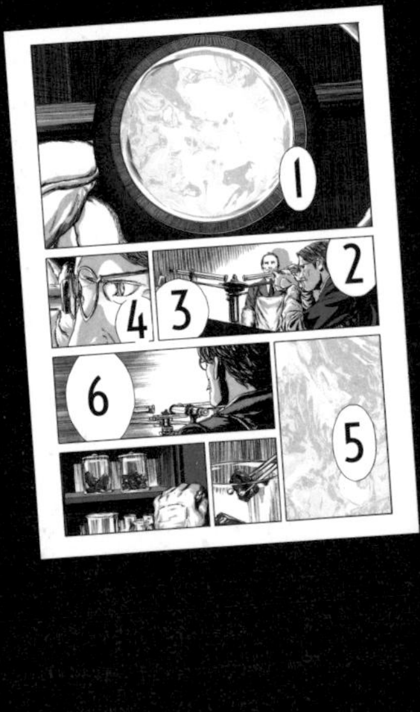

DIE FARBE AUS DEM ALL ist eine japanische Serie, und in Japan wird von hinten nach vorn und von rechts nach links gelesen. Man schlägt diesen Manga also hinten auf und blättert ihn nach vorn durch. Auch die Bilderfolgen und der Erzähl- bzw. Lesefluss funktionieren auf den Seiten von rechts oben nach links unten – wie in der kleinen Grafik hier gezeigt.

Wir wünschen unheimlich gute Unterhaltung mit H. P. Lovecraft!